A Preliminary Survey of Chinese Sex and Society
from ca. 1500 B. C. till 1644 A. D.

SEXUAL LIFE
IN
ANCIENT
CHINA

Robert Hans van Gulik

中国古代的性与社会

[荷兰] 高罗佩 著　吴岳添 译

书海出版社

图版一 伏羲女娲（山东武梁祠画像石拓本）

图版二　汉代杂技艺人（汉画像石拓本，木版翻刻）

图版三　宫女为皇妃梳头（《女史箴图》局部，大英博物馆藏）

图版四　卧室场景（《女史箴图》摹本局部）

图版五　古代日本床架（据《丹鹤图谱》）

图版六 为琴调音的女子（唐代画家周昉画卷的局部，北京故宫博物院藏）

图版七　宫女戏犬（出处同图版六）

图版八　唐代骑马官员（据日本《佛说十王经》摹本）

图版九　山西太原晋祠宋塑道士像（细部，据《中国古代陶塑集》，北京，1955年）

图版十　山西太原晋祠宋塑女子像（细部，出处同图版九）

图版十一　983年的北宋女子（巴黎吉美博物馆藏敦煌壁画，no.17.662的细部）

图版十二　日本艺妓（英山彩绘，约作于1840年，荷兰莱顿国家民族博物馆藏品，no.360/4578）

图版十三　968年的北宋女子和男子（华盛顿弗利尔美术馆藏敦煌壁画，no.30.36的细部）

图版十四　狎戏（本书作者藏明代彩绘绢画的局部）

图版十五　象牙环，内径44毫米

图版十六　卧室场景，一位正冠的男子（据明代画家仇英彩绘绢画集，北京故宫博物院藏）

图版十七　两妻妾在逗弄睡着的丈夫（出处同图版十六）

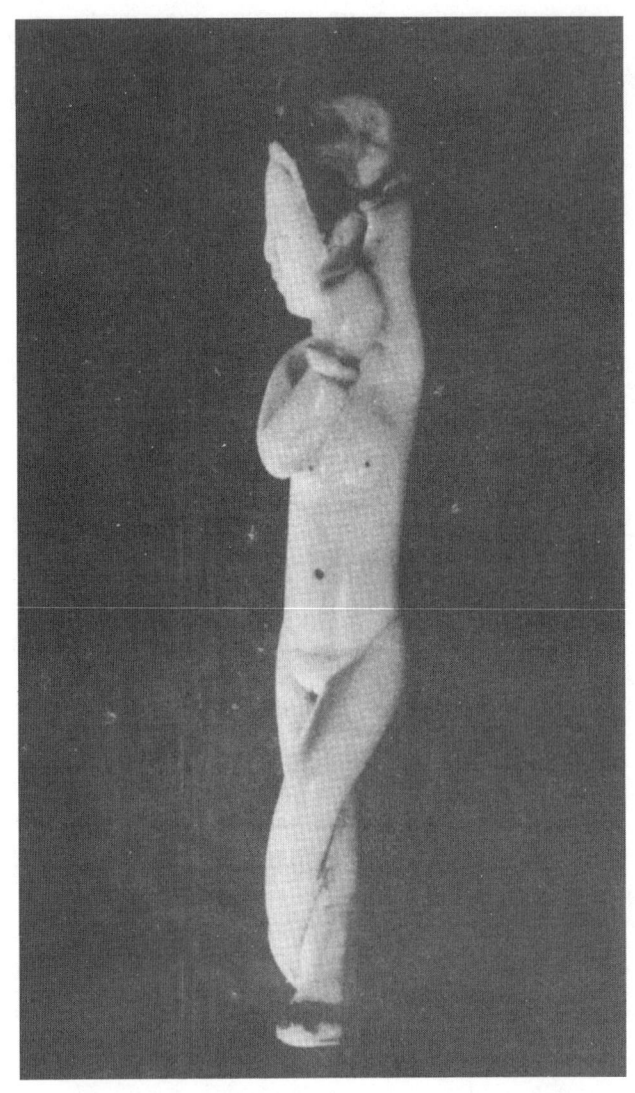

图版十八　医用象牙雕像，高14厘米（本书作者藏）

图版十九　唤庄生（据明代套色春宫版画集《风流绝畅》）

图版二十　云散雨收（出处同图版十九）

图版二十一　六穴（印度北方彩绘纸画，本书作者藏）

图版二十二　时母在湿婆身上跳舞（印度北部彩绘纸画，本书作者藏）

序

高罗佩：一个"精神中国人"

在国内近年的媒体话语中，"精神某国人"基本上已成为一个贬义词，没想到我在荷兰人中发现了一个"精神中国人"——高罗佩虽然并非完人，但对他而言，"精神中国人"已经不是修辞手段，而是实录了。

高罗佩之奇人奇书

荷兰职业外交官、汉学家高罗佩（R. H. van Gulik，1910—1967），因撰写《秘戏图考》（*Erotic Colour Prints of the Ming Period, With An Essay on Chinese Sex Life from the Han to the Ch'ing Dynasty*, B.C. 206–A.D. 1644. 私人印刷，1951；杨权译，广东人民出版社，1992）和《中国古代房内考》（*Sexual Life in Ancient China, A Preliminary Survey of Chinese Sex and Society from ca.1500 B.C. till 1644 A. D.*, Brill, 1961；李零等译，上海人民出版社，1990；商务印书馆，2007）两书，以及系列侦探小说《狄公案》而驰名欧美与东方。

高罗佩出生于荷兰，3—12岁跟随任军医的父亲生活于印度尼西亚，种下了热爱东方文明的根芽。中学时即开始学习汉语，1930年入莱顿大学攻读法律，但醉心于东方学，修习汉语、日语及其他一些亚洲语言文字。1935年获博士学位，此后奉派至多国任外交官。高罗佩四处搜求中国图书字画、古玩乐器，并成为珠宝鉴赏家；又通中国书法及古乐，能奏中国古琴，做格律诗。1943—1946年间在华任外交官，此外还曾任外交官于东京、开罗、新德里、贝鲁特、吉隆坡等处。1967年因癌症病逝于荷兰。

高罗佩一生著述颇丰，有传世著作16种如下：

1.《广延天女：迦梨陀娑之梦》(*Urvasi, A Dream of Kalidasa*，梵文英译)，1932。

2.《马头明王诸说源流考》(*Hayagriva, the Mantrayanic Aspect of Horse-cult in China and Japan, with an Introduction on Horse-cult in India and Tibet*)，博士论文，1935。

3.《米芾论砚》(米芾《砚史》之英译及注释)，1938。

4.《中国琴道》(*The Lore of the Chinese Lute*)，1940。

5.《嵇康及其〈琴赋〉》(*Hsi K'ang and his Poetical Essay on the Lute*)，1941。

6.《首魁编》(中文日译)，1941。

7.《东皋禅师集刊》，高罗佩在日本收集的东皋禅师文献，1944。

8.《狄公案》(*Dee Goong An*)，系列小说，共中篇15部、短篇8部，1949—1967。

9.《春梦琐言》(*Trifling Tale of a Spring Dream*)，明代色情小说，高氏据其在日本所搜集之抄本印行，1950。

10.《明代春宫彩印》(自题中文书名《秘戏图考》)，1951。

11.《中日梵文研究史论》(*Siddham, an Essay on the history of*

Sanskrit studies in China and Japan），1956。

12.《棠阴比事》（英译及注释），1956。

13.《书画说铃》（英译及注释），1958。

14.《中国绘画鉴赏》（*Chinese Pictorial Art as Viewed by the Connoisseur*），1958。

15.《中国古代的性与社会》（自题中文书名《中国古代房内考》），1961。

16.《长臂猿考》（*The Gibbon in China: An Essay in Chinese Animal Lore*），1967。

另有两种作品，有些文献也归入高罗佩名下：《英语/黑脚人语词典》（1930）和《黑脚人语/英语词典》（1934），这是高罗佩中学时代帮助老师整理的语言工具书，出版时老师将高罗佩的名字也列上了，但高罗佩并不将这两种作品列入自己的著作目录。

高罗佩有两个中文老师，第一个就是高罗佩在中学时代协助他编词典的乌伦贝克（C. C. Uhlenbeck），第二个是在莱顿大学时的戴闻达（J. J. L. Duyvendak）。戴闻达是汉学界的名流，名头远在乌伦贝克之上，但高罗佩却认为他的中文水平不如乌伦贝克。高罗佩甚至在笔记中说戴闻达"不能算汉学界的伟人"，连高罗佩的传记作者也不得不表示"很多汉学家不会同意高罗佩这个观点"。不过我倒是倾向于同意高罗佩的判断——在国际汉学刊物《通报》所载戴闻达文章的中国古代文献引用段落中，我确实发现过断句标点错误的情形（按《通报》惯例会附上中文原文）。

高罗佩从年轻时行事就出人意表，20岁那年他一入莱顿大学就和一个考古学家的遗孀同居。遗孀有很高的文学艺术修养，比高罗佩年长18岁，还有一个7岁的儿子。高罗佩将自己的助学金和遗孀在图书馆等处工作的收入合并使用，遗孀还利用自己的人脉为高罗佩介绍了撰写稿件挣稿费的机会，一家三口居然像模像样地过起日子来。这段姐弟恋既满足了高罗佩的青春激情，也帮助了他在艺术鉴赏方面的成长。五年后高罗佩毕业被任命为初级外交官，他想带遗孀母子同行，但明智善良的遗孀谢绝了他的好意。后来遗孀在二战的颠沛流离中死于心脏病，高罗佩知道后伤悼久之，他在自传中说："随着岁月的流逝，我才开始充分意识到，她是多么善良的女人。"而此时高罗佩"职业外交官+兼职间谍+汉学家"三重身份的多彩人生已经徐徐展开。

从1935年起，高罗佩的正式身份是荷兰外交官——在这个身份上，他逐渐升迁一直做到荷兰驻日大使（1965—1967）。二战中荷兰沦陷，设流亡政府于伦敦，高罗佩作为荷兰外交官仍听命于荷兰流亡政府，但荷兰流亡政府有一段时间又将高罗佩"出借"给英国充当兼职间谍，高罗佩也听命行事。例如，他曾奉命在尼罗河上的豪华游轮中去接近一位"美丽的埃及公主"，目的是探明她会不会投向轴心国阵营。高罗佩向上司报告该公主胆小怕事，没有勇气介入轴心国的阴谋事务。但他确实成功获得了公主的好感——后来他去开罗任职，公主还邀请他去府邸做客。根据高罗佩传记作者（他在外交部门的前下属）的看法，高罗佩于1943—1946年间在中国重庆担任外交官，也是负有间谍使命的。

高罗佩对中国文化的热爱与理解

高罗佩的第三重身份是汉学家，在这方面他达到了非常高的段位。高罗佩作为职业外交官，先后任职于多国，他所到之处必寻访当地博物馆、书店、古玩文物市场，收集当地古籍、文玩等物，还想方设法与当地文化名流取得联系，并进而展开个人交往。这些活动明显超出了一般外交官的职责，有时甚至搞到"旷工"的地步——工作时间在他办公室里找不到人。为此他和上司的关系经常不甚和谐，有时发展到各自给荷兰外交部打报告指责对方，上司甚至当众指斥他"游手好闲"。但一来高罗佩还有"兼职间谍"的身份，二来他对当地的丰富文化知识的了解有时也确实对外交工作很有帮助（这一点连他上司也不得不承认），所以外交部对他倒颇为宽容。

广义而言，高罗佩迷恋东方文化，中国、日本、印度、中东、东南亚等地的文化，都曾让他发生浓厚兴趣，但在这些文化中，最让他迷恋的，毫无疑问是中国文化。他渴慕中国传统士大夫的生活方式，自起汉名高罗佩，字忘笑，号芝台，名其书斋曰"犹存斋""吟月盦""尊明阁"等，并于1943年娶中国大家闺秀水世芳为妻。

高罗佩之倾慕中国文化，还有一些相当奇特的表现和例证。

1935年高罗佩初次任职日本，还只是25岁的青年低级外交官，当时日本为他这样的单身外交官安排了年轻的女管家——实际上兼有同居女友身份，高罗佩对这样的安排也欣然接受了。他的第一个女管家是静子，高罗佩在笔记本中记下了他和静子共处和游玩的踪迹，有风流韵事的日子高罗佩还会做一个"×"的记号。

一段时间以后，和高罗佩同岁的文子替代了静子。起先高罗佩似乎对文子颇有好感，在笔记本中说她"是一个可爱的快乐女孩子"，但三个月后文子就被他辞退了，高罗佩在笔记本中记下的原因竟是："凡是中国的东西她都蔑视"，这让高罗佩无法容忍。

高罗佩在日本的第三个女管家是冈谷胜代，她和高罗佩同居了七年，两人"没有发生过一次吵嘴，甚至没有相互责备过"。冈谷胜代对中国文化的态度是高罗佩喜欢的：她"尊重中国事务和思想，这是日本人具有的一种传统"。二战之后，高罗佩又去日本任职数年，这时他已有妻子儿女，而冈谷胜代处在穷蹙中，她来看望高罗佩，高罗佩顾念旧情，还数次用现金接济过她。

高罗佩作为汉学家的造诣，不仅有上列16种传世作品背书（其中至少13种和中国直接有关），还有另一个比较罕见的例证——中国古琴。高罗佩很早就迷恋中国古琴，不仅购藏古琴，还学会了弹奏。到重庆担任外交官时，他加入了"天风琴社"，成为这个琴社唯一的外国成员。琴社中颇有中国当时的社会名流，高罗佩得以借此机会和他们建立起个人交往，比如国民党元老于右任、号称"基督将军"的军阀冯玉祥等。高罗佩在中国利用各种机会结识的社会名流，还有沈伊默、徐悲鸿等人，1951年底，他甚至在香港结识了早年叛降国民党的张国焘。

高罗佩弹奏中国古琴，不仅成为对他汉学家地位的高雅背书，而且非常有助于他在中国上层社会展开社交，甚至还可能对他所属的外交使团的工作提供意想不到的帮助。当时各国外交官在中国旅行时屡遭土匪劫掠，国民党当局束手无策，但唯独荷兰使团不遭劫掠，据说是因为高罗佩在"天风琴社"结识了冯玉祥，而冯玉祥居然又是"哥老会"帮会中的大人物，冯向帮会打了招呼，荷兰使团就安然无恙了。

而高罗佩对中国文化的深入理解，还表现在他对时事政治的正确判断上。例如，他曾在1945年初的信件中表示，他坚信蒋介石政府和日本人之间有着秘密勾当。他对蒋介石政府假装抗日、保存实力的政策也有非常清醒的认识，他在信件中指出："蒋介石不让自己的军队与日本人打仗……必须使自己的军队几乎完好无损"，目的是维持自己的权力。高罗佩的这些见解，恐怕和他"兼职间谍"的工作不无关系。

一个真正的"精神中国人"

认为高罗佩是一个"精神中国人"，其实并非我的发明，因为高罗佩自己、高罗佩的上司、同行、下属、传记作者、临终照顾他的医生……全都是这样认为的——他们只是没有使用"精神中国人"这一表达方式而已。

先看高罗佩自己的表达。他在自传中这样说："我相信，与我自己的西方文明和基督教信仰基石的这种对立，对于我个人的成长具有决定性的意义。我意识到了，虽然我在思想和感情上部分地变成了中国人……我既不是新教徒，也不是天主教徒，我喜欢把自己视为尼西亚宗教大会之前的基督教徒。"高罗佩虽然仍知道自己本质上是西方人，但"在思想和感情上部分地变成了中国人"——至少表明他认为自己已是部分的"精神中国人"。

再看高罗佩曾经的上司驻华大使娄翁克，虽然曾指责过高罗佩，但他这样评价自己的这位下属："如果连他都不知道的关于中国人的语言、历史、文化、生活、思维和活动的事情，那么当然也不值得我们知道……他过着三种人的生活，即他自己荷兰人的、中国人的和日本人的。他能够如实地对待甚至体验这三种生活。对我来说，他自己的'自我'多半是一个谜。我有时觉得在他旁边生活着某个第二个人物。"

而另一位荷兰驻华大使杨乐兰在为高罗佩传记写的序中这样说："可以肯定，世界还会长期爱护和珍惜高罗佩留下的多种遗产和足迹。这是因为，那表面上的多样化，其实非常集中地反映了世界最古老和最丰富的文化之一，即中国文化。人们千秋万代还会继续重视该遗产。……这只引人注目的荷兰鸿雁，一腔热血倾注的就是中国。"

高罗佩之子回忆说，高罗佩作为外交官到世界各地任职，所到之处，必布置一间中国式书斋，还要自己题写书斋的中文名字，他用过的书斋名有"犹存斋""吟月盒""尊明阁"。他书斋中的中国元素是如此之多，以至于当他出任驻日大使时，不得不将书斋"尊明阁"设置在大使馆楼上的房间——"为了避免人们会以为他们进入了中国大使馆"。

高罗佩被确诊为肺癌晚期之后，自知为日无多，在病房中拼命工作，在他的临终岁月照顾他的医生这样描述高罗佩："我常常觉得，他本质上是个中国人，他有时更多地是个中国人，不是个欧洲人……他是一个我常常思念的人。"这位荷兰医生的描述，几乎就是"精神中国人"的同义表达了。

《狄公案》《秘戏图考》《中国古代房内考》

高罗佩生前先后在世界各地出版论著、小说、译作及史料凡16种，已见前述。其中在欧美最为风靡者为高氏以英文创作的系列探案小说《狄公案》，自1949年开始出版，至今在西方各国再版不绝。书中假托唐武周时名臣狄仁杰，敷演探案故事，致使"狄公"（Judge Dee）在西方读者心目中成为"古代中国的福尔摩斯"。高氏对古代中国社会生活、风俗民情及传统士大夫生活方式的深入理解，在《狄公案》中得到充分反映。

《狄公案》系列共中篇15部，短篇8部，已有中译本，译者为陈来元、胡明等。译文仿明清小说笔调，流畅可读。这个译本在大陆又有多种版本，较好的如北岳文艺出版社、海南出版社、三环出版社等版本。《狄公案》既借用西方探案小说技巧，符合西方法律和价值观念，但同时又有对中国古代社会文化的深入体察，颇有中西合璧之妙。

《秘戏图考》发端于高罗佩在日本购得一套晚明春宫图册《花营锦阵》的翻刻木版，高罗佩热衷于搜藏及研究晚明色情文艺，认为这套印版价值甚高，遂着手将其印刷出版。《花营锦阵》原为套色木刻印本（蓝、黑、绿、红、黄五色），高罗佩得到的是翻刻的单色木版。高罗佩此书英文书名为《明代春宫彩印》，其实全书中仅十幅为彩印，其余三十多幅，包括作为该书最初主体的《花营锦阵》全册二十四幅在内，皆为单色。

高罗佩最初只打算附一篇关于中国春宫艺术的概论，及至动笔撰写，始觉洵非易事，还须了解更多关于中国古代性生活、性习俗等方面的知识。此前与此有关的西文著作当然也有，但高罗佩认为这些著作充斥着偏见与谬说，"在这方面我未发现任何值得认真看待的西方专著，却不期然发现一大堆彻头彻尾的垃圾"，遂决定自己来"筚路蓝缕以启山林"，于是有《秘戏图考》之作，1951年在东京私人印行。

《秘戏图考》全书共三卷。卷一包括"汉至清代中国人性生活之专论",又分为三篇:上篇是关于中国古代与性有关文献的历史概述,中篇为中国春宫图简史,下篇为《花营锦阵》中与图对应的二十四阙艳词的英译及注释。

卷二"秘书十种"也分三卷,皆为高罗佩自己抄录的中文文献。卷上有录自性学古籍《洞玄子》、日本古籍《医心方》(丹波康赖编撰,公元984年)的"房内记"、中医古籍《千金要方》(孙思邈著,初唐)中的"房中补益",以及敦煌卷子伯二五三九上的《天地阴阳交欢大乐赋》(白行简撰,约公元800年,对《大乐赋》的专题研究见拙文:《〈天地阴阳交欢大乐赋〉发微》,《汉学研究》9卷1期,1991)。卷中为高罗佩搜集的明代房中书《纯阳演正孚佑帝君既济真经》《紫金光耀大仙修真演义》《素女妙论》及一种残页《某氏家训》。卷下为两种春宫图册《风流绝畅图》和《花营锦阵》的题辞抄录。又有"附录",抄录若干零星相关史料,最重要者为四种色情小说《绣榻野史》《株林野史》《昭阳趣史》及《肉蒲团》中的淫秽选段。

卷三即全书最初方案中的主体——《花营锦阵》二十四幅春宫图及各图所题艳词。此外还有选自其他春宫图册的春宫图二十幅。其中十幅系按照晚明春宫图木刻套色彩印工艺在日本仿制而成。

高罗佩认为《秘戏图考》后两卷内容不宜传播于一般公众之中,故仅在东京私人印刷五十部。全书所有英、汉、梵、日等文,皆由他亲笔手书影印。高罗佩将此五十册《秘戏图考》分赠世界各大图书馆及博物馆。他认为"此一特殊专题之书,只宜供有资格之研究人员阅读",后来他公布了此书收藏单位的名录,但只包括欧美及澳洲的三十七部,而"远东除外"。根据现有证据,中国大陆地区未曾获赠。

高罗佩在《秘戏图考》至少八处提到一位"上海某氏",此人是春宫图和色情小说的大收藏家。书中谈到的《风流绝畅》《鸳鸯秘谱》《江南销夏》等春宫图册都是参照他所提供的摹本复制;他还向高罗佩提供了明代房中书《既济真经》、小说《株林野史》等方面的版本情况。由于此人要求为其姓名保密,所以高罗佩始终只称之为"上海某氏""上海一位不愿透露姓名的收藏家"等。至今尚未能确考此神秘人物究竟为谁,一个可能的候选人是周越然,他在20世纪40年代以收藏淫秽色情书籍闻名于上海,也发表过这方面的文章,例如《西洋的性书与淫书》(载于《古今》半月刊第47期)等。

数年后,《秘戏图考》在学术界引起一些反响和争议,高罗佩自己也发现了一些新的相关资料,正想有所修订,适逢荷兰出版商建议他撰写一部"论述古代中国的性与社会"并且面向更多读者的著作,于是有了《中国古代房内考》(以下简称《房内考》)之作。

《房内考》在很大程度上可视为《秘戏图考》卷一那篇专论的拓展和扩充。他打算"采用一种视野开阔的历史透视,力求使论述更接近一般社会学的方法",意欲使两书能相互补充。《房内考》分为四编,自两周依次至明末,讨论古代中国人的性生活及有关事物。为使西方读者易于理解,还随处插叙一些王朝沿革、军政大事之类的背景知识。因面向大众公开出版,书中没有淫荡的春宫图和色情小说选段,若干事涉秽亵的引文还特意译为拉丁文。

高罗佩研究中国古代性文化的成就

高罗佩《秘戏图考》《房内考》之作虽难尽美，但开创之功实不可没，直至今日"两考"仍是西方性学及性学史著作家了解中国这方面情况最重要的参考文献，其中确有不少高明见解，最值得特别指出者有如下数端：

例如，高罗佩认为中国古代是实行一夫多妻家庭制度的，至少上层社会是如此，在此基础上他对房中术的社会功能给出了较为圆通的解释。中国古代房中术理论的基本原则是要求男子能"多交不泄"，即连续多次性交而不射精，这一原则垂两千年而不变，而这是由于多妻家庭中，男性家主必须让众多妻妾都得到适度的性满足，方能保证家庭和乐。

又如，高罗佩曾寓目中国春宫画册十余种，凡三百余幅，他对其中所描绘的性行为姿势做了统计表，得到的结论认为该表"是健康性习惯的良好记录"。尽管高罗佩对古代中国人性行为的了解主要限于春宫图，未能注意到在浩瀚的中国古籍中其实可以找到相当多的相关记载，但他的论证仍不失为合理——春宫图本有煽情之旨，晚明又值一部分士大夫放荡成风，画家自然尽力想象以作艺术夸张，所以从春宫图推论古代中国人性行为主流是健康的，这一结论总体而言不失为正确。

再如，高罗佩对于古代中国士大夫与妓女（通常是艺妓之类）的交往，所考察史料虽不甚多，却有较为正确的理解。他认在这种交往中，肉欲的满足"是第二位的"，许多士大夫与艺妓交往甚至是为了"逃避性爱"。他的理由是：能够交往高等妓女的士大夫，家中多半也妻妾成群，不仅不存在肉欲不得满足的问题，相反还必须维持"出于义务的性关系"，有时殆近苦役。此说考之史实，实近于理。古代中国社会中，受过最良好文学艺术教养的女性群体，通常既不在良家妇女，也不在深宫后妃（个别例外当然会有），故士大夫寻求能够诗酒唱和、性灵交通的异性，舍此殆无他途。在这种交往中，存在着某种类似"自由恋爱"的氛围，性交既不是必须的，尤其是不可强迫的。（参见施康强：《众看官不弃〈海上花〉》，《读书》1988年11期）

高罗佩在"两考"中的一个重要学术成果，是指出了中国道教房中双修之术与密宗金刚乘、印度教性力派（二者常被统称为Tantrism）双修之术有相同之处。他在《秘戏图考》中已经注意到，孙思邈《千金要方》"房中补益"所述"与印度密教文献和一些似以梵文史料为基础的文献中所说明显相似"，在《房内考》中，他的观点发展为一篇专题附录"印度和中国的房中术"，其中提出一种说法，认为早在公元初就已存在的中国房中秘术曾传入印度，至公元7世纪在印度站住了脚，被吸收和采纳。关于双方的承传，高罗佩认为："中国古代道教的房中秘术，曾刺激了金刚乘在印度的出现，而后来又在至少两个不同时期，以印度化形式回传中国。"这两次返传，一次是印度密教在唐代的传入，一次则以喇嘛教形式在元代传布于中土。不过，高罗佩推断印度房中双修秘术来自中国，这一点尚难定论，毕竟印度秘术的渊源也很久远。

《中国古代房内考》的不足之处

对于高罗佩的"两考",如要作总体评价,我认为1961年的《房内考》反逊于1951年的《秘戏图考》。因《秘戏图考》涉及领域较窄,所定论题较小,只是讨论晚明色情文艺及其历史渊源,高罗佩掌握的知识对此足可游刃有余。此外书中对于春宫图册及其印版、工艺等方面的详细考述,富于文化人类学色彩,颇具实证研究价值。但到了《房内考》,所设论题大大扩展,而高罗佩对于中国古代大量历史文献未能充分注意和掌握运用,因此难免有些力不从心了。此外,高罗佩在史学、性学、社会学等方面的学殖与理论素养,对于《房内考》所定的庞大论题来说,还是不太够的。《房内考》对中国古代史料掌握运用的欠缺,大略可归纳为三方面:

其一为哲学与宗教典籍。先秦诸子或多或少都注意到性问题,而以儒家经典对此最为重视。高罗佩仅注意到了《礼记》中的一些材料,并搜集了《左传》中若干事例,但未作任何深入分析,其他大量史料皆未涉及。道教中的材料他注意较多,但佛教经典中也以一些独特角度(如为禁欲而定的戒律、"以欲钩牵而入佛智"等)涉及性问题,高罗佩对这些都未加注意,只是将目光集中于金刚乘的双修术上。

其二为历朝官史。就性与社会、政治等方面关系而言,官史中大量材料,是其他史料来源无法替代或与之相比的。这方面的史料高罗佩几乎完全未加注意,而以他的汉学造诣和条件,应该很容易了解这方面的史料。看来高罗佩从鉴赏晚明春宫图入手进入这一领域，虽能见人之所罕见，却也从一开始就局限了自己的目光。

其三为浩如烟海的稗官野史，包括文人的杂记、随笔、志怪小说之类。这类作品在题材上几乎没有任何限制，因属私人著述，政治或道德方面的忌讳较少。许多文人私下所发表的对性问题的看法和感想，许多关于性变态的记载，以及关于娼妓业的社会学史料，都保存在稗官野史之中。在这方面，高罗佩只注意到了极小部分，且所引材料也缺乏代表性。此外对于反映文人个人精神世界的大量诗文，高氏也只是偶尔提到个别例子（如薛涛、鱼玄机的诗），基本上未能掌握运用。

另一方面，"两考"既为开创之作，高罗佩又以现代外国之人而论古代中国之事，所以书中出现一些具体失误，也在情理之中。兹举数例：

例如《房内考》引述《世说新语·贤媛》记山涛之妻夜窥嵇康、阮籍留宿事，说这是山涛妻想验证嵇、阮之间有无同性恋关系，实属附会。

又如高罗佩搜集、研读中国古代房中书甚力，却一再将《玉房秘诀》中"若知养阴之道，使二气和合，则化为男子。若不为男子，转成津液，流入百脉"这段话误解为"一个女人如何在交合中通过采阳而改变性别"，并与"女子化为男子"之说扯在一起。然而上面那段话其实是说男精可在子宫内结成男胎，若不结胎，也能对女方有所滋养补益。

对春宫图的解读应是高罗佩无可争议的强项，然而他在这方面也有令人不解的硬伤。最突出的一例是在谈到《花营锦阵》第四图时，描述其画面云："一个头戴官帽的男子褪下了裤子，姑娘（此处高氏原文为girl）的裤子则脱在桌上。姑娘的一只靴子已脱落。"然而检视《秘戏图考》中所印之图，这个所谓的"姑娘"穿的却是男式靴子，脱落了靴子的那只脚完全赤裸着，是一只未经任何缠裹摧残的健康天足。

按晚明春宫图的惯例，女子必定是缠足，且在图中女子全身任何部位皆可描绘，唯有足绝不能描绘，高罗佩对这一惯例知之甚稔，还不止一次强调指出过："即使最淫秽的春宫版画的描绘者也不敢冒犯这种特殊禁忌"。既然如此，《花营锦阵》第四图就不可能是描绘男女之间的情事。事实上它描绘的是男同性恋情形，其题辞曰《翰林风》，其中有"座上香盈果满车，谁家年少润无瑕"之句，都明确提示是指男性。高罗佩之误可能是因图中少年的女式发型——其实这种换妆在当时并不罕见，《金瓶梅》第三十五回中就有确切的例证。

再如，高罗佩寓目晚明春宫图甚多，却偏偏忽略了《新刻绣像批评金瓶梅》（约刊于1630年前后）中几十幅有春宫内容的插图——这些插图中人体比例之优美、线条之流畅，远胜于高氏推为上品的《鸳鸯秘谱》《花营锦阵》等画册。

高罗佩与李约瑟的讨论

高罗佩在1943年初赴重庆的旅途中遇到了李约瑟，当时他们有过多次长谈，高罗佩还在记事本中记录了他和李约瑟的这类交往：比如1月19日途径卡拉奇，"吃早餐后聊天到11点，接着和李约瑟一起购物……然后返回旅店，在那儿与李约瑟聊天"。在重庆，高罗佩和李约瑟有时候还会下中国象棋。

李约瑟撰写《中国科学技术史》(Science and Civilisation in China)第二卷时,见到高氏赠送剑桥大学图书馆的《秘戏图考》。他不同意高罗佩将道教采阴补阳之术称为"性榨取"(sexual vampirism),遂与他通信交换意见。李约瑟后来在《中国科学技术史》第二卷专论房中术的那一小节中的一条脚注述及此事云:"我认为高罗佩在他的书中对道家的理论与实践的估计,总的来说否定过多;……现在高罗佩和我两人经过私人通信对这个问题已经取得一致意见。"高罗佩似乎接受了李氏的意见,他在《房内考》序中称:"《秘戏图考》一书中所有关于'道家性榨取'和'妖术'的引文均应取消。"然而又说新的发现并未影响《秘戏图考》中的主要论点,"李约瑟的研究反倒加强了这些论点"。而《房内考》在谈到《株林野史》《昭阳趣史》等小说时,仍称"古房中书的原理已沦为一种性榨取"。

关于《中国古代房内考》和《中国古代的性与社会》的译本

《中国古代房内考》中译本是从英文原版翻译的,《中国古代的性与社会》则是从法文译本转译的。从我收集到的零星信息来看,两个中译本都完成于20世纪80年代后期。

李零等据英文原版的中译本,最初的"译者前言"署的日期是1987年8月10日,这通常可以视为译稿完成的日期。上海人民出版社"内部发行"版本的版权页标注的是"1990年11月第1版"。这个中译本的第二个版本是2007年商务印书馆的版本,在这个版本的"译者前言"中,李零表示,前一个版本有一些错误,而新的版本是中国大陆出版的第一个正式版本,"我请读者注意,这个版本出版后,上海版已失去意义,应当停止印刷和发行"。

《中国古代的性与社会》是吴岳添从《房内考》法文译本转译的,我得到的信息表明,这个译本完成于1989年6月,但一直未能在大陆出版(后于台湾出版:《中国艳情——中国古代的性与社会》,台北:风云时代出版有限股份公司,1994繁体字版)。后来李零等的译本获得出版,又似乎在客观上减少了吴岳添译本出版的必要性。

其实吴岳添译本如果出版,仍然非常有意义。一方面,对于"中国古代的性与社会"这样复杂的论题,和高罗佩《房内考》这样影响广泛的著作,多一个译本显然有益无害。另一方面,我们知道,每个译本都不可避免融入了译者对原著独特的理解,所以法译本和英文原版相比,肯定融入了法文译者的独特理解;现在再译成中文,又融入了中文译者吴岳添的独特理解(肯定和李零的有所不同)。有机会辨析这些各不相同的理解和表达,相信应该是一部分读者乐于期待的。

江晓原

2022年10月26日

于上海交通大学科学史与科学文化研究院

新版译者前言

20世纪80年代末，当时没有复印机，只能借阅和手抄文献，我费时一年多把荷兰汉学家高罗佩的名著《中国古代的性与社会》译成了中文，1994年在台北出版了繁体字版。高罗佩所说的性生活并非单纯的性行为，而是泛指包括宗教教义、家庭结构、陈设服饰和文学艺术等在内的社会生活，所以出版时书名改为《中国艳情——中国古代的性与社会》。

在台北出版繁体字版前后，大陆多家出版社都想出简体字版，但是由于人所共知的原因而功败垂成。好事多磨，就在我山重水复疑无路的时候，忽然柳暗花明又一村，由北京汉唐阳光文化发展有限公司策划、书海出版社即将用简体字再次出版高罗佩的这部杰作，屈指算来已经过去了三十多年。人生能有几个三十年？抚今思昔，令人百感交集！感慨之余，我要特别向慧眼识珠的资深编辑李占芾先生致以最衷心的感谢！

吴岳添
2023年11月21日

译者前言

罗伯特·汉斯·梵·古里克（Robert Hans Van Gulik，1910—1967年）是荷兰的职业外交家，也是一位学识渊博、著作等身的汉学家。根据他的姓名中"古"和"罗伯"的对音，他给自己起了一个汉名：高罗佩。

高罗佩于1910年8月9日生于荷兰海尔德兰省聚特芬市，父亲是陆军中将威廉·梵·古里克。他四岁时便随父亲到荷属东印度住了九年，在爪哇读完了小学。1923年回到荷兰入奈梅亨中学，1928年就读莱顿大学法律系，1932年获中文及日文学士学位和殖民法学士学位。毕业后又入乌德勒支大学研究东亚文学，学了汉语、藏语、梵语和日语，并获文学博士学位。

1935年，二十五岁的高罗佩出任荷兰驻日本大使馆秘书，开始了他的外交生涯。太平洋战争爆发后，他曾随荷兰部队转战于东非、埃及和印度，1943年出任荷兰驻华大使馆一等秘书，同年12月18日与在该使馆工作的中国女士水世芳结婚。第二次世界大战结束后，他先后出任荷兰驻美国、印度、黎巴嫩、叙利亚、马来亚使馆的参赞、公使和大使，1965年最后一次到东京，任驻日本兼韩国的大使，在回到荷兰海牙度假期间，因患癌症于1967年9月24日去世，年仅五十七岁。

高罗佩在东方度过童年，因此从小就对东方文化产生了强烈的兴趣。他在莱顿大学时的毕业论文是《改善荷属东印度的有关华侨法律条文的研究》，他的文学博士学位论文则是《马明王源流考》，即分析汉族、藏族以及印度和日本关于马神崇拜的理论和实践，由此表明了他决心毕生致力于东方文化，特别是汉文化研究的志向。他勤奋好学，先后掌握了希腊、拉丁、英、德、法、意、西班牙、印尼、马来亚、阿拉伯、汉、藏、梵、日等十多种语言，为他后来在学术上获得丰硕成果奠定了坚实的基础。俗话说，"读万卷书，行万里路"，高罗佩正是这样一位学者。他身为外交官，实际上是一位文化使节，例如他在重庆时曾与于右任、冯玉祥等组建琴社，在日本时多方搜求中国在本土已失传的文献，在印度时了解到《福尔摩斯探案》的故事在东南亚华人中广为流传，遂将自己用英文写成的《迷宫案》译成中文，并改名为《狄仁杰奇案》，等等。正因为如此，频繁调动的外交生涯不但没有影响他的著述，反而为他的创作提供了丰富的素材，为他对中国、日本、印度等国的文化进行比较研究创造了良好的条件。

高罗佩学识广博、涉笔成趣。他从琴师叶诗梦学古琴，著有《琴道》；他学习中国书法和绘画，著有《书画鉴赏汇编》和《砚史》，还翻译了陆时化的《书画说铃》、周嘉胄的《装潢志》和周二学的《赏延素心录》；他学金石篆刻，有《高罗佩印谱》传世；就连读《西游记》，他也由孙悟空联想到猿猴在中国文学史和美术史上的地位，写出了《长臂猿考》。他甚至还研究过美洲印第安人黑足族的语言，编有辞典。凡此种种，看似信手拈来、下笔成章，其实无不显示出他在文化和语言方面的深厚功力。

高罗佩在20世纪50年代初用英文创作了以唐代名臣狄仁杰为主

人公的公案小说《狄公探案集》，共十六部，凡一百三十万字，使他在西方成了家喻户晓的推理小说名家，其实这并非出自他的本意。他为自己取过一个表字，曰"笑忘"，取"一笑百虑忘"之意，显示出他不汲汲于名利的豁达胸怀。他孜孜不倦地研究和著述，不是为了闻名于世，而只是出于对东方文化的热爱，为发扬和传播中国文化而鞠躬尽瘁。例如他在《长臂猿考》中，就引用中国诗文和小说里自古都有大量灵长类动物的证据，反驳了孙悟空是印度史诗《罗摩衍那》里神猴哈奴曼的"变种"的错误看法。同样，他写作《狄公探案集》不是为了成为推理小说家，而是有感于世人只知有福尔摩斯，而不知中国早有狄公、包公、彭公、施公等破案高手，因此他从翻译《武则天四大奇案》开始，就在中国古籍里搜集有关狄仁杰的材料，运用他掌握的中国的阴阳学、古琴学、书画学和陶瓷学等丰富知识，采用中国通俗小说的形式，同时借鉴西方推理小说的技巧，终于写出了别具一格、脍炙人口的《狄公探案集》，该书几十年来在欧美不断再版，使狄仁杰成了一个不亚于福尔摩斯的传奇人物。

然而最令人叹为观止的，却是读者手中的这本《中国古代的性与社会》。这部著作是高罗佩毕生研究中国文化的结晶，美国学者坦娜希尔在其著作《历史中的性》中称誉它"无论自取材或立意言之，皆为无价之宝"。几十年来，它已成为国际汉学家们的必读书，可惜的是，国人对这部稀世之作似乎还知之甚少。

人要吃饭才能生存，人类要生育才能繁衍，这是人所共知的常识。两者缺一，便是人类的末日，其他一切都无从谈起。所以古人早有遗训，"食色，性也"（《孟子·告子上》），"饮食男女，人之大欲存焉"(《礼记·礼运》)。饮食是指食欲，民以食为天；男女是指性欲，是终身大事，也称为"人事""人道"。我国的烹饪艺术早已享誉世界，其实我们的祖先对性学的探索也远远早于西方，正如著名学者叶德辉（1864—1927年）所说：

> 今远西言卫生学者，皆于饮食男女之故，推究隐微，译出新书，如生殖器，男女交合新论，婚姻卫生学，无知之夫，诧为鸿宝，殊不知中国圣帝神君之胄，此学已讲求于四千年以前。

确实，我国不仅早在《山海经》里就有了关于素女的传说，而且从前汉开始便出现了大量研究房中术的书籍（由于我国历来称典籍为"经"，也为了与印度密宗的梵文经典相对应，我在本书中把房中书译为"性经"）。然而自宋代开始，理学的复兴使男女之间的隔离日益严格，妇女的缠足则使能歌善舞的汉民族变得温文尔雅。特别是清朝以来，人人以谈性为耻，连老祖宗留下的性经也不知丢到哪里去了。只有叶德辉甘冒天下之大不韪，逐段推敲已被日本学者改编过的中国古代的性学文献，苦心孤诣地复其原貌，编撰了《双梅景闇丛书》，不料他竟因此而声名狼藉，最后死于盗贼之手也无人同情，不能不令人感慨系之！

幸运的是，竟有一位外国人来为我们整理了这份珍贵的文化遗产，他就是荷兰汉学家高罗佩。他在大量搜集和深刻研究中国古代文献的基础上，以极其严肃的科学态度写出了第一部关于汉民族性学史的学术著作：《中国古代的性与社会》。

高罗佩认为"纯粹阐述性关系似乎不会有多大用处"，因此他所说的"性"并非只指两性关系，而是指含义极为广泛的"性观念"。性观念的形成和演变不仅涉及服装、首饰、妇女缠足等与性直接有关的内容，而且涉及政治、经济、宗教、文化艺术等各个方面，即更为广阔的社会背景。《中国古代的性与社会》正是从中国社会发展的历史背景出发，以极其丰富的资料介绍了中国古代重要的性学文献和各种层次的文艺作品，分析了中国人性观念的形成和演变，即从古代对性的崇敬到现代视性为禁忌的社会习俗，拨开了性学研究自宋朝，特别是清朝以来被蒙上的重重迷雾，使我们既能更加深刻地认识祖先创造的灿烂文化，又能从中追溯现代社会一些问题的历史渊源。因此，《中国古代的性与社会》是一部属于人类学、社会学和历史学范畴的杰作。

高罗佩在研究《易经》时注意到一个有意义的事实：阴性元素总是在卦的上部；同样重要的事实是在"阴阳"这个词组里，阴总是在阳之前，这表明女人是性奥秘的保管者，拥有一切性的知识，是性方面出色的启蒙教师。所以在《素女经》里，是黄帝向素女请教关于性的种种问题，素女则一一解答。

他还论证了是妇女缠足导致了汉族舞蹈传统的夭折。妇女缠足的习俗产生于唐朝和宋朝之间的50年左右。南唐第二个君主李煜为宵娘建造了一朵六尺高的大莲花，让她用布带缠足后在莲花上跳舞。足尖状如新月的角，这种新发明受到普遍赞赏，以至于所有的夫人都想模仿。缠足从宋朝以来一直流行，又窄又尖的脚成为美女必不可少的标志之一，为此形成了一整套关于脚和鞋的民俗学，把小脚看成女性的象征，甚至是性感的中心。这是女性身体上最隐秘的部分，是绝对禁止观看的，明代以来的色情小说，几乎千篇一律地都从抚摸小脚开始描写男女的调情。

有人提出儒家支持缠足是因为它可以限制妇女的活动，使她们不能离家，因此缠足就是女性卑微的象征。高罗佩认为这种说法不能令人信服，因为礼仪规范与习俗有关，而习俗又是随着风气的变化而改变的。唐代妇女露胸不会引起非议，但在宋朝以后，袒胸露乳便被视为不成体统，衣服的高领才流行起来。1664年以后，满族贵妇被禁止像汉族妇女那样缠足，她们对无权享有这种美而深感痛心，因而穿上了状如莲足的木底鞋来加以弥补。所以对女性的脚和鞋的崇拜，高罗佩主张应该从精神分析的角度加以考察。他还认为缠足最严重的后果不是损害妇女的健康，而是使妇女对体育锻炼失去了兴趣，特别是致命地打击了中国古老而丰富的舞蹈传统，从而造成了令人遗憾的后果。自宋代以后，著名的美女和妓女都因在歌唱和乐器方面的才华而受到赞赏，但是出色的舞女越来越少，而朝鲜和日本从中国引进的舞蹈艺术却仍在继续发展。

高罗佩指出，是元代和清代的异族南侵，使汉族人最终形成了忌讳谈性的内向性格。元朝时家长们唯恐妻妾受到征服者的纠缠，因而深感儒教隔离妇女的规则合乎情理，不惜一切把妇女幽禁在内室。正是在这一时期中国人才开始变得一本正经，极力保守他们性生活的秘密。

高罗佩的治学态度光明磊落，堪称楷模。他既能虚怀若谷，听取别人的意见和建议；又能以学术为重，把自己发现的珍贵资料公之于众。他写作《秘戏图考》不谋名利，而是印了五十册分送东西方的大学、博物馆和研究中心，以供同行学者参考。他总是在认真研究的基础上得出科学的结论，而且常常独具慧眼，识常人之未识。

除了介绍现已失传的重要的性经之外，他还对《参同契》这样的炼丹术著作做了独特的阐释，揭示了它在性学方面所具有的重要意义。他精辟地论证了中国古代的房中术和中国古代社会实行的一夫多妻制之间相辅相成的关系，并对久已衰微的道教在性学方面的作用予以公正的评价。即使对历来被认为是淫书的《金瓶梅》，他也能以科学的眼光，从中看出中国人的性生活的健康和正常——没有西方或其他古老文明中常见的种种病态。尤其是，他能追根溯源，发现古代中国人的性观念与天地和阴阳五行，即与宇宙和大自然的内在联系，从而为我们理解汉民族的习俗提供了多方面的线索。此外，他对历代的住房、服装、首饰，以及妓院史和妓女状况的详尽论述，也填补了我国在这些领域研究方面的不少空白。

这部杰作出自高罗佩之手，令人钦佩又发人深思。中国的传统文化自古以来都对世界有着巨大的影响，但我们自己则是研究得太不够了。20世纪初欧学东渐，我国的传统文化近百年来备受歧视和压抑，现在该是重新振兴的时候了。因此笔者不揣浅陋，将此书译介给国人，愿它成为21世纪东方文化复兴的先声。

本书1961年初版于荷兰莱顿，是英文版，但其中相当一部分是拉丁文。1971年法国伽里玛出版社出了法文版，1977年再版，并被译成其他文字，本书是根据1977年的法文版译出的。为了便于阅读，我在翻译时做了一些技术上的调整：作者对引文出处均注西文版本的页码，我则在查阅中文原著之后，改注中文版本的页码，使我国读者可以方便地查阅中文资料。高罗佩对中文文献的理解偶有失误，我也用注释加以说明，同时为无标点的古代文献加上了标点符号。

本书译成多时，历经曲折，终于在三联书店的沈昌文先生和董秀玉女士的支持下得以问世，我谨致衷心的感谢！此外，中国社会科学院历史研究所姜广辉、文学研究所周发祥、宗教研究所秦惠彬等诸位学兄都曾热情地帮助笔者搜集资料，在此一并致谢。译文中如有不妥之处，敬请海内外专家学者和读者诸君指正。

吴岳添
1989年6月于北京

作者序言

要了解本书的梗概和确定其题目的范围，最好的办法莫过于简单谈谈它是如何产生的了，每本书都各有其命运，而这本书的命运却非比寻常。

1949年，我在荷兰驻东京大使馆任参赞，偶然地在一个旧货店里看到了一套旧印版，是明代的春宫画册，名为《花营锦阵》。这套画册来自日本西部一个古老的封建家族，因为在18世纪时这个家庭与中国商界有过密切的联系。类似的画册今天已极为罕见，它的艺术价值只有其社会学意义可以相比，因此我感到应该把自己的发现向其他研究者公开。我最初的想法是用这些印版进行少量印刷，出版时加上一篇简短的序言，以阐明中国春宫画的历史背景。

为了写这篇序言，我需要了解中国古代人们的性生活和性习惯。我过去在研究中国的时候，总是避开这个题目，认为不如让专业的性学家们去研究为好。我这样想更是由于我相信了从西方古今书籍里草率摘录的笔记，内容大都是性病理学。从现在开始我必须独自走自己的路，我这才发现，无论在中国的经典著作或西方的书籍和论著里，几乎没有一本有关这方面的可靠文献。

中国的书籍之所以保持沉默，据我所知，是由于中国清朝时期（1644—1912年）有着种种过分的清规戒律。清代编纂者保存的文献资料之多可谓汗牛充栋，人类活动的各个阶段都写到了——除了关于性的事物之外。在艺术和文学里，人们通常对爱情中最肉欲的方面尽量忽略不提。这种态度本身很值得赞赏，在当代尤其会令人产生好感，因为现代人用文字和形象来过分强调肉欲，以至于掩盖了性行为基本的和精神上的意义。然而清代的中国人却走到了另一个极端，为了不让任何外人知道自己性生活的秘密，他们绞尽脑汁到了发狂的程度。

西方之所以没有什么关于中国性生活的著作，部分原因是面对中国这种局面，研究者难以就地搜集相关资料。在这方面，我没有发现值得认真注意的西方出版物，乱七八糟的东西倒是多得不计其数。

因此，无论是通常可以接触到的中国资料还是国外的文献，都不能提供我所需要的材料，所以我必须看看在中国或日本能否找到不大为人所知的原始材料。看起来，过去的审查者确实把清代全部著作中有关性的内容删改得一干二净，而日本却保存了从公元7世纪开始就传入的、有关性问题的大量中国古代文献，这些文献为我指出了研究的道路，使我有可能在中国古代的医学或道教文献中参考某些段落，以证实和补充日本所保存的资料。

此外，多亏中国和日本的许多印版收藏家的好意，我得以研究了一些极为罕见的、往往是孤本的明代春宫画册。

在考察搜集起来的材料时，我得出一个信念，外国人以为古代中国人具有变态和反常的性习惯，其实是大错特错了。我们可以预料，一个如此有教养的、如此善于思考的民族，一定会对性的问题予以最大的关注，自古以来他们便是这样做的，中国人把他们的看法写在一些性经里,以指导一家之主如何调节与妻妾们的性关系。这些书早在两千年前就已存在,直到将近13世纪,人们都在对它们进行深入的研究,后来,儒家严格的道德观逐渐限制了这类文献的流通。清朝建立以后(1644年),这种严格的道德观由于各种政治因素和感情因素而得到了加强,导致了我上文所说的性的神秘化,而从此以后,性的神秘便一直纠缠着中国人。清朝的作家断言,有史以来性都是神秘的,两千年前就完全实行了男女有别。本书的主要目的之一,就是驳斥这类武断的说法,证明直到13世纪,男女之间都没有什么大防,人们对性关系也可以自由地谈论和描写。

确实,古代的中国人没有任何理由掩饰他们的性生活,性经清楚地证明他们的性习惯是健康的、正常的,至少以中国从古至今存在的多妻制的标准来看,确是如此。

我沿着这条道路走下去并得出结论:我这套春宫画册的发表要完成一个双重任务:公开一种极为罕见的艺术资料,同时纠正人们对中国古人性生活的错误观念。

这套春宫画册再版时的"序言"是一篇两百多页的论文。所以当1951年我终于以《秘戏图考》为题出版该书时,便共有三卷了,由于这部著作翻印了春宫版画和其他不宜让非专业读者看的材料,所以我只印了五十本,全部送给东西方各大学、博物馆和研究中心[1]。

这本书出版以后,我感到可以认为自己在这方面的工作已经结束,最好让专业的性学家们再去深入研究这个问题的各个具体方面。

然而当我出版这部著作时,剑桥大学的生物化学教师李约瑟博士已经完全独立地对中国古代道教的采补术产生了兴趣，目的是为他的不朽论著《中国科学技术史》收集资料。他参考了我赠给剑桥大学图书馆的样书，并且不同意我对道教的某些性修炼所做的负面阐述。我承认，从一开始我就对道家的做法有些反感，并斥之为"性榨取"。当然，不信道教的人在研究这些问题的时候，是很难在思想上始终处之泰然的；不过，当我宣布道教思想对看待妇女的方式、对中国古代形成道教的环境产生过有害的影响时，我是走得太远了。在我们的私人通信中，李约瑟使我认识到：恰恰相反，总的来说道教对性关系的充分发展起到了有益的作用，而且一般说来是提高了中国妇女的地位。李约瑟向我表明，我关于道教资料的解读过于狭隘，实际上他的看法更为全面，是正确的。

后来，一些汉学家同行在评述我的书时，提出了各种修改和补充的意见，而我自己在阅读中国文献时则发现了一些新资料。虽然任何发现都不会影响我书中的基本论点——李约瑟的看法相反是支持我的基本论点的——但我还是感到有责任把它记录下来，所以我考虑发表一篇东西，作为彩印版版本的补遗。1956年，当本书的出版商建议我写这本关于中国古代的性和社会的书时，我认为这正是阐明上一本书历史渊源的好机会。为此，我补充了汉代以前的资料，删去了春宫画的细节，对其余部分做了进一步的阐述，用一幅更为广阔的画面来表现中国古人的性生活，以适用于人类学家和性学家之外的读者。

《中国古代的性与社会》一书就是这样产生的。

我的两本书互为补充，都是根据相同的中国文献撰写的。《秘戏图考》一书，总的来说以中国彩色版画的演变和春宫画为中心；而

《中国古代的性与社会》的范围则更为广泛，是在更广的社会学基础上进行的论述。[2]

至于本书涉及的年代，我想应该用比中国人本身常用的更广的范围来解释"古代"一词，从原则上来说，中国人所说的古代是指他们历史的前半部分，约从公元前1500年到公元200年。事实上，中国的文明从古至今从未中断。为了提供一幅完整的画面，以便作为今后对近代性生活研究的背景，我必须把我的考察延长到1644年。那时满族人入主中原，中国人对性的态度也产生了深刻的变化，所以这个年代是一个合乎逻辑的和易于研究的终点。

同样，"性生活"的概念在这里也具有更广泛的含义。纯粹阐述性关系似乎不会有多大用处，尤其当它涉及的是在与我们大不相同的环境里形成的中国文化时，更是如此，要想合理地评价这些关系，读者至少要对其社会和文化背景有个总的印象。我试图为读者提供这类情况，尽管它们必须非常扼要；所以我把它们集中在几个相关的问题上，例如人们的住房、服装和首饰。

所有这些关于性、文化、经济、艺术和文学的资料，都必须置于历史范畴之中才能显示它们的演变。因此我把论及的时代大致划分为四个历史时期：第一时期，从公元前1500年到公元初年；第二个时期，从公元初年到600年；第三个时期，从600年到1200年；第四个时期，从1200年到1644年。这四个时期又分为十章，每章阐述中国历史上的一个或多或少已经确定的时期。

当然，要在一本书里把这十个时期的性关系都完整地反映出来是不可能的。何况要详细讨论这样一个问题，我们对中国社会历史的了解似乎也还不够。

在第一和第二章中，我想尽可能扼要地提供一幅完整的画面，它概括了古代的初期，也可以看成一篇总序。此外，每一章都着重叙述性生活的某些具体方面。

第三章（秦朝和前汉）强调社会里的性；第四章（后汉）着重于性和道教；第五章（三国和六朝）则主要叙述性和家庭生活。

第六章（隋朝）的重点是性经；第七章（唐朝）主要讲上流社会的妓女、宫闱秘史，以及有关色情的和医学的文献；第八章（五代和宋朝）讲缠足的习俗、社会各阶层中的妓女，以及理学对性关系的影响。

第九章（元朝）叙述了蒙古人统治下的性关系，特别是参考了藏传佛教的情况；第十章（明朝）考察的是性在艺术和文学中的表现。

想研究某个具体问题的读者，可以在附录或注释中找到资料来源。

本书仅仅是一种概述，是第一次试图利用现有的材料，按历史顺序加以叙述，它的用处是能够为无法直接涉足中国文献的研究人员提供资料。我希望他们能在书中找到需要的材料，或者至少知道这些材料在什么地方。出于这一考虑，我加上了必要的注释，以注明材料在西方文献中的出处。在这样一本厚达几百页，涉及三千年历史的著作中，本来可以再加上关于中文版本的出处，但这对一般读者没有什么用处，而汉学家们都知道到什么地方去找所需要的图书资料，所以我只限于注释西方文献的版本，以便引导读者去阅读其他著作。[1]

---

[1] 我在翻译本书时的做法恰恰相反，为了方便中国读者，凡是原著中注明西方出处的地方，都改注中文版本的出处，而对西文出处的注释则有选择地译出。（若无特殊说明，本书脚注均为译者注）

不过，由于本书是第一次涉及这个主题，而且我希望汉学家同行深入研究我触及的一些问题，我还是在书末加上了一些最重要的中国资料的索引，即中国人的名字、著作名称、术语和年代，希望非专业读者谅解我这样做。[1]反过来，我要请汉学家同行们注意这一点：由于书的容量有限，我对某些历史观点不能详加叙述，因而某些复杂的问题往往只能一笔带过。

读者会注意到本书极少引用民俗学的材料。所有国家的民俗学都是性学研究的珍贵资料。中国的民俗学也和其他国家的一样丰富，像葛兰言、艾伯华和其他博学者都为此写出了杰出的论著。然而尽管他们努力发掘，但在如此广阔的民俗学田野上，从历史的和比较的角度来进行耕种的时刻却尚未到来。当人们尚未收获和精选更多的材料时，就有可能把偶然事件当成普遍的倾向。中国文化是如此广博，卷帙浩繁，历史悠久，地理范围是如此辽阔，如果仅从孤立的现象得出结论，我们就能毫不费力地证明，人类学上所有的或几乎所有的已知习俗在中国都存在过。本书使用的资料纯属中国文化的范畴，而大量引自中国古代和近代文献的材料表明，中国人自己都认为这些资料是他们思想和习惯的典型表现。我坚持这一点，也就是不考虑非汉化的土著（仫佬族、苗族、倮倮族[2]等）或信奉外国教义的中国人（例如中国的伊斯兰教徒）的性习惯。

基于同样的理由，我不去大段地引证马可·波罗关于元代性生活的笔记。这位杰出的威尼斯旅行家会讲蒙古语和土耳其语，但对汉语

---

[1] 除本书所用的参考书目外，人名、日期等资料的索引对中国读者来说没有参考意义，故略去。
[2] 彝族的旧称。

却一无所知，而且他完全被蒙古族的封建君主同化了。他只是从外部观察中国的生活，除了与中国原始资料相当吻合的、关于妓院制度的肯定看法之外，他对于性习俗的意见似乎基本上来自居住在中国的外国人团体。不过我们姑且认为，是在他之后的鲁思蒂谦（Rustichello）及其他出版商和翻译家，按自己的想法对他美化的故事做了补充[3]。

正如我已经解释的那样，我关心中国人过去的性生活是出于偶然，而我的能力又与一个关心普通人类学问题的东方学者相差无几。因此我在进行这一研究时，常常感到自己性学知识的贫乏。认识到这一点，我决定让中国的文献来说明问题，只从中得出一些看来合乎情理的结论，或者表达三十多年来我在阅读中国各类文献时所得到的印象。请允许我补充一点：本书中的一切翻译，无论是散文还是诗歌，都出自我的手笔，即使是注释中说明这些中国文献在西方已有译本的情况下也是如此。

由于缺乏医学知识，我不去讨论科学、药理学等纯医学问题，虽然我懂得它们在性生活中的意义。对这方面感兴趣的人可以参看西方关于中国医学的著作。例外的只是性病，因为性病传入中国之后影响了中国人的性习惯。

我谨向伦敦大英博物馆、华盛顿弗利尔美术馆和国会图书馆、巴黎吉美博物馆和莱顿国立民族学博物馆表示谢意。这些机构一如既往，热忱地向我提供了它们完美收藏中的文献和插图。

高罗佩
1960年夏于吉隆坡

目录

第一部分 封建王国

第一章 起源和西周 3

第二章 东周 26

第二部分 帝国的形成

第三章 秦朝和前汉 55

第四章 后汉 73

第五章 三国和六朝 91

第三部分 帝国的鼎盛

第六章 隋朝 117

第七章 唐朝 164

第八章 五代和宋朝 205

第四部分 蒙古人的统治和明朝的复兴

第九章 元朝 239

第十章 明朝 259

附录一：印度和中国的性神秘主义 333

附录二：收藏《秘戏图考》的机构名单 356

附录三：作者主要参考书目..................358

附录四：译者主要参考书目..................361

注　释..................365

书前图版

图版一　伏羲女娲（山东武梁祠画像石拓本）

图版二　汉代杂技艺人（汉画像石拓本，木版翻刻）

图版三　宫女为皇妃梳头（《女史箴图》局部，大英博物馆藏）

图版四　卧室场景（《女史箴图》摹本局部）

图版五　古代日本床架（据《丹鹤图谱》）

图版六　为琴调音的女子（唐代画家周昉画卷的局部，北京故宫博物院藏）

图版七　宫女戏犬（出处同图版六）

图版八　唐代骑马官员（据日本《佛说十王经》摹本）

图版九　山西太原晋祠宋塑道士像（细部，据《中国古代陶塑集》，北京，1955年）

图版十　山西太原晋祠宋塑女子像（细部，出处同图版九）

图版十一　983年的北宋女子（巴黎吉美博物馆藏敦煌壁画, no.17.662的细部）

图版十二　日本艺妓（英山彩绘，约作于1840年，荷兰莱顿国家民族博物馆藏品, no.360/4578）

图版十三　968年的北宋女子和男子（华盛顿弗利尔美术馆藏敦煌壁画, no.30.36的细部）

图版十四　狎戏（本书作者藏明代彩绘绢画的局部）

图版十五　象牙环，内径44毫米
图版十六　卧室场景，一位正冠的男子（据明代画家仇英彩绘绢画集，北京故宫博物院藏）
图版十七　两妻妾在逗弄睡着的丈夫（出处同图版十六）
图版十八　医用象牙雕像，高14厘米（本书作者藏）
图版十九　唤庄生（据明代套色春宫版画集《风流绝畅》）
图版二十　云散雨收（出处同图版十九）
图版二十一　六穴（印度北方彩绘纸画，本书作者藏）
图版二十二　时母在湿婆身上跳舞（印度北部彩绘纸画，本书作者藏）

正文插图

图一　汉字"娶""女""男"的古今写法比较..................6
图二　平衡阴阳本原的道士（明代著作《性命圭旨》中的一幅木版画，本书作者藏）..................40
图三　青龙和白虎（出处同图二）..................85
图四　炀帝的宠妃之一吴绛仙画眉图（木版画册《百美新咏》中的一幅，本书作者藏）..................120
图五　母亲和她的两个孩子（选自19世纪艺术家吴友如创作的《吴友如画宝》）..................144
图六　两个看书的少妇（出处同图五）..................158
图七　唐代妓女徐月英，她穿的服装倒更像是南宋时期的（出处同图四）..................167
图八　唐代妓女薛涛，她穿的服装倒更像是南宋时期的（出

	处同图四）...	171
图九	据唐代女俑绘制的唐代舞女...	181
图十	"生命之流"（出处同图二）...	193
图十一	窅娘缠足（出处同图四）...	209
图十二	缠足透视图...	212
图十三	各种腿套样式，缠足穿的小鞋...	213
图十四	中国的床（明代《列女传》中的木版画）.....................	272
图十五	倚书坐着的夫人（《唐六如画谱》中的木刻画，本书作者藏）...	290
图十六	少年。画于约1800年（清代《红楼梦图咏》中的木刻画）...	291
图十七	少女。画于约1800年（出处同图十六）.........................	292
图十八	正在脱衣的妇女（出处同图十四）.................................	295
图十九	明代妓院景象（出处同图十四）.....................................	306
图二十	明代妓院景象（《风月争奇》中的木刻画，本书作者藏）...	307
图二十一	床（清代初期《临河内外素影》片段，本书作者藏）...	326
图二十二	"生命的火花"（日本立川派的一份资料上的画）.........	355

第一部分

封建王国

殷周时期(约公元前1500—公元前221年)。

中国人关于性和社会的基本观念。

第一章 起源和西周

（公元前1500—公元前771年）

只要有可能，人们凡事都想从头讲起，哪怕这个头神秘莫测——中国文化的起源正是如此。

按照中国后来的一种传说，公元前3000年在中国北方有过一个名为夏的王国，它的都城位于今天山西省的南部。约公元前1600年，这个王国被推翻，起而代之的是殷朝，或称商。殷朝把首都迁到河南北部的安阳，直到约公元前1100年被周朝所取代。

关于夏，我们只能以中国后来的传说为依据，不过考古学的发现却使我们对殷朝的情况有了虽然有限但却可靠得多的了解。殷是一个很有组织的封建王国，青铜时代的文化在当时有了很大的发展。人民善于铸造青铜器和雕刻石头，并使用一种把象形文字、表意文字、表音文字结合在一起的文字，这种文字后来成了中国人一切书法艺术的基础。祭祀祖先和占卜在日常生活中起着最重要的作用。

正是由于当时对占卜的注重，我们才能可靠地了解殷人生活和思想的某些方面。在求神降示的方法之中，他们往往把鹿的肩胛骨或者乌龟的背壳和腹板烧灼，从出现的裂痕来看出神的答复。命辞和占辞都刻在骨头上，用完之后便埋起来，这几年出土了大量刻有卜辞的甲骨，正是它们和殷代用以祭祀的青铜器和其他器皿，使我们能够对以后的中国文献中有关这个王朝的情况加以验证和补充。

把考古学的发现和以后的文献资料进行比较研究，这在本世纪初才刚刚起步，然而已经取得了一些惊人的成果。例如，它证明我们从很久以后的传说中所知道的、现代历史学家们大表怀疑的殷朝君主名单，大体上是正确的。说实话，有关殷代宗教和社会的研究还处在初始阶段。人们尽管了解甲骨上大部分卜辞的一般内容，但是在需要识别许多文字并确定其准确意义时便往往陷于臆测了。困难在于，无论是甲骨上的卜辞或是祭祀用的青铜器上的铭文，就其性质而言都只是殷文化的一个侧面面相。这就好比公元5000年的人，只能根据分散在欧洲大量公墓里的墓碑推测今天西方文明的原状一样。

此外，有关殷朝和在将近公元前1100年取代它的周王朝的材料，其用途也是有限的。周的君主们本来在中国的西部，他们在战场上比殷人强大，但是在文化方面却无法与之匹敌。他们在把被推翻的王朝的文化，包括文字占为己有时，就要使它们适合自己的生活方式和思想方式，必然会赋予它们一种与殷的许多观念不同的解释。这样，就不一定能用周文字去辨识有些殷文字，因为我们对殷人赋予这类文字的意义是否和周相同毫无把握。何况，不要忘记：周的传说本身也是在公元初年才写成的，而且以面目全非的说法流传至今。这些困难不仅在文字中，而且在解释祭祀礼器的纹饰和其他遗迹时也会碰到。

在东方和西方，知识渊博的学者们对此进行了研究，使我们的认识也逐渐深入。[1]然而我们尚未达到可以对殷人的社会学和性生活形成一种明确判断的阶段。

作为证明，我们举"娶"字为例，它的意思是"男子娶女子为妻"。人们发现刻在殷代甲骨上的写法（图一A）包括两个部分：左边画着一个女人（图一D），右边是动词"取"的写法。这个动词的发音和"娶"一样，用抓住一只耳朵的手来表示。所以我们在殷人的写法中看到一种启示性的标志：一个男人在娶一个女人时抓住她的耳朵——这样一种支配性的手段在社会学方面自然会产生后果。其实在这种情况下，动词"取"也可以仅仅用于它的语音意义，即把图画的意义限制为"娶一个女人的行动"，即"娶"。在图一里，这个字后来的几种写法表明了中国文字的演变，B为周朝和公元初年的字体；C是在14世纪的木板（雕版）上发现的，它和楷书融合在一起，从当时一直使用到现在。[2]

我们对殷人的了解虽然有限而无把握，但至少对我们认识中国古代性生活的一个侧面有所启发。由于殷的某些资料与在后来一些朝代里发现的某些特征完全吻合，我们有足够的证据可以提出这一假设：如果从周代以来，中国社会显然是父权制的话，那么在殷代以前，甚至在殷代，都是女性的因素占统治地位。

首先，殷代所用的"女"字是一个跪着的人，最明显的线条表示一对大得出奇的乳房（图一D），这是乳房而不是袖子宽大的双臂，或者叉在腰上的双拳。我们可以用表示母亲的"母"字为证，"母"字上增加了两个乳头（图一E）。相反，"男"字是由一方耕地和表示劳动的符号组合起来的（图一H、I是它的变形）。这使人想到殷人首先把女人看成乳母，而把男人看成耕地者和供养家庭的人——这一区分倾向于母权制。

```
    A         B         C

    D    E    F    G

    H    I    J    K
```

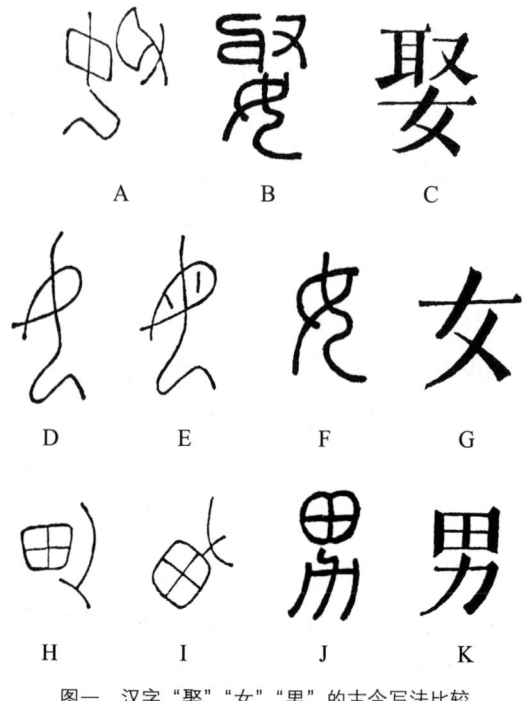

图一　汉字"娶""女""男"的古今写法比较

为了完整起见，图上的F和G表示后来的"女"字，J和K则表示后来的"男"字。

其次，从古至今，红色在中国都表示创造力、性能力、生命、光明和幸福。我要举殷代和周代的风俗为例，当时人们把葬礼祭品涂成红色，以使它们不受腐蚀地保存下来[3]；后来人们把所有吉利场合的礼品和装饰品，以及与婚礼上有关的几乎全部物品都涂上红色，甚至把婚礼本身也称为"红事"。形容红色有一个由来已久的字眼——赤，殷代的写法是一堆燃烧的火。

"赤"同样用于形容新生儿的淡红色，另有一个意思是"裸体"。

相反，白色总是用于不祥之物，用于性无能、死亡和葬礼。人们称葬礼为"白事"，然而殷代"白"字的写法与"土"有关，因此当一位现代学者从中看出一个男性生殖器时[4]，人们不会怀疑他看法的准确性。在中国从古到今的炼丹术文献和色情文学里，男人被称为白，女人则是红，男白女赤（参阅第四章），色情画家也常常分别用这两种颜色来画他们的裸体。这种色彩配合令人想到，古人认为女人在性方面优于男人。

第三点，我要列举表示"家族姓氏"的字——姓。从东周开始，这个字就由两部分组成，左边是"女"，右边的写法表示"出生"。人们常常引证这个字来证明中国古代社会是母权制，因为它显然表明人们是根据母亲的姓氏来为孩子命名的。遗憾的是，据我所知，人们尚未发现殷代的甲骨上有这种写法，而我所了解的周代的一切古老字体都是用"人"字旁而不是用"女"字旁来写这个字的。无论如何，尽管"女"字旁"姓"的写法是否确实起于殷代尚成问题，但至少有一点毋庸置疑：两千多年以来，人们一直不变地用这个字来表示"家族姓氏"，这是已深入中国人潜意识的对母权制的持久记忆的一个标志。

第四点，历代的古老传说告诉我们，有一段时期君主的（或许是氏族首领的）继承是由祖父传给孙子，因而跨越了男系亲属的一代。社会学家们把这种传统解释为从母系氏族制向父系氏族制过渡阶段的遗迹，无疑是有道理的。

最后，古代的神话和传说使女人具有一种特殊的神力。更重要的是，性经——人们已证实它在公元初年就存在，不过它的历史肯定要悠久得多——把女人说成是性奥秘的保管者，拥有一切性的知识。一切以性关系为主题的文献都把女人视为出色的启蒙教师,而男人则是一窍不通的学生。[5]

不言而喻,周代以降,严格的父权制度彻底改变了这种状况。尤其是儒家学派,它完全符合一个以牢固的家庭体系为基础的社会实际需要,把男人颂扬成家庭无可置疑的领路人和首领,赞美他健壮有力,把他作为智慧的象征,认为他比女人优越得多,女人则是弱者和被动者,是愚昧的象征。然而,世世代代形成的儒家意识和感情,未能从中国人的潜意识里彻底消除母亲的形象。在中国全部的思想史和宗教史上,人们发现始终存在着一股逆流,它后来被自觉地引入了道教,后者主张阴胜于阳,静胜于动。我们在下文将要看到,中国人关于性的思辨的出发点是这一观念:女人是伟大的母亲,她们不仅哺育后代,而且滋育她们的男伴,使男性在性交时吸收她们取之不尽的滋养来恢复自己有限的生命力。最后,母亲的形象既作为"万物之初"的秘传者,又作为有血有肉的人体介入了后来的道教。在道教神秘的经文里有一些玄妙的术语,例如"幽谷"和"玄关",在道教的性学和方术文献中,这些术语表示"子宫"和"阴门"。

这类术语似乎都来自把女人比作大地子宫的观念。我们在下面将要看到,人们以为云雾之中包含着大量的宇宙元气,由此产生了中国人登上高山去吸取这种元气以恢复精力的风俗。不过人们同样认为土地中隐藏着宇宙的元气,人若是深入到土地下面便可以获得。葛兰言阐明了一个重要问题:周的君主们到地下的厅堂或洞穴里去纪念重大事件,或者执行事关其首领地位的计划,包括政治谋杀。他们的随从都聚集在那里,争相参加纵酒作乐的聚会和性狂欢,目的都是巩固他们的威望。此外,在地下生活不仅给人而且也给生活在洞穴里的动物带来大量的元气,人们把长寿和一些超自然的特性归于狐狸、獾、乌龟、熊等动物的"神力"上。这应该——至少部分地——用一种信仰来解释:它们的栖息之所使它们与地下保存的"宇宙力量"有着经常性的密切接触。后来,道教的说法把乌龟的长寿归因于它的"胎息",即它在地下的呼吸方式和胎儿在母腹中的呼吸方式一样。无论这些信仰多么模糊,我们还是有理由从中得出结论:"女人—子宫—土地—创造力"之间结合,要比"男人—阴茎—天—创造力"之间的结合更为久远。前一种结合或许可以追溯到太古时代,那时人们还不懂得性交是女人怀孕的唯一原因。

基于上述看法,我认为在中国古代,社会是按照母权制的方式组织起来的。

我之所以要在这里提到这一点,是因为本书在描绘以后各个时期的中国性生活时,常常要提到一些对母权制的模糊记忆。

现在我们再来谈周朝,它从约公元前1100年到公元前221年统治着中国,它在我们看来是一个封建的和父权制的国家。这段时期是中国历史的初期,我们拥有足够的资料,可以对当时的社会环境形成一个总的概念,特别是对从公元前700年到公元前221年的东周。现在我们先来考察一下西周。

周王国最初是一个封建国家,由一位世袭的君主统治,称为王,又称天子。这些君主自称是传说中的"圣人"的后代。周朝的传说讲殷朝最后一个君主是个荒淫的暴君,他囚禁了被人们当成圣人的周文王。文王被赎回后,其继承人武王向殷的君主宣战,打败他以后建立了周朝。

像大部分靠杀死先王而即位的君主一样,周的君主们感到需要用历史上的一个例子来使推翻殷的行动合法化。因而他们美化了一些人所共知的、与古代文化中的英雄有关的神话,并且把这些神话说成是历史上的事情,换句话说,他们断言过去殷的君主们自己推翻了夏的最后一个君主,因为他的残暴统治已为天所不容。这样周朝的君主们就能进行对比,强调他们推翻殷朝和殷推翻夏完全一样。某些现代学者认为这一对比并不真实,并认为夏朝从未存在过,这是周朝统治者彻头彻尾的捏造。事实是,人们从未在殷的甲骨上发现任何关于夏王国的说明。不过这只是一个否定证据,它也可以做其他不同的解释,因而是毫无说服力的。

无论如何,周朝人不仅撰写了一个古老的夏王国的历史,还写出了几个在夏朝之前存在的神秘王国。这段历史起自一个创世的神话,接着是一系列生活了千万年的天帝。然后出现了三皇:教人文字和婚姻制度的伏羲、教人种地的神农氏和教人各种职业的黄帝。黄帝的继承者尧和舜继续了他的教化业绩。舜选择大禹继位,大禹治水救了人类并建立了夏朝。这些帝王都被描绘成圣人,他们统治的是一个黄金时代,从此以后,这个时代不断地被人们当成一种理想,是世风日下的后代社会里的人应该尽力重新达到的目标。由于这是一种大部分古代文化都拥有的共同特征,我们可以设想殷人同样相信有过 *aetas aurea*[1],周的君主们则按照自己的意愿采用了这种观念。请读者特别记住黄帝、尧和舜等圣皇的名字,因为我们在书中经常要提到他们。

周王国只是我们今天所称中国的一小部分。它大致包括现在的

---

[1] 拉丁文:黄金时代。

河北、山西、山东和河南的北部,中央部分是黄河转弯处的两岸地区。它起初是一个组织严密的国家,一切俗权和教权都集中在君主手里,由他把家族姓氏和土地授予封建贵族。这些贵族是从王室的旁系、周朝事业的忠实支持者,以及地方古老家族中被挑选出来的。国界之外生活着"蛮族",周的君主和贵族们不时和蛮族进行战争。

周王国的经济基础是农业:一切都为种植小麦和其他谷物服务。养蚕业也占有重要的地位。铁在周朝末期才为人所知,但当时的人和殷朝人一样能出色地铸造青铜器。至于家畜,有猪、水牛、绵羊、鸡、狗和马。马可以用来拉车,特别是战车,车兵是周朝军队的主力。

周朝社会里有一种极为明显的差别:一方面是在所赐的领地上为君主进行治理的贵族,另一方面是为贵族种地的平民。统治阶级的成员拥有永久性的住宅,四周有结实的土墙。住在这些宅第里的有封建贵族,他的妻妾丫鬟、随从和仆人的家眷。平民们在其田间的木棚和小屋中度过春夏,到天冷时再回到聚集在贵族住宅周围的半永久性的房子里来。

上层人士和底层百姓都席地而坐,地上铺着芦席和兽皮,吃喝时使用凳子和矮几,喝的是用小米发酵制成的米酒。高的桌椅要到十五个世纪后才开始使用。男女都穿一件披风式的内衣,再套上分为两部分的外衣,即一件长袖的短上衣和一件宽大的裙子,上面都绣着花边。上衣在胸前对合,右襟叠在左襟上[1][6],然后用一条长布带在腰部束紧。男人也带胫甲或护腿套,尤其在穿节日服装时更是如此。他们无论是在家或外出都戴冠。已婚女子用笄簪和辫绳束起

---

1 应为左襟叠在右襟上。——编注

头发。直到周朝后期才出现真正的带后裆的裤。

平民没有家族姓氏，不能拥有土地，没有任何公认的权利，不过他们的命运似乎并不比我们西方封建时代的平民更糟，在许多方面或许还要好一些。平民要耕种土地，防范洪水和其他自然灾害，因此要付出大量的劳动。此外，贵族需要平民去打仗，因为平民就是贵族的步卒。平民在贵族滥用权力时还可以投奔另一个贵族，由于贵族之间互相嫉妒，时有纠纷，所以移居者肯定会受到欢迎。贵族收取租税和执行一种即时处理的司法，但是对平民的日常生活则尽可能不加干预。在中国，人们对初夜权一无所知。[7]

统治者和平民虽然不在一起生活，但是他们的宗教信仰基本相同，他们在人身上所看到的只是充满活力的本性。像古代其他许多民族一样，中国人把昼夜交替、四季次序和人的生命周期进行对照。中国人特有的信仰是一种神秘的生命力——"气"，它充满整个宇宙，使它所包容的万物生机勃勃，而且处在兴衰的永恒循环之中，后来中国人扩展了它的定义：两种孪生的、永远相互作用的宇宙力，即"阳"和"阴"。人们相信这种生命力遵循一种确定的轨迹，轨迹代表着大自然的最高秩序，即后来所说的"道"，使自己的生活和思想适应这种秩序的人，会活得长久和幸福，偏离它的人则会忧伤和早夭。与自然秩序和谐一致的人会因此吸收大量的气，气增加他们的德——这个字应该从它的原始意义，即魔力的意义上来理解。德并非人所独有，人们认为鸟兽、植物、树木和石头同样也有。松树和灵芝看来都有德，因为它们从不枯萎，有一种东西被认为含德最多，它便是玉。

在这个时期，人们把特别有力的德归于女人。在两汉的文献里，女德只表示"一个女人的道德"，然而在两个更古老的书中，这个词的意思却是"女人的魅力"。它首次出现于汉代的一部历史著作中，内容是指责一位深陷爱情的公子"怀女德"（司马迁《史记》卷三十九中关于晋公子重耳的故事）。上下文表明此处的德意味着一个女人利用美貌或女性魅力迷惑男人的能力，以及她对男人所具有的威力。《左传》[1]所引用的名言是"女德无极，妇怨无终"（《春秋左传诂》，第319页），女德的意义也完全一样。这两段引语很可能为《左传》中的另一段话提供了背景："女何以为哉：夫有尤物，足以移人"（同上，第787页）。

为了与自然秩序和谐一致，统治阶级的成员要遵从礼仪，即在社会生活和私生活的一切大小场合里的行为规则。天是一种非人的力量，是至高无上的调节者，这些规则体现了由天确定的、与宇宙秩序一致的社会秩序。古人在犹豫不决的情况下，或者在采取重大行动之前，都要求神降示。除了前面所述的烧灼龟甲之外，还有另一种通俗的占卜方法：晃动一捆多叶蓍或蓍草的干茎；也可以向巫师询问未来和天的意志，巫师有鬼魂附身时就宣布神谕。巫师有男（觋）有女（巫），不过迹象表明，最初只有女人担负这一职务。[8]

统治阶级认为自己继承了大量的德，德在祖先和后代之间形成了一条链，因而把死者和活人联系起来了。活人必须定期向祖先献祭，如果停止献祭，便可能减少祖先的德，这样祖先就会变成恶鬼或入地狱，活着的后代也会倒霉。同样，生出一些能够继续在祖先灵堂里举行献祭活动的男孩，是任何男人对祖先和对他自己都应尽的神圣职

---

1 本书中的《左传》引文，均见《春秋左传诂》，洪亮吉撰，李解民点校，上下册，中华书局，1987年。

第一章　起源和西周　13

责。这正是中国把多妻制的家庭体系维持到现代的最重要的原因：因为如果妻子不能生男孩，丈夫就必须让其他配偶来生。祖先的亡灵也参与活人的生活，关心他们，所以活人要让祖先的亡灵知道自己的一切活动。祖先崇拜是中国宗教生活的试金石，并且一直延续至今。

中国人设想人有两个灵魂，即魄和魂。魄通常译成"动物之魄"，从受孕之时开始存在，人死后它还在尸体之中，直到尸体腐烂为止；魂是"精神之魂"，在母体分娩后进入孩子体内，人死后魂即升天，而且作为祖先之灵，魂就要靠地上后代的献祭来供养。

为了使魄保存的时间尽可能的长，人们对尸体的防腐极为关注。举行葬礼时，死者周围要放上一些富有德的祭品，例如玉或贝壳，因为贝壳类似外阴，令人想到创造力和多产。死者的妻妾和奴隶最初要殉葬，或杀死后放进坟墓，后来就只用人俑陪葬了。不过，人们还是在墓里放进刀剑、盔甲、首饰、马和车，以为它们还能为灵魂效劳。在后来的一些朝代里，人们用纸糊成死者的住宅、衣服，然后烧掉，这种葬仪是古代周朝风俗的遗迹。

由于平民没有家族姓氏，因而也没有对祖先的崇拜，他们就只有微不足道的德。然而他们却和自然力有着经常性的密切接触，所以不冒犯自然秩序对他们来说至关重要。当贵族们在实施礼仪方面进行互助时，平民们便致力于俗，即在季节性的节日和集体庆典时表达自己的感情。所以，他们虽然不能祭献祖先或主动参加贵族的其他祭祀，却能靠着乡村的祭祀去纪念土神、谷神、风神、水神、山神和河神，从而和神灵取得一致。

以上所述是总的背景，现在我们就来简略地勾勒一下我们所知的前周的性生活和社会情况。

当时，男女有别这一原则不像后来儒家道德成为行为规范的时代里那么严格。在王宫和贵族宅第里，妇女有私人的闺房，吃饭也分开，但是她们在婚后却享有极大的自由。白天她们在家里随意走动，和管家、男仆讨论家庭事务。她们也参加某些祭祀和各种家庭节日，只是坐的桌子要和男人隔开，并用一块屏风遮住。男人的娱乐她们大都不能参加，例如纵酒作乐的聚会、射箭比赛和打猎。未婚女子没有这么自由：童贞是结婚时被承认为妻子的sine qua non[1]，因此她们在闺房里受到严格的看管。相反，平民姑娘可以和男人自由来往。我们在下文会看到，这些青年男女在集体庆典时一起跳舞歌唱。

在父权制的家庭体系里，父亲是无可置疑的权威，妻子、孩子和仆人都要无条件地服从他。人们把家庭看成一个微型的国家，父亲占据着君主的地位，他作为首领掌管着一切宗教的和日常的事务。妇女则被看得低于男人。《诗经》[9]里有一首歌，扼要地描述了有关婴儿出生的习俗：习俗因婴儿是男孩还是女孩而有所区别，并且象征着他们在未来生活中的位置。下面是《斯干》篇的段落：

乃生男子，载寝之床，
载衣之裳，载弄之璋。
其泣喤喤。朱芾斯皇，室家君王。
乃生女子，载寝之地，
载衣之裼，载弄之瓦。
无非无仪，唯酒食是议，无父母诒罹。[2]

---

1 拉丁文：必不可少的条件。
2 《诗经今注》，高亨注，上海古籍出版社，1980年，第265页。

话虽如此，女人低于男人这个一般原则却绝非意味着任何女人都低于任何男人。主妇尤其是重要人物，在一家人中有很大的权威。

男孩和女孩可以在一起玩耍到十岁，以后即分道扬镳：男孩进学堂，女孩则被关在闺房里学缝纫和其他有用的技能。文献上说女子"二七"月经初潮，男子"二八"精气溢泻。对男女这一变化均用"天癸"来表示，意思是"天规定的期限"。关于月经有一些专门的术语，如月事、经水、月经、月客，以及下文将出现的许多别致说法。约公元初年，朝廷有明文规定，女人在月经期间不得参加家族的仪式，并且应在额上点个红点，以表明身体不洁，不过这种习俗是否在前周既已存在则尚无定论。

女子在第一次月经以后，即被认为已到结婚年龄，家里便举行一个简单的仪式，名为"及笄"，为她盘发插笄。男子受到更高的教育，满二十岁时改为成人发式，即冠，全家要隆重庆祝一番，然后就等他娶妻，因为他应该尽可能早地为家庭和社会秩序履行自己的神圣职责：生育子嗣。

值得注意的是，毫无迹象表明男女成年时要经受痛苦不堪的成丁礼，人们对切除女子阴蒂和割掉男子包皮的事一无所知。

人是一个微观世界，人的机体的运行方式和宏观世界完全相同，男女的性结合则是两种孪生的自然力相互作用的再现。因而人的婚姻从本质上来说就是暴风雨时天与地的结合。从远古以来，中国人就把云看成是地的卵子，它由雨来受精，因为雨是天的精液。在人的范畴里，君主和皇后这两个出类拔萃的男人和女人的结合，标志着这个王国和世界的阴阳平衡。他们的结合若不美满和谐，后果将影响整个国家，将会出现水灾、风暴和其他自然灾害。所以君主与其妻子的性关系由一些仪式和礼法来周密调节。我们首先叙述这个问题，然后再考察统治阶级成员及平民的婚姻。

既然君主拥有最多的德，他就需要大量的女性来滋育，通过性交来使之永世长存。君主有一后、三夫人、九嫔、二十七世妇，此外还有八十一御妻。这些数目是根据一种古老的数字巫术确定的。单数表示自然中的阳力、男性的能力，双数表示阴力、女性的生殖力。数字三是一之后的第一个单数，意味着男性的能力十分强大；九是三的三倍，也表示极大。把这两个有魔力的数字分别相乘，则得二十七和八十一。

有一些称为女史的宫女，专门负责调节和监督君主及其妃嫔的性关系，根据礼仪为每个级别的配偶制订行房的频度，安排君主在吉日予以宠幸。她们精确地计算性交次数，用特制的毛笔——彤管并以红色字体记录下来，所以后来关于君主性生活的描写在中国文献中称为"彤史"。

通常的规则要求等级低的妇女在等级高的妇女之前与君主性交[1]，而且次数要多于后者。君主和皇后的性交每月只有一次。这种规定来自上文简略提及的观念，即认为男人的元气要由女人的阴津（被认为含有生命力）来滋育和增强，所以君主要在和低等嫔妃们多次性交、使自己的元气达到顶点之后才与皇后性交，从而使皇后在最佳的时机受孕，为君主生一个健壮聪慧的继承者。[10]

女史把被临幸的女子领进君主的寝宫，进去后在她的右手上戴

---

1 宋代王楙所著《野客丛书》载，"卑者宜先，尊者宜后"，见《陈眉公重订野客丛书》第12卷。

第一章 起源和西周　　17

一个银环，就地注意性交结束并记录结果，然后把女子的银环从右手换到左手上，再把性交的日期和时辰记录在案。若是这位女子以后怀了孕，女史就给她戴上一个金环，女史还要使君主了解妃嫔们的健康状况和经期。

只有地位高的后妃们可以整夜和君王在一起。姬妾们则应在黎明前离开寝宫。[1]

这里可以插进一段周人对理想化美人的描写。它大约写于公元前750年，收在《诗经·硕人》篇中，称颂一位著名妃子的美丽华贵：

> 手如柔荑，肤如凝脂，
> 领如蝤蛴，齿如瓠犀。
> 螓首蛾眉，巧笑倩兮，美目盼兮。[2]

"螓首"，是指头饰两边各有一根长辫的发式；"蛾眉"，令人想起蚕蛾细长弯曲的触须。在以后的时代里，这句话成了形容美女的固定用语。

对于统治阶级的成员来说，婚姻必须是异姓通婚。与一个同姓的女人结婚，无论她是妻或妾，都是绝对禁止的，据说这种"同姓乱伦"会给丈夫、妻子本人及其后代带来最可怕的灾难。经典

---

[1] 本书初版时作者曾在此引用一首名为《小星》的诗，以表现妾的不满心情。但中国注释者认为这首诗不适用于妾，而是反映小吏日夜忙于公务不得安宁的苦衷，故再版时已删去。

[2] 《诗经今注》，第82页。

文献认为这类禁忌对平民来说并不存在，这种看法显然是错误的。即使像一句古语所说的那样"礼不下庶人"，平民毕竟还有他们的俗。人类学告诉我们，一般来说，古代社会的性禁忌比文化程度更高的社会还要讲究，因此我们可以大胆地假定：对于古代的中国人来说，虽然没有文字记载，但平民的婚姻也有各种限制和禁忌。在以后的时代里，同姓禁忌用于一切阶级，而且我们现在还能看到这种现象。

统治阶级的成员通常只娶一次，娶一个妻子。[11] 如果妻子去世或者被休，他就不能再婚，至少关于主妇的婚姻礼法是这样规定的。婚姻的安排靠媒人帮忙，正如《诗经》所言：

伐柯如何？匪斧不克。
取妻如何？匪媒不得。[1]

媒人负责进行事先的协商。他不仅要判断婚姻是否吉利，而且要证实未婚妻属于另一个氏族，确实是处女，嫁妆也已按规矩备办齐全。此外，他还要了解女方家长的社会地位和影响。因为在统治阶级内部，有关名誉的法规极为详尽，如果当事人有一方对婚姻提出指责，就有可能引起血腥的族间仇杀。原则上，女方的父母在征求媒人的看法后就会做出决定，无须听取女儿关于选择丈夫的意见。

一旦各方对这些准备性的工作都表示满意，未婚夫就带着一只

---

1 《伐柯》，见《诗经今注》，第212页。

鹅[1]去拜访女方的父母。以后评注者对带鹅的风俗做出了各种解释，不过这些解释无疑都是后来杜撰的。接着，他便把未婚妻带到自己家中，举行一次礼仪性的晚宴来庆祝婚礼，新郎新娘就在当晚成亲。新娘通常都把自己的妹妹或丫鬟带来，以便给丈夫作妾，人们便利用晚宴的机会来使新郎和这些女子的结合合法化。第二天早晨，丈夫领着妻子拜见公婆，到家里祭祀用的厅堂里去拜祖先之灵。三个月后，上述拜见仪式还要重复一遍，而且更为隆重。只有在第二次仪式之后，妻子在家里的地位才最终确定下来。

把妾带给她未来的丈夫，未婚妻在想到这一点时往往不会感到高兴。《诗经》里有一首名为《江有汜》的歌，说一位未婚妻不肯带指定的姑娘们到夫家去，最后人们还是说服她同意带去了。姑娘们用这首歌来表达满意的心情：

江有汜。之子归，不我以；不我以，其后也悔。
江有渚。之子归，不我与；不我与，其后也处。
江有沱。之子归，不我过；不我过，其啸也歌。[2]

江及其大量支流的形象，似乎是影射丈夫，因为他作为丈夫占有许多妻妾。

统治阶级成员的婚姻称为昏。这是一个极其古老的字，含义不详，似乎是"黄昏之礼"的意思，因而令人想起庆祝和完成婚礼的

---

1 清代于鬯所著《花烛闲谈》上说鹅乃是雁之误。"若谓用鹅以代雁，则非也。古人之鹅原是雁。"

2 《诗经今注》，第30页。

傍晚时分。

平民的婚姻称为奔，即"相遇"。当春季来临，家家户户离开冬季的住所搬到田野上去时，村社便举行一些春宴，青年男女聚在一起跳舞唱歌，这些歌舞几乎都是对生殖力的崇拜，往往具有明显的色情特征。在这些集会上，每个青年男性都选择并取悦他中意的姑娘，和她发生肉体关系。这种关系在夏季和秋季都保持着，并在各家返回冬季的住所之前合法化——大概由村上老人做主。合法化的标准则很可能是看姑娘是否怀孕。

由于姑娘可以同意或拒绝出嫁，或者在同意之后再改变意见，而青年男性的自由程度也不亚于她，所以平民姑娘的性生活通常要比她们上流阶级的姐妹们充分得多。《诗经》中所保存的关于求爱和嫁娶的民歌，使我们对农村的爱情生活有了全面的印象。《诗经》中的歌在形式和内容方面都与其他国家和其他时代的民歌惊人地相像，它们极其动人地表现了爱情的各种感受、快乐和悲哀。下面这首诗歌描写的是在河边举行的集会，青年男女在发生肉体关系之前相互取悦和戏谑。在色情文学里，芍药往往是指女人的生殖器。

  溱与洧，方涣涣兮。
  士与女，方秉蕳兮。
  女曰："观乎！"士曰："既且。"
  "且往观乎！洧之外，洵訏且乐。"
  维士与女，伊其相谑，赠之以勺药。

  溱与洧，浏其清矣。

士与女,殷其盈矣。
女曰:"观乎!"士曰:"既且。"
"且往观乎!洧之外,洵讦且乐。"
维士与女,伊其将谑,赠之以勺药。[1]

另一首歌《出其东门》提到了青年男女在城门外的相会:

出其东门,有女如云。
虽则如云,匪我思存。
缟衣綦巾,聊乐我员。

出其闉阇,有女如荼。
虽则如荼,匪我思且。
缟衣茹藘,聊可与娱。[2]

下面这首歌名为《东方之日》,似乎是讲一个男子娶了情人之后的幸福:

东方之日兮。彼姝者子,在我室兮。在我室兮,履我即兮。
东方之月兮。彼姝者子,在我闼兮。在我闼兮,履我发兮。[3]

---

[1] 这首歌名《溱洧》,见《诗经今注》,第126页。
[2] 同上书,第124—125页。
[3] 同上书,第131页。

对于一个被抛弃的姑娘的悲哀，没有比名为《遵大路》的伤心歌描绘得更动人的了：

> 遵大路兮，掺执子之袪兮。
> 无我恶兮，不寁故也。
>
> 遵大路兮，掺执子之手兮。
> 无我魗兮，不寁好也。[1]

最后，我要列举三首具有特殊的社会学意义的诗歌。第一首是长诗《氓》中的几句，它使人感到即使在农民当中也存在着双重的道德观念：

> 于嗟女兮！无与士耽！
> 士之耽兮，犹可说也；
> 女之耽兮，不可说也。[2]

第二首名为《甫田》，告诫姑娘们不要迷恋地位高于她们的少年，否则他们一旦成年便会显示出社会差别，只会娶一个本阶级的姑娘。诗里的"远"与其说是空间的距离，不如说是社会地位的差距。这种告诫似乎表明这类不相称的关系是常有的事。

---

1 《诗经今注》，第114页。
2 同上书，第84—86页。

无田甫田，维莠骄骄。
无思远人，劳心忉忉。

无田甫田，维莠桀桀。
无思远人，劳心怛怛。

婉兮娈兮，总角丱兮。
未几见兮，突而弁兮。[1]

从第三首诗歌来看，我们可以认为追求者和他的恋人在夜间幽会或多或少是得到容许的。《诗经》中许多歌的社会环境都很难确定，不过这首诗歌看来不是出自农民，而是出自诸如一位贵族的随从这类人的圈子。这首歌名为《将仲子》：

将仲子兮！无逾我里！无折我树杞！
岂敢爱之，畏我父母。
仲可怀也，父母之言，亦可畏也。

将仲子兮！无逾我墙！无折我树桑！
岂敢爱之，畏我诸兄。
仲可怀也，诸兄之言，亦可畏也。

将仲子兮！无逾我园！无折我树檀！
岂敢爱之，畏人之多言。

---

1 《诗经今注》，第135页。

仲可怀也,人之多言,亦可畏也。[1]

在对西周的婚姻和性生活做以上的简介之后,我们现在再按年代叙述,即转入东周时期。

---

[1] 《诗经今注》,第108页。

第二章 东 周

（公元前770—公元前222年）

公元前8世纪出现了政治、社会和经济方面的巨大变化。周朝君主的中央政权衰落了，封建贵族趋向独立。他们名义上依然承认君主是王国的领袖，但实际上强大的贵族都是各自领土的主人，他们仿照君主的样子建立自己的宫廷，有自己的礼仪和机构，而且拥有忠于自己胜过忠于君主的军队。正因为如此，西方作家把后周的贵族称为"诸侯"，他们的领土则是"国"。因而后周便显然是一个权力分散的王国，某些诸侯不断策划阴谋，挑起武装冲突，攻打邻近的诸侯以扩大自己的权力，同时也和边境之外的半蛮族部落联盟作战。这些半蛮族部落联盟逐渐"汉化"，而且在诸侯之间的内讧和政治方面起着越来越大的作用。

从公元前722年开始，当时文献资料所提供的关于这一时期社会环境的情况便更为可靠了。[1]

除了贵族和平民之外，当时似乎出现了介于两者之间的第三个阶级，我们可以称之为士，这些人是贵族的后裔，他们有姓氏，能够驾驭战车，然而没有自己的封地。他们为诸侯效劳，当军官或文吏，例如谋臣、书吏、总管和管家。由于人们日益渴求知识，士很快便热衷于研究学问。正是从这个阶级里产生了当时大多数杰出的政治家和哲学家，其中包括孔子。我们可以把他们看成

"文官"的原型,从公元初年至今,文官在中国的治理中起着最重要的作用。

书写艺术主要用于记录官府的文件、用于祭祀礼仪的文献,以及历史事件的编年史。周朝的书吏在竹子或木板上书写,毛笔蘸的墨水是碎木炭或清漆制成的。书简用皮条穿在一起便成了一本书。至于"纯文学",总的来说只是"口头文学",人们最初是不予记录的。在宴会或其他集会上,有人即席朗诵一些诗歌和散文,与会者再不断地背诵给朋友和熟人听,直到人所共知。这种现象也说明了周代的许多哲学著作里为什么内容会不一致。它们最初并非由一个人书写全部内容,而是把弟子们所记录的老师在各种场合发表的著名警句收集在一起的结果。

贸易和货币制度的发展产生了另一个阶级,即商人阶级。同时,各种技艺的进步和对其产品的日益增长的需求,提高了专业手艺人的地位。因而从此以后,除了诸侯之外又有了四个社会阶级,即士、农、工、商。通常,中国人都按这个顺序来排列,这表明士和农民是国家的中坚,从理论上来说,他们的社会地位要高于手工业者和商人。

商人和手工业者满足了诸侯宫廷中风行的对奢侈的渴望。男女的衣着更为讲究,在上身的长袍下加上了宽裤,这也许是从中国的西部邻国学来的。[2]人们似乎每个季节都要更换长袍的颜色,以便使服装适应自然环境。[3]夫人们往往穿一件紧腰上衣和一条绣花边的裙子,头发上装饰着做工精致的发夹和绸带,还戴着戒指和手镯。她们梳妆时使用磨光的圆铜镜,镜子背后有一个圆形的把手(见第120页图四)。

政局混乱使统治家族的命运发生急剧变化,从而引起道德松弛和性欲的放纵。诸侯和高官除了后房之外，还有专门的女乐，即职业舞女和歌女，她们在官方的宴会和私人的狂欢聚会上演出。这些女子随意地向主人及其随从、宾客献身，常常被卖来卖去，或被当作礼物送人。送一队漂亮的舞女，在当时的外交界和诸侯宫廷里是司空见惯的事情。公元前513年，一位犯案的官员就送了一群女子给法官来拉拢关系（《春秋左传诂》，第七九〇页），这些女子来自哪个阶级还不清楚，其中大部分也许是贵族家中受过教育的女奴，她们生来就能歌善舞，但也可能是战场上带回来的女俘。这些女乐是官妓的前身，后来官妓在社会生活中的地位十分重要。

一些荒淫的诸侯还拥有一些娈童，或者和成年男子保持性关系。汉代和汉以后的一些材料证明，某些被任命为下大夫，即嬖的人用肉体来讨好他们的君主。不过要指出，嬖这个字的通义是指"以阿谀奉承和助长恶行来赢得主人宠爱的男子或女人"。若是男人则指他和主人有同性恋行为，但这种事情难以确定，因为古代文献过于简洁，可以使人做出各种解释。不过有一个例外，即龙阳君，他是公元前4世纪魏王的宠臣。公元前3世纪的《战国策》中，有一段史料证实他确和君主有着同性恋的关系。[1] 龙阳君有这么一种名声，以至"龙阳"成了表示男子同性恋的惯用的文学术语。

婚姻变成了一种政治因素。有的诸侯由于娶了强大邻国的公主而巩固了地位，不过诸侯因与妻子闹翻而得罪她在本国的父母，从而使政治联盟破裂的事也并不罕见。所以必须重视一个已婚妇女及

---

[1]《魏王与龙阳君共船而钓》，见《战国策》，中册，上海古籍出版社，1985年，第917页。

其父母的影响，妻子的地位由此大为加强，她也就享有更大的自由。过去妇女被认为是屈服于三从，未嫁从父，既嫁从夫，夫死从子。然而实际上，已婚妇女的行动往往完全独立，只有年轻姑娘才受到严格看管，没有行动的自由和主动性。已婚妇女既然享有充分的自由，那么她们只要愿意，便自然有办法在家里或外面进行非法的私通。在家里，她们可以会见丈夫的朋友和宾客，甚至参加他们的谈话——虽然她们总是被挡在一块屏风后面。这种自由往往使她们对政治活动产生巨大的影响。《诗经》里有一首名为《瞻卬》的哀歌，其中有一段愤怒地指责女人和宦官干预国家事务。这些诗句所批评的或许是听信宠妃褒姒的幽王（公元前8世纪）的暴政，但无疑也反映了男人对一切参与公共事务的女人的看法。

> 哲夫成城，哲妇倾城。
> 懿厥哲妇，为枭为鸱。
> 妇有长舌，维厉之阶。
> 乱匪降自天，生自妇人。
> 匪教匪诲，时维妇寺。
> 鞫人忮忒，谮始竟背。
> 岂曰不极，伊胡为慝？
> 如贾三倍，君子是识。
> 妇无公事，休其蚕织。[1]

---

1 《诗经今注》，第468—470页。

只要有一块屏风遮住，女人也可以欣赏演奏和舞蹈。某些诸侯甚至允许他们的妻子参加狩猎和纵酒作乐的聚会。据记载，公元前573年晋厉公就有这种习惯，因而受到了一位谋臣的指责。[1]当时的人尚未使用面纱，不过女人出门时都坐在有帘子遮住的车子里，只有歌女和品行不端的女人才坐在卷起帘子的车子里出门。

诸侯像君主一样拥有后宫，派老妇和宦官看守。这些不幸的人是怎样被阉割尚不清楚，不过阉割在当时是一种流行的惩罚，《左传》中有一段话可以肯定是一个被阉割的政治犯成了宦官，因为他在和诸侯谈话时自称"刑臣"。[2]很可能是穷人或野心家自愿挨这一刀，指望以此在诸侯的宫廷里谋得有利可图的位置，以后朝代里许多人都是出于这种目的才当宦官的。

虽然有人看管，后宫妇女只要愿意，便有不少时机可以幽会偷期。寡妇被称为未亡人[4]，但是她们往往再婚，或者即使守寡也不甘寂寞。下面一些历史上的例子，可以使我们了解当时的性生活。

公元前708年，宋国王室的华父督路遇该国司马孔父之妻，见其美而艳，遂于第二年攻孔宅，杀孔父而夺其妻。[3]

几年之后，公元前695年，卫宣公与其父妾夷姜烝淫，生了一个儿子，取名急子。后来急子聘齐国王室的美女宣姜为妻，宣公竟自取之，并和她生了两个儿子。夷姜因妒忌而悬梁自尽，宣姜则为了成为宣公的正妻而陷害急子。她向宣公进谗，宣公便假手盗贼杀

---

1 《春秋左传诂》，第486页。
2 同上书，第315页。
3 同上书，第209页。

了自己的儿子。[1]儿子和父妾发生肉体关系的例子似乎并不罕见。公元前665年,晋献公无子,烝于父妾齐姜,生了一男一女。[2]

公元前573年,齐国的庆克与齐灵公之母私通,常化装成女人混进后宫去暗地幽会。宫里的两位官吏发现了他并予以斥责。庆克告诉了他的情妇,她便诬陷这两位官吏,而且加以惩罚:一个遭受刖刑,另一个被流放。[3]

一个女人曾委身于另一个男人,并不妨碍她的丈夫重新占有她。公元前548年,郑国的游眅在路上碰到一个带着未婚妻回家结婚的人,游眅夺了他的妻子,让她住在自己采邑的一座房子里。后来这个男人攻打游眅,杀了他,夺回了自己的妻子。[4]

无耻女人大都诡计多端。公元前516年,季公鸟的遗孀季姒与宫中的饔人檀私通,因为疑心一位大臣要告发她,便让一个侍妾鞭打自己,然后以身上的伤痕为证,反诬这位大臣想强奸她,她是因不肯顺从才被他鞭打的。[5]

此外在公元前599年,陈灵公和他的两个大夫与该国一位司马的遗孀夏姬私通。三人都穿着此妇所赠的内衣在朝堂嘲戏。另一位官员劝阻灵公,灵公大怒,让两位大夫派人刺杀了他。[6]

公元前494年,卫灵公娶南子,这个女人素以与其兄乱伦而闻名。灵公为了奉承南子,甚至召其兄入宫。丑闻遍传,连山野农民

---

1 《春秋左传诂》,第230页。
2 同上书,第257页。
3 同上书,第484页。
4 同上书,第560页。
5 同上书,第768页。
6 同上书,第408—409页。

也作歌嘲笑。[1]孔子也因为见了南子而遭到非议，不过他不接受这些非议，因为他与南子会见时，对方一直站在屏风后面——按照已婚妇女的规矩，她们在和非亲非故的男人说话时都应如此。

上层社会的男女有很多机会可以见面，公元前537年的一段逸事便是证明。一位名叫穆子的人与家里闹翻，投奔齐国。到达庚宗时遇到一个妇女，她留他吃饭并一起过了一夜，第二天早晨还送了他一程。后来这位妇女带着一个孩子到宫里去找他，他便娶了她，备加宠爱。从文字上看不出这是个贫贱的女人。[2]公元前522年也有一段类似的记载。楚子在蔡时，郧阳封人[3]的女儿投奔他，和他同居，后来为他生了一个儿子。[4]更有甚者，我们读到公元前530年，鲁国一位女子梦见为孟家的祖庙做华盖，遂偕其女伴向孟僖子自荐为姬妾。[5]实际上，这三个女子的动机当然不大相同，前两个把性关系看成是尽招待的义务，第三个则是服从梦中所见的神灵的指示。不过这两段记载至少表明，男女是可以自由相会的。这些故事同样证明，一个女人往往在这方面会采取主动。

有一个值得注意的例子，是公元前540年的一位公主自己选择丈夫。郑公有个妹妹很美，两个有权势的诸侯子晳和子南都来求婚。郑公谁也不想得罪，就让妹妹自己选择。子晳穿着最漂亮的衣服，子南则全副武装，左右射箭。公主在屏风后面观察这两个男人，说：

---

1 《春秋左传诂》，第840页。
2 同上书，第663—664页。
3 封人，周代和春秋时期的官名。
4 《春秋左传诂》，第734页。
5 同上书，第694页。

"子晳信美矣；抑子南，夫也。夫夫妇妇，所谓顺也。"[1] 这一事实不禁令人想起印度古代宫廷里流行的"自由选择"，但是这看来是一个例外。

除了许多讲述无耻荡妇的段落之外，也有不少是介绍严格遵守礼仪和非常忠贞的妇女的。楚王全家在路上受到攻击而逃跑。楚将钟建背负王之幼女季芈跟随。后来楚王要把女儿嫁给别人，她都拒绝了，说："所以为女子，远丈夫也。钟建负我矣。"楚王就将她配与钟建为妻。[2] 这倒不是说她对钟建有多么感激，而是因为钟建接触过她的身体，按礼仪规定，她就不能嫁给别人了。

公元前579年，鲁国一位官员因晋国的贵宾郤犨来求妻，便强夺部下施孝叔的妻子与之。妻子对丈夫说："鸟兽犹不失俪，子将若何？"施孝叔答道："吾不能死亡。"她就和郤犨到了晋国，并生了两个儿子。郤犨死后，晋人把她归还施氏。施氏迎至黄河，把郤犨与他妻子生的两个儿子淹死在河里。妻子怒曰："己不能庇其伉俪而亡之，又不能字人之孤而杀之，将何以终？"遂发誓永远不再见他。[3]

公元前661年，鲁庄公在该国一位官员的门前筑起一座高台，以便看到这位官员的女儿。庄公想和她私通，但是她把门关上了。直到庄公答应娶她为妻，她才同意，后来为他生了一个儿子。[4]

更有甚者，公元前665年，楚国令尹子元想诱惑兄弟的遗孀，故意住到她的对门，并且用歌舞引起她的注意。她哭着说："先君以

---

1 《春秋左传诂》，第637页。
2 同上书，第821页。
3 同上书，第463页。
4 同上书，第261页。

第二章 东周

是舞也，习戎备也。今令尹不寻诸仇雠，而于未亡人之侧，不亦异乎？"子元悔恨不已。[1]

公元前677年，楚灭息，楚子夺息妫为妻。她为楚子生了两个儿子，但从不和楚子说话。楚子问之，她说："吾一妇人，而事二夫，纵弗能死，其又奚言？"[2]

也有妻子是出于完全不同的原因而不和丈夫说话的。一位奇丑的官员娶了一个非常美丽的妻子，她在三年里从不开口。有一天，他带她坐车到湖边，一箭射中了一只雉鸡，他的妻子才放声大笑，并和他说话了。[3]

丈夫有权休妻，不育和痼疾是正当的理由，但是一个男人如果确实想和妻子分手的话，也似乎很容易找到别的借口。最使他担心的倒是妻子娘家可能会报复。丈夫如果决定休妻，就要把妻子以及同时娶来的妻子的姐妹或女伴一起遣回娘家。公元前485年的一件事表明这种做法是如何使丈夫陷入感情纠葛并倒霉的。卫国的世叔齐对妻子并不在意，但对同时娶来的妻子的侄女[4]却十分宠爱。当出于政治原因要休妻，另娶一位高官的女儿时，他不肯和妻子的侄女分手，于是说服她不要回娘家，另置于别馆，把她当妻子一样对待。高官闻之大怒，要杀世叔齐，后来虽经劝说，仍然领回了自己的女儿。这样一来世叔齐就名誉扫地，连官也丢了。[5][5]

---

1 《春秋左传诂》，第258页。
2 同上书，第246页。
3 同上书，第790页。
4 应为姊妹。——编注
5 《春秋左传诂》，第868页。

公元前540年的一件事证明，威信在婚姻关系中是多么重要。齐桓公与蔡姬共登小舟，游于池上。蔡姬摇晃小舟，桓公心慌，"变色"，让她不要晃，但她不听。恒公大怒，把她遣送回国，但并未正式休掉她。然而她的父王却把她嫁给了别人。[1]

最后要引证的段落，是证实这种强烈信念的：把违反同姓通婚禁忌的行为和耽于肉欲视为犯罪。公元前540年，晋侯患病，药石不灵。一位幕僚认为他患病是因为后房有四个和他同姓的女子，并说："闻之内官不及同姓，其生不殖。美先尽矣，则相生疾。"后来来了一位医生，他断言疾病来自纵欲过度。晋侯问道："女不可近乎？"医生回答说："节之。"他大谈一番在其他方面不加节制的危险之后。这样说道："女，阳物而晦时，淫则生内热惑蛊之疾，今君不节、不时，能无及此乎？"[2]

这段叙述证明在古代的中国人看来，过度的性行为是有害的。不过这里没有提到他们的另一个信念：适度的性行为对男女双方的身体有益，甚至能够治病。我们在下文将会看到，后一种观念是了解后来中国人的性观念的关键。

在进一步讨论这个问题之前，我们还要初步了解这个时代的宗教信仰，至少是它们对中国人性观念形成的影响。我尽可能扼要地叙述，对通常由多卷文献研究的问题都一笔带过，但有时还不得不涉及一点细节。请读者耐心阅读这些离题的话，因为这些延续至今的宗教信仰，是中国人关于性的一切思想的基础，这一点在本书中

---

[1]《春秋左传诂》，第272—273页。
[2] 同上书，第643—644页。

可以不断地被印证。

由此我们可以想到，古代的中国人信仰一种双重的宇宙力，它支配着宇宙和宇宙中的一切。这种根深蒂固，但在此以前显得极为模糊的观念，在东周时期开始变得系统了。占卜可能对这种系统化起了很大的作用。

第一章开头所说的用甲骨占卜，只能提供"是"或"否"的简单的答案，然而在用干的蓍草茎占卜时，就可能从神谕上得到更为明确的消息。我们对古代占卜者使用蓍草茎的方式几乎一无所知，但通常的看法是占卜者将完整的和断裂的茎混在一起随意分堆，然后把一堆茎撒在地上，从它们的位置上来看出神谕的答案。这些完整的和断裂的茎，以完整的或断裂的线条，即爻来表现双重的宇宙力：完整的线条表示阳性的和男性的力量，与上文提到的用奇数表现男性的和阳性的力量的数字巫术相吻合。断裂的线条代表阴性的和女性的力量，偶数是这种力量的象征。

人们用这两种爻构成八个卦象，即八卦，每个卦象都有其特殊的名称、意义和宇宙的方位，如下图所示：

☰ 乾 天 南	☶ 艮 山 西北
☷ 坤 地 北	☴ 巽 风 西南
☳ 震 雷 东北	☲ 离 火 东
☵ 坎 水 西	☱ 兑 泽 东南

后来有一种说法，认为是传说中的帝王伏羲创造了八卦，并且同样武断地把它们看成是中国文字的起源。八卦按其宇宙方位排列成一个圆形，这种形状的八卦在汉代以后中国的应用艺术中极为常见。[6]

八卦还可以成对地组合，互相重叠形成六十四卦。下面是六十三卦，名为既济，是由坎和离这两卦组成的。

这六十四个卦象组成了古代占卜经典的基础。占卦者为每卦都配上了一些多为简短、暧昧的神谕警句，作为占卦的依据。

占卜指南之一是《易经》，它很早就远远超过了其他一切经典。由于有许多补充性的说明，它在中国和继承中国文化并保持至今的毗邻国家里通用。这本书在周代人民的日常生活中占有极其重要的地位，它和《诗经》似乎是社会生活和私人生活的盛大场合里常被引用的著作。

现代人对于《易经》中的说明（象辞）及其解释（系辞）产生于何时看法不一。后来的一种说法把卦辞和爻辞（传）归于前文提到过的文王，断言是他在被殷朝最后一个君主囚禁时写的。对这些说明进行解释（系辞）的则是周朝神圣的奠基者之一——周公。此外还有人说孔子写了《十翼》的一部分。无论如何，现代大部分学者都认为这些文字全部被歪曲了，而且除了卦和卦辞之

第二章 东 周 37

外，现存的《易经》形成于东周时期，并在汉代（公元前206年至公元220年）被大量改动了。

《易经》把双重的宇宙力分别命名为阴和阳。从公元前6世纪以来，这两个术语就取代了代表双重宇宙力的更古老的术语，如天和地、日和月等，并且从此以后便一直沿用。遗憾的是，人们对阴和阳这两个字的起源所知甚少。在以后的朝代里，两个字的写法都由一古体的"阜"旁（意为山冈）和一声旁构成。阴指河的南岸和山丘的北面，阳指河的北岸和山丘的南面。不过，最初这些字的声旁都单独使用并有各自的意义，前者与阴影和云有关，后者则涉及太阳和光——很可能是用描绘一面飘动的旗子的画来表现的。

《易经》把阴和阳描述成双重的宇宙力，它们永存于宇宙之中，而且不断地进行无穷无尽的互相转换。这一概念形成了哲学体系，儒家和道家都加以赞赏和利用。从公元初年以来，这本书就起着双重的作用：一方面人们把它当成一本占卜的实用教材，另一方面则把它视为一篇哲学文献。[7]这里，我们只研究一些为了明确地提出关于性关系的思想而使用阴和阳这两个术语的段落，这些思想自古以来就存在，不过相当模糊。

《易经》强调，性关系是宇宙生活的基础，宇宙生活是宇宙力阴和阳的一种表现。系辞下第四节中说："天地绲缊，万物化醇。男女构精，万物化生。"1系辞上第五节指出："一阴一阳之谓道。""生生之谓易。"2在以后的性经里，《易经》的上述两句话常

---

1 《周易大传新注》，徐志锐注，齐鲁书社，1986年，第463页。
2 同上书，第414、416页。

被引用,即用阴和阳来代表女人和男人。

象征性结合的卦是上图的第六十三卦。上面是坎,表示"水""云"和"女人",下面是离,表示"火""光"和"男人"。阴阳交错,表现了男女互相补充的完美和谐。这种和谐便是美满健康的性生活的基础。

后来几乎所有的性经都对这一卦的各个方面大做文章。图二是17世纪哲学著作《性命圭旨》中的一幅出色的木版画,表现道士正在研究由离和坎所象征的阴阳元素的完美平衡。在第四章里我们还要对此详加叙述,不过这里已经可以看到一个有意义的事实:阴性元素总是在卦的上部;同样重要的事实是,在阴阳这个组词里,阴总是在前面。这也许是我们在第一章开头所提到的母权制社会感情的痕迹。至于"火"和"水",人们注意到医学和性方面的著作都把男人的性体验比成火,而把女人的性体验视为水。火容易突然燃烧,但是碰到水也同样容易熄灭;相反,水加热要不少时间,不过冷却也很慢。这就是表明性欲高潮前后男性和女性体验的实际差别的真实形象。中医学虽然在解剖学方面很不发达,但它在对心理因素的判断方面却一贯极为敏锐。

图二　平衡阴阳本原的道士（明代著作《性命圭旨》中的一幅木版画，本书作者藏）

正如我们在上文所指出的那样，《易经》关于性结合的思辨，例如用阴阳对比来表现这种结合，取代了在它之前用自然现象来表示的各种象征。然而必须指出，至少有一个古老的象征依然经久不衰，即天和地在暴风雨时的交合。"云雨"这种文学表达方式沿用至今，是表示性行为的术语。这一观念本身可以追溯到中国远古时代，不过中国文学的这一经典用语产生于公元前3世纪，在大诗人宋玉的《高唐赋》的序中。诗人说古代一位君王去游高唐。"怠而昼寝，梦见一妇人,曰:'妾,巫山之女也,为高唐之客,闻君游高唐,愿荐枕席。'王因幸之。去而辞曰:'妾在巫山之阳,高丘之阻。旦为朝云,暮为行雨,朝朝暮暮,阳台之下。'"[1]天地交合这一古老的宇宙形象在这里变成了一个优美的故事,不过也应该指出,是女人在性关系中起着主导作用。无论是性学的还是色情的中国文献,都把"云"看成女人的阴津,而把"雨"视为男人的精液。在以后的小说里,性行为的结束都用"雨收云散"之类的句子来表示。近代的文学在表示性关系时都使用矫饰的术语,除了云雨之外,还有巫山、巫阳、高唐和阳台。另外,人们还用如翻云覆雨这种表达方式来指两个男人的同性恋行为。(参阅第三章提及的《断袖篇》)

此外,在山岭之间浮动的雾一向被认为含有大量的气。古代文献经常指出一些帝王"登高"是为了吸取空气中的气来增加他们的德,后代作家在谈到艺术问题时,往往宣称风景画画家通常都健康长寿,是由于他们因职业之故总与山间的云雾为伴。这个信仰造成了一种民间习俗,即全国的人在农历九月九日都要登高,人们相信这样会延长寿命。下面这个问题很难解决:是从以雨云为天地交合之重要元素的观念产生了天地间包含大量的气的观念,还是先有后面的观念才由此产生了前一个观念?如果说求神降示的书籍把中国古代的宗教思想系统化了,那么这种系统化也得益于把自然现象联系起来进行分类的倾向,即五行理论。从远古以来,人们便区分了五行,即水、火、木、金和土。后来人们逐渐把它们和星辰、季节、

---

[1] 《全上古三代秦汉三国六朝文》,严可均校辑,第1册,中华书局,1958年,第73页。

颜色、方位，以及《易经》的八卦配合起来。在周代末期，产生了如下的对应：

水 —— 阴 ——月 ——水星 ——冬 ——北 ——"玄武"
火 —— 阳 ——日 ——火星 ——夏 ——南 ——"朱雀"
木 —— 少阳 ——风 ——木星 ——春 ——东 ——"青龙"
金 —— 少阴 ——云 ——金星 ——秋 ——西 ——"白虎"
土 ——半阴半阳 ——雷 ——土星 —————中 ——"黄龙"

最后一栏是五种传说动物的名称。"玄武"的图形是正在和蛇交合的龟。"朱雀"是一只凤凰、雉或鹰；"青龙"和"白虎"则画成通常的那样。在东周时期，这四种动物被合成一组，分别为四方之神。但每种动物都在此前很久便常常单独出现。"黄龙"是后来为了与五行完全对应才加上去的。

就我们所关心的问题而言，只需涉及两种动物：青龙和白虎。因为它们分别代表"男人"和"女人"。从公元前初年开始，巫术和炼丹术的文献就用这一对动物来象征男女的关系以及彼此的性能力了。

考察一下上面的这张对照表，我们会问为什么要选青龙和白虎。既然朱雀象征日与火，玄武象征水与月，选择它们将会更加恰当。但是我们对这些动物的来历所知甚少，所以很难对此做出一个最终的回答。然而我倾向于在动物的阴阳分类中寻找答案，不过这样一来，我就是在用到公元11世纪才形成的观念去解释公元前2、3世纪的术语了。我的意思是说，《易经》把阴和阳各分成两种状态：老阴—少阴；老阳—少阳。前者表示这两种力各自所能达到的最大限度，后者表示最小限度。这一理论把阴和阳解释成两者在一种循环运动中相互孕育和不断交替：当阳达到最小限度时就变成阴，当阴增强到最大限度时就变成阳。确实，阳包含着阴的元素，而阴也包含阳的胚胎。11世纪时理学家们用著名的八卦图来表示这一概念：一个用一条曲线分开的圆圈。右边是阳，其中的黑点表示它所包含的阴的胚胎；左边是阴，其中的白点表示它所包含的阳的胚胎。[8]

无论这个特殊的图形出现得多么晚，我还是相信中国人早就理解了这一规律：即每个男人自身都含有一种强弱程度不等的女性成分，而每个女人则含有发展程度不同的男性成分。由于中国人认识到这一心理现实，他们在选择尽可能确切地表现雄性和雌性的形象时，便喜欢更为复杂的象征，而不用天和地、日和月等简单明确的古老象征。所以他们宁愿选择青龙（少阳）和白虎（少阴），而不选朱雀（阳）和玄武（阴）。

后面我们将详细考察作为男子象征的"龙"和"虎"，我在这里提一下是为了使读者能有个概念，并了解这一概念的历史背景。

我们详细研究《易经》和五行问题，是因为由这些概念形成的理论对中国人关于性观念的发展有决定性的影响。在东周时期，除了这两种体系之外，还同时产生了一种对中国宗教史和文化史，对世界思想史都有巨大意义和影响的思潮。这种思潮就是人们所说的道教，其主要文献是《道德经》。[9]

通过被称之为道的途径，人们可以与大自然的原动力保持和谐，道教徒从这一信仰中得出了合乎逻辑的结论。他们认为，人类的活动大都使人脱离自然，造成一个绝非自然的，而是人为的人类社会，如家庭、国家、礼仪和对善恶的任意区别，等等。他们主张恢复往昔的纯朴，回到人类长期快乐地生活的黄金时代，那时每个人都与自然完全和谐，自己不可能做任何错事，因而也没有善恶之分。他们认为阴胜于阳，静胜于动。其中一些人超凡脱俗，企图以苦思冥想来与自然的原动力取得一致。他们崇拜女人，因为女人的本性更接近于这些力量，也因为她们的体内孕育着新的生命。正是这个道家学派发展了《道德经》中所包含的崇高的神秘主义，并出色地编写了同样著名的第二部古典论著《庄子》。其他人则相反地选择了隐居生活，以便靠不食烟火和其他修炼来尽可能达到长生不老这个至高无上的目标。他们进行各种炼丹和性交的试验，以发现不死之药。他们崇拜女人，主要是认为她们体内含有炼丹所必需的成分。这两类人尽管做法不同，却都是道教徒，因为他们的目标相同：与道完全同化。前一类人为世界文献留下了一些杰作，后一类人则对中国和外国的科学发展做出了巨大贡献。

如果说，道教的这两派在东周时期深孚众望的话，却并未引起当时君主们的注意，因为他们只关心实际问题：如何保持、扩张和巩固他们的政权。在这方面，君主们依赖的谋臣大都来自士，即官吏中的中层阶级。不止一个士阐明了他们关于改革和治理社会的哲学理论，以便使君主更有效地治理国家，赢得人民的信任，从而与古代的圣皇同列。这些人试图说服一些强有力的君主，期望凭自己的理论来被君主用为谋臣。如果某个君主不听，他们就到另一个宫廷里去游说。孔子便是这些游士之一。

孔子的教诲可以归结为对其时代的抗议，他对同代礼崩乐坏的倾向感到震惊，因而把仁作为道德力量来强调，如果一个君主及其臣僚具有这种道德品质，他们的国家就会大治，人民就会富足，这正是君主的责任。由于看到纲常废弛，孔子便用"孝"来捍卫，告诫众人，关系紧密、井然有序的家庭是国家的基础。他看到政治家和将领们背叛君主，便强调忠的重要性。他看到礼仪基本上已有名无实，于是希望恢复它们的本来意义。此外他还着重指出，他的一切观念并不新颖，不过是在宣传理想国家的原则，例如上古时代由黄帝、尧和舜等圣王治理的国家。

与脱离现实、基本上倾向母权制社会的道教相反，孔子的教诲是一种实际的、与父权制国家相适应的哲学，他不关心神秘主义和我们所说的宗教问题。但是他的观念中伦理过多，不能取悦于当时的君主，因此他的克己复礼总的来说是个失败。然而他的人生观适应了中国精神的某些方面。一些忠诚的弟子承续并记录了他的教诲，几个世纪之后，汉朝的君主们支持了他的学说。于是人们将他誉为圣贤，后来更视为万世师表，而他的信条也就成了国家的教义。儒家顶住了道教徒和佛教徒的一切攻击，甚至在中华人民共和国最近几年的严厉改革之后仍能幸存，因为中国相当一批人依旧认为孔子是中国历史上的一位伟人。1957年，曲阜孔庙（山东）还举行了一年一度的纪念活动。

关于孔子个人对妇女的态度，我们几乎一无所知，唯一的迹象是《论语》中的这段富有洞察力而又无情的话："唯女子与小人为难养也。近之则不逊，远之则怨。"[1]在他的理论体系里，至少在他的继承者归之于他的学说里，妇女处于低下的地位。儒家断言妇女应绝对地、无条件地低于男人。她首要的责任便是伺候丈夫和公婆，服从他们，做好家务，生养健康的男孩。他们强调了她的生物功能，对她的感情生活却极少注意。贞节对于有规矩的家庭生活和家谱的正常延续来说是必不可少的，因而女人的生活是否无瑕可击关系重大。为了达此目的，儒家主张男女有别。他们把事情发展到了荒谬的地步：例如丈夫和妻子不能把衣服放在同一个衣架上。理想的妇女是全力做家务的人，是内人。她如果管家庭以外的事，尤其是社会事务，便会引起恐惧，所以人们把女人参政斥为万恶之源，看成是历史上王朝亡国的原因之一。

以上对道教和儒家的概述不可能再简短了，只是需要再补充一点：这两种思想方式共同造成了中国人的生活方式和行为模式。它们相互影响，尽管目标不同，却仍有不少共同点。一个人可以同时赞成这两种学说，这种情况非常普遍。实际上，大部分中国人的世界观和生活方式都是这两种学说结合的结果。

至于男人和女人的关系，可以说儒家思想确定了他们的社会地位，以及他们在家庭里的位置和任务，而支配他们的性关系的则主要是道教的思想观念。出了卧房，女人往往只是家中一个必需的成员，她的感情是被忽视的；但在卧室里，她通常都是出色的教师，是性奥秘的保管者。

除了道教和儒家之外，东周还产生了其他许多哲学体系。这个

---

[1] 《十三经注疏》，中华书局，1980年，第2526页。

时代确实是中国思想的黄金时代,人们常常称之为"诸子百家"。然而,他们的理论对当时及后来的性生活没有什么影响,我们也就不再在这里谈他们的著作了。

作为第一部分的结论,我们可以扼要地重述中国人关于性事物的基本观念。为了使画面完整,我们必须提前叙述某些在周代以后才被性经等资料证实的现象。不过我们有充分的理由认为,这些观念在周代即使尚未明确提出,也确实已经存在了。

首先,古代的中国人对女性生殖器官的生理功能没有明确的概念,他们不懂得受孕是男人的精子和女人的卵子相结合的结果。他们对阴道分泌物和卵子不加区别,而是把卵子和子宫及外阴的一切分泌物和液体统称为一种气,即阴——男性精子或胎儿胚胎发育所必需的保护层。由此产生了专指男性精子的字眼——精,而把卵子称之为气或血[10]。此外,古代的中国人还得出了这个错误的结论,即男人的精液数量有限,而女人的气,即阴气却取之不绝。

人们确定了性交的双重目的。首先,性行为会使妇女受孕,使她生出传宗接代的儿子。这样男人就不仅起着他在宇宙秩序中应有的作用,而且也是在履行其对祖先的神圣职责。因为只有活在世界上的子孙,才能以定期的祭祀来保障祖先们在彼岸的安逸。其次,性行为能使男子吸取妇女的阴气而壮其阳,女人的身体则由于感受到她本来平静的,即阴的本性处于兴奋状态而获益。

当然,这两种目的是密切相关的。要想有健康的男孩,男人必须使他的阳气在射精时处于最高阶段;而要使他的阳气达到这个最高阶段,他就应该经常和不同的女人性交而不泄精,以便依靠她们的阴气来增强自己的阳气。

还有，男人只应该在妇女最易受孕的日子里性交时才泄精。用中国人的话来说，就是她的子宫里含有足够的、旺盛的阴气，以便为男子的精提供必需的繁殖之地。古代的中国人认为月经后的五天最为合适。在其他日子里，男人应该尽力使妇女达到性欲高潮而自己却不射精。这样男子便能从每次性交中获益，因为妇女的由性欲高潮推到最高阶段的阴气增强了他的生命力，而妇女的阴气也因为兴奋而变得旺盛，在男人可以达到性高潮的日子里便增加了受孕的机会。按照这一原则，男人应该学会尽量延长性交时间而不达到性高潮，因为阴茎在阴道内停留的时间越长，男人吸取的阴气便越多，他的元气也由此而增强。[11]

后来的一切性经都告诫男人在达到高潮之前应该克制自己，用精神控制或具体的方法来阻止射精，例如用手指按紧输精管。这时他由于与妇女的阴气接触而兴奋起来的阳气，就会沿着脊柱"逆流"[12]，滋补大脑和整个机体。男人只在妇女易于受孕的日子里射精，是因为他在这些日子里损失的阳气，将由生育身心完美的孩子来加以补偿。我们看到这些理论不仅与父母的，而且也与子孙的健康密切相关，这就是中国优生学的基础。

如果说上述理论经过千百年形成了中国性关系基本原则的话，那么奇怪的是，在两千多年里，人们广泛实行这种保留性交，却并未给繁衍后代和种族的健康水平造成明显的损害。

千百年里，多妻制的家庭体系对于这一原则的保持十分重要。习惯于保留性交，一家之主便可以满足妻妾们的性需要而不损害自己的健康和虚耗元气。

中国的性学文献不遗余力地鼓吹两个基本观念。首先,精是男人最宝贵的东西,不仅是他健康的而且是他生命的源泉;每次射精,如果没有得到女性数量相等的阴气作为补偿,便都会减弱他的生命力。其次,男人每次与女人性交都应使她得到完全的满足,然而他却只应该在某些规定的时间内让自己达到性高潮。

这两个基本观念充分说明了我们在古今文献中看到的古代中国人对性现象的态度。我们来做一番简要的回顾。

男人手淫是完全禁止的,因为它只是徒然损耗元气。医书也认为,只有在男人被剥夺女伴的特殊情况下,以及败精(即体内长期保存着旺盛的精)会影响机体健康的时候,手淫才可以得到谅解。

梦遗使人感到不安。这不仅是元气的徒然损失,而且可能是由一些妖精引起的,因为它们想使一个男子失去对其妖术的抵抗力。更糟的是,这可能由梦魇(往往是狐狸精[13])引起,它们在梦中和男人性交以窃取他的元气。所以如果男人因在梦中见到一个女人而遗精,那么在白天碰到这个女人时要注意提防,因为她可能是一个吸血鬼或狐狸精。

人们对妇女的手淫十分宽容,因为妇女被认为拥有无数的阴气。相反,医学著作却劝阻妇女不要过分使用人为的方法,这些方法有可能损害"子宫内壁"。基于同样的理由,女子同性恋得到完全的谅解,人们承认当某些妇女被迫长期地生活在一起时,是很难使她们避免同性恋行为的。

由于性经只谈夫妻关系,所以没有提到男子同性恋。一般来说,文献对此持中立态度,因为这是两个成人之间的关系,何况两人的

第二章 东周 49

阳气密切接触不会使某一方的元气徒然丧失。只是在某些情况下——据历史记载这类情况在宫廷之中并不罕见，即一方滥用这种感情关系来谋取钱财，或者怂恿另一方去干犯罪勾当时，人们才对同性恋予以揭露。当有人以同性恋为题材创作了出色的艺术作品时，人们还对这类关系表示赞赏。需要补充的是，如果说女子同性恋曾经非常普遍的话，那么男子同性恋从古代一直到汉代都为数极少。男风也有相当发展的时期，这种时髦似乎在六朝前期特别流行，然后在北宋时代（960—1127年）再度兴起。从那以后直到明朝末年（1644年），男子同性恋通常不比在大部分西方文明中更为常见。[14]

关于性行为的实际过程，人们认为必须有一些准备性的和辅助性的做法，性经就此向男人做了明确的指导。这对于使妇女适应性交，对于激起和活跃她的阴气是十分必要的。接吻，包括嘴唇和舌的接触，在准备过程中起着十分重要的作用。[15]此外，性经极为详尽地描绘了男女在性交时可以采取的各种姿势。应该着重指出，这类描绘的目的不是取悦读者（性经完全是用来提供严肃指导而不是用来消遣的），而是提出一些变换方式，以防止男人对其应尽的夫妻义务失去兴趣，因为当男人感到单调而不能达到性高潮时，是很可能产生这种想法的。妇女对阴茎的口淫是允许的，但只是作为性交的辅助性的前奏，而绝不应使男人完全射精。男人的精液或许会有少量的损失，但能以从妇女唾液中吸收到的阴气作为补偿。基于同样的理由，对妇女进行鸡奸也是允许的。人们赞同男子口淫女阴，因为这既是妇女为性交做准备，同时又为男人提供阴气，这方面人们常以有道教色彩的文献作为依据。

作为户外乐趣的一部分，未婚或已婚男子可以嫖妓。由于这类性交的目的不是生出后代，因而与夫妻生活，即一个男子与他的妻妾的性交有本质的区别，并且完全无关，所以性经没有讨论这个问题。同样，夫妻生活中要遵守的一切禁忌，在与妓女性交时便不再适用。我特别要提到的是，男人绝对禁止娶同姓的妻或妾，我在第一章里已谈到过这种"同姓的乱伦"。男人在接触妓女时甚至不问她们的姓；她们在成为妓女时通常都起一个新名字。如果一位常客力图知道一个妓女的本姓，这只是因为他想使这种临时性的关系变得持久，或者想把她娶回家中作妾。

某些作家曾经断言，与妓女性交不会使精气白白地损失，因为这些女人经常与许多男子性交，她们的阴气便特别旺盛和丰富，因而她们给予嫖客的比他损失的更多。当中医学发展到把某些疾病与性行为联系起来时，人们便抛弃了这种理论，将近公元1500年时，人们已能识别梅毒，所有严肃的医学著作都警告读者不要去冒和妓女性交的危险。

嫖妓是男性的合法消遣，人们也并不歧视妓女，她们的职业是合法的，在社会体系中的地位是得到承认的。相反，有意放弃肉体关系的独身男女，却是备受歧视和怀疑的对象。一个男人居然以断绝嗣统来殃及祖先，并逃避他对社会的责任，这是超过普通中国人的理解力的。人们同样谴责独身妇女，单身女子被怀疑是吸血鬼或居心险恶者，因而她们常常成为官府和民众迫害的对象。可以想象，这种态度对于佛教徒及后来的天主教传教士来说，是传播教义的巨大障碍。

最后，由于人们认为最重要的是有健康的子孙，所以古老的性经和医学书籍都十分强调优生学。这些书对产前照顾的叙述最为详尽，当然也不会忘记营养学；对产后的照料也同样十分重视。从后周时期开始，已经有关于从分娩前三个月到分娩后三个月丈夫不得接近妻子的记载，即对她不能接触也不能爱抚。

下面的章节将更为详细地阐述上面扼要提及的各个方面。我在这里只想强调一个事实：即中国人一直把性行为看成自然秩序的一部分，是一切男人和女人的神圣职责，所以从未把它和犯罪感或不道德联系在一起。如果说性行为只在家庭范围内进行，那么后来的理学又为它加上了许多礼仪、形式和规矩，这无论如何不是人们因为感到它羞耻而需要掩饰，而是由于它神圣，所以要和祭祀祖先及祈祷等其他礼仪习俗一样，绝不能在外人面前进行或谈论。

可能正是由于这种精神状态，以及几乎不受任何压抑，古代中国人的性生活总的来说应该是健康的，没有我们在其他重要的古代文化中经常看到的病态和错乱的反常行为。

第二部分

帝国的形成

秦、汉和六朝(公元前221—公元589年)。

性和三教:儒家、道教和佛教。

第三章 秦朝和前汉

（公元前221—公元24年）

公元前3世纪，当诸侯为了争霸而穷兵黩武的时候，在周王朝的西陲，即今天的陕西和甘肃地区，兴起了一个新的诸侯国：秦国。它的君主果断干练，忠于法家的专制原则[1]，因而建立了一个与其职责相称的、组织完善的、军事化的政权。秦废黜了周朝最后一个无能的君主——赧王，统一了各国。公元前221年，这个重新统一并扩大了中国国土的第一位君主，自称秦始皇。

他在政治和经济方面都进行了一系列彻底的改革：他用国家控制的官僚制度代替了封建的等级制；把土地重新分配给农民；把王国分成行政单位。他企图一下子摧毁能使人民回忆起旧秩序的一切，尤其是下令焚毁先朝的一切书籍——有关占卜、医学和农业的书籍除外，因为他担心人们"以古非今"。

大部分改革都富有成果，但是改变得太仓促了。此外，他在推翻旧的统治家族时，为新人、平民敞开了道路，然而他们无法忍受他的专制制度。正是这些人起来反抗秦始皇软弱无力的继承者，并在公元前207年打败了他。经过一场虽然短暂却血腥的内战，富有计谋但出身寒微的将领刘邦建立了汉朝。从公元前206年到220年，除了一次小小的间断之外，汉朝统治了中国四百多年。

总的来说，汉朝是中国历史上最光辉的时代之一。它处在新旧交替之际，在这个时期里，中国最终形成了一个大一统国家。

这是一个大规模扩大疆土的时期。新帝国征服了整个现代中国的南部，直至印度支那和缅甸边界；在西方，它把疆界推至西藏边缘；在北方，帝国的军队征服了东北亚，并向西北方深入到中亚腹地。经过这一番扩张，中国和外界之间的文化产品交流变得活跃，其中包括伊朗和罗马帝国。

道教信仰在汉朝宫廷里占有优势，旨在确保皇帝有神奇的能力和寿命，提高这位宇宙之主的地位。帝王们身边都有道教的炼丹术士和巫师，并在他们的帮助下去寻找不死之药和仙岛。就在这个时期，道观里增加了一位用来保护帝王的新神，制定了一些新的、庄严的宗教礼仪。人们把宇宙的阴阳元素人格化为传说中的夫妇——伏羲和女娲。他们的模样是一个男人和一个女人，代替两腿的是一条鱼尾巴。（见书前图版一）显而易见，两条纠缠在一起的鱼尾巴会令人想起性结合；相反，对他们手中拿着的几何图形般的器具，却至今尚无令人满意的解释。

汉朝的帝王把道教当成个人的宗教，然而要为庞大的帝国提供坚实的思想基础，他们还必须找到一种更为实际的思想体系。法家曾为秦朝的发展起过重要的作用，但是对于治理一个稳固的帝国来说，却显得太严酷和太简单了。在寻找一种既能保障政治稳定又能适应新的经济社会环境的体系时，他们选择了儒家，并决定把孔子所说的早期的、理想化的周王朝作为他们帝国的典范。

他们做出决定之后，便不遗余力地收集散失的或者已根据秦始皇的命令被焚毁的周代文献。文人们奉命整理这些文献，并使它们符合儒家的理想。这些重新编订过的周代文献从此以后就成了儒家的经典,直到19世纪中叶,中国的学者和进步人士才怀疑它们的真实性。自从这类批判开始以来,东西方汉学家最重要的任务之一,便是对这些文献进行新的鉴定。

汉代儒家尤其不得不对涉及性关系的古代资料做出解释。他们为此绞尽脑汁,以便使周代的资料符合儒家的道德规范。他们对《诗经》里描绘的民间婚姻习俗感到愤慨,还宣称青年男女在春季节日里互相调情和性交,是按照一位专职官员,即媒氏的命令并在其监督下进行的。这位官员仔细地登记一切青年男女的姓名和年龄,负责让三十岁的男子及二十岁的女子结婚。每年春天,他把所管辖的待婚男女集合起来,命令他们选择各自的伴侣,并且不用举行结婚仪式便进行性交。没有选择对象的人都受到惩罚。[2]这似乎是根本不可能的:媒氏应被认为是汉代文人的虚构,因为他们想使人民的性习惯至少具有一点官方的性质。然而儒家思想一旦成了正统思想之后,即使是这个在汉代被润色过的版本对译注者来说也显得过于开放了。所以他们对上面引述的段落又加了一个注解,说它是王莽篡政时的伪托之辞:王莽是一只现成的替罪羊。[3]

汉朝的帝王们虽然自己都更喜欢道教,但对儒家学说却予以鼓励。因为它不仅使他们的帝国有了思想基础,而且适应了史无前例的领土扩张之后对治理人员的巨大的需要。汉代保留了秦朝的行政区划:郡,由郡守治理;国,用以分给皇亲国戚和功臣。这些行政单位再分成县,每个县由县令治理。这些官员身边都有为数众多的幕僚。为了配备这个既新颖又复杂的官僚机构,就需要大量能读会写、通晓法律和规章制度的人员,而儒家文人则是能提供必要的胜任者的唯一阶层。从这一时期开始,文人士大夫便在中国的文武部

第三章 秦朝和前汉 57

门中起着决定性的作用。

儒家文人不遗余力地实现了孔子弟子们阐述的制度。他们重申家庭是国家的基础，男人是一家之主，妇女虽然从生物学观点来看在家庭中必不可少，但无可置疑地是下等成员。他们称颂婚姻制度，但是却只给妻子的身份以次要的地位。

《礼记》明确提出了上述原则。这本书收集了许多写作时间前后不一、有关仪礼的文献。关于婚姻问题，它认为下面这段话出自孔子之口：

> 天地不合，万物不生。大昏，万世之嗣也。[1]
>
> （《礼记》卷五十《哀公问》）

按照这种把婚姻看得如此崇高的观念，每个女人无论多么贫穷、愚蠢、丑陋，都有找丈夫的权利。在社会的最上层，任何家庭的主人都有责任为他家中的每个婢女找一个丈夫。在下层社会里，在农民当中，向当地的姑娘或妇女提供相配的男伴是一种共同的义务。我们在上文看到的媒氏，表明官方是承认这种义务的。

儒家认为道德松弛已经对稳定的家庭生活和传宗接代构成严重威胁，因而特别重视男女有别的古老原则。《礼记》对此做了解释：

> 礼始于谨夫妇。为宫室，辨外内，男子居外，女子居内。深宫固门，阍寺守之。男不入，女不出。
>
> 男女不同椸枷，不敢县于夫之楎椸，不敢藏于夫之箧笥，

---

[1] 《十三经注疏》，第1611页。

不敢共湢浴。夫不在，敛枕箧簟席，襡器而藏之。少事长，贱事贵，咸如之。夫妇之礼，唯及七十，同藏无间。[1]

(《礼记》卷二十八《内则》)

男不言内，女不言外。非祭非丧，不相授器。其相授，则女受以篚；其无篚，则皆坐，奠之，而后取之。外内不共井，不共湢浴，不通寝席，不通乞假，男女不通衣裳。内言不出，外言不入。男子入内，不啸不指。夜行以烛，无烛则止。女子出门，必拥蔽其面；夜行以烛，无烛则止。道路：男子由右，女子由左。[2]

(《礼记》卷二十七《内则》)

总的规则是，丈夫和妻子的任何身体接触都严格地以卧床为限。一旦起床，他们就应避免一切直接的或间接的接触，注意在授受东西时不碰到手，不共用同一个杯盘吃喝。不过应该指出，床远远不止于单纯睡觉的地方：它是一个宽阔的床架，可以说实际上是一个小房间。四个床柱之间有一圈网状隔板，配有床帏。在这个小房间里有一张放镜子和化妆品的台子、一个衣架等等。插图四所示的床架虽然是几个世纪之后画的，但基本上还保持了汉代的样式。然而即使是在床上过私生活，丈夫和妻子也不能以名字相称。这些规矩不仅适用于丈夫和他的妻子，也适用于他和其他姬妾之间。

不过，我们不要因为这些规矩便以为儒家像中世纪的基督教教会那样，也把性行为看成是一种"罪行"，而女人则是罪恶之源，因为

---

[1] 《十三经注疏》，第1468页。
[2] 同上书，第1462页。

儒家的任何观念都与"对肉欲的憎恶"风马牛不相及。儒家讨厌性放纵,首先是担心家庭生活的神圣秩序会因其而瓦解,同时也是出于对人的生育过程的尊重。人的生育是世界得以自发地永远更新的一个方面,是一个不应该用多余的爱情游戏来使之堕落的庄严过程。儒家认为女人低于男人,这好比是地低于天一样自然,我们不要因此便以为他们与中世纪的许多教士相反[1],对妇女有丝毫的仇恨或鄙视。

此外,妇女享有自己的权利,其中包括满足她们的性需要,如果说肉体接触严格地限于床笫之间,也是指丈夫在床上应对每个妻妾都予以关心,而当她们离床之后则不能进行此类活动。在性方面忽视她们之中的任何一个,从《礼记》来看都是一个大错误:与妻妾的性交次数有严格的礼仪,丈夫不能以她们的年纪或美丑作为违反礼仪的理由。请看这一段:

> 故妾虽老,年未满五十,必与五日之御。将御者,斋、漱、浣,慎衣服,栉、縰、笄、总角、拂髦、衿缨、綦屦。[2]
>
> (《礼记》卷二十八,《内则》)

还有一些次要的规矩:例如妻子如果不在,一个妾就不能整夜和丈夫在一起,而是应该在性交之后就离开卧床。

只有在为近亲守孝期间(约三个多月),丈夫才有正当的理由戒绝与妻子的性生活。至于完全停止他的夫妻义务,只有在七十岁(其

---

[1] 教会认为肉欲是犯罪,许多教士的行为却恰恰相反,正如薄伽丘的《十日谈》所描绘的那样,教士更容易利用自己的身份去引诱妇女。
[2] 《十三经注疏》,第1468页。

他文献的说法是六十岁）以后才有可能。到那时男女有别的规矩也随之失效，丈夫和妻子在卧室之外可以互相接触，他们的衣服也能放在同一个箱子里了。

儒家文献严格地规定男女之间的关系，我们不禁会想到是因为当时的道德至少有些松弛，汉代文人才强调男女有别。这类道德松弛不难解释。过去封建式的忠诚已经分崩离析，兴起了一个新的中层阶级，它拥有社会地位和财富，却毫无封建贵族的道德传统和谨慎持重，而新的教育还尚未深入人心。

在诸侯宫廷内的性生活中，我们可以清楚地看到这种道德的变化。在皇帝宫廷里，汉代初期皇帝们的坚强个性和皇家礼仪限制了道德的放纵，但在诸侯的宫廷里却淫乱成风。周代的诸侯还多少受到古老传统和礼仪的约束，他们的妻子都选自其他诸侯的王室，是在同样的气氛中成长起来的，因此善于使自己的地位不受损害；正如我们在第二章中所看到的那样，诸侯妻子最倒霉的命运也只是被遣回本国。但从此以后情况就不同了：实际上任何有魅力的女子都有资格成为君主的妻子，她和她父母的地位只取决于丈夫的欢心。这是解释诸侯后宫中经常发生卑劣丑闻的原因之一。

最突出的是景帝（公元前156—前140年在位）的亲属，他们都是淫荡成性的性虐狂，不仅和他们的姐妹及其他亲属乱伦，而且随意诱奸已婚妇女。他们的妻妾往往也和他们大同小异。《汉书》的第五十三卷[1]，以阴郁的笔调描绘了诸侯宫廷中的性生活。

胶西于王端患有阴痿，一接近妇女便要病倒。当他发现他的男

---

[1] 《汉书》，中华书局，1965年，第2409—2436页。

宠与后宫妇女通奸，便亲手把男宠杀了。

江都王建是一个淫荡的性虐狂，诱奸姐妹，并把少年男女扔进宫中的湖里溺死以取乐。一旦后宫妇女犯了什么过错，他就强迫她们整天在宫里裸体站立击鼓，或让她们裸体在树上一连坐上几天，或者就让她们饿死。对于别的女人，他下令剥光她们的衣服，四肢伏地，与犬羊交合。

广川王去有两个宠姬，名为王昭平和王地余。他患病时，一个名叫昭信的姬照料他，赢得了他的欢心。一天，他与地余嬉戏，却在她的袖子里发现了一把匕首。经过拷问，地余招认她和昭平因嫉妒而合谋欲刺昭信。去又拷问昭平，她在被烙铁烙过之后也招认了。于是去召集诸姬，亲手割下地余的头，并让昭信杀了昭平。昭信被立为后，然而，昭信又嫉妒一个名叫陶望卿的姬，诬蔑说望卿曾裸体让一位画师画像。后来她又指控望卿与人通奸，去让人拷打望卿，并命令其他妇女用烧红的针将望卿刺死。望卿逃跑，想投井，昭信让人把她拉回来，用棍子捅进她的阴户，把她杀死，接着又割下她的鼻子、舌头和嘴唇，将尸体烧掉。后来去又喜欢一个名叫荣爱的姬，昭信也对她加以陷害。荣爱想投井自尽，免遭拷打，但是昭信让人把她拖回，一直打到她承认通奸为止，然后把她裸体绑在一个平台上，用烧红的铁块烙她，挖出她的眼睛，用刀割她的大腿，并命人向她嘴里灌烧化的铅。昭信还杀了另外十四名妇女。此外，去还常举行寻欢作乐的宴会，让女乐师们裸体演奏。

去的儿子海阳[1]与其父不相上下，大肆乱伦。他让人在厅堂的墙

---

[1] 原文有误，海阳是去的侄子。

上画男女裸体交媾图，并让亲属们到这里来参加纵酒作乐的聚会。为此，后来的中国文献——完全是武断地——称他为春宫画的始作俑者。

皇帝们在了解诸侯的放荡行径之后往往加以限制，景帝因去的上述罪行而贬黜了他，并公开处死了他的宠妃昭信。不过皇帝自身的为人也很复杂，他们的私生活似乎与自己公开支持的儒家的严格教诲相去甚远。

最初的三个皇帝，高祖（即汉朝的奠基者刘邦，公元前206—前195年在位）、惠帝（公元前194—前188年在位）和文帝（公元前179—前157年在位）对男性和女性都有癖好；除了与后宫的无数宫女有正常的性生活之外，这三个皇帝都和青年男子有性关系。惠帝时，这些男子身着官服，头戴金色的鵔鸃冠，束着镶宝石的腰带，涂脂抹粉，常常出入皇帝的寝宫。文帝由于热衷道家思想而增强了同性恋的倾向，有一天梦见一个水手把他推上天界，后来文帝发现年轻漂亮的船夫邓通很像梦中之人，便对他宠爱备至，给了他许多财富和荣誉。这个皇帝一直寻求长生之药，和方士们一起炼丹。

武帝（公元前140—前87年在位）从童年时起就有一个名叫韩嫣的同性恋朋友，此人很有才干，伴随皇帝多年，直到受陷害被处死。武帝还一直宠爱两个年轻人，其中一个因与宫女通奸，而被另一个所杀。武帝大为震怒，但听了凶手的解释之后，竟感动得为之流泪，对他宠爱有加。武帝另一个受宠的同性恋者李延年，是因犯罪而受腐刑的优伶。他由于被阉割而声音极为动听，因此深得皇帝的欢心。不过皇帝对他的妹妹李夫人也同样宠爱，在她死后无以自慰，就让一个名叫少翁的方士招她的灵魂，武帝相信自己曾看到她在一块纱

幕上显现片刻,并写下了这首著名的诗:

> 罗袂兮无声,玉墀兮尘生,
> 虚房冷而寂寞,落叶依于重扃,
> 望彼美之女兮,安得感余心之未宁?[4]

前汉最后一个皇帝哀帝(公元前6—前2年在位)有不少男宠,其中最著名的是董贤。一天哀帝与董贤昼寝,他躺在哀帝的袖子上睡着了。当哀帝醒来要去办事时,他为了不惊动董贤而拔剑割断了袖子。由此,断袖便成了男子同性恋的文学表达方式。[5]

平民的生活环境也有了许多变化,尤其是城市生活。通过与国外的贸易,中国人知道了不少奢侈品,奢侈品从此以后不再为大人物所专有,上层市民这个新兴的阶层现在也可以获得这些奢侈品了。人们仍然席地而坐,但住房更为讲究和宽敞。一般来说,市民的住宅有两层,屋顶用雕刻的柱子支撑,粉刷的墙壁上装饰着绘画。家具只有低矮的座椅和桌子,房间不是用门而只是用屏风隔开。没有壁橱,衣服书籍等都收在箱箧里,不过它们通常都漆过并装饰得很漂亮。

男女的服装一如既往,但是布料和色彩更为丰富。长袍的上部由用玉、银或金精工制作的带钩扣住,并用长长的绸带来束腰,带子末端拖到地上。男人穿着灯笼裤,样式或许来自中亚。(见图版二)妇女披着宽大的披肩,出门时用来盖头。她们通常都削眉,再用黛墨画眉,这种习俗一直续到12世纪。画眉的形状因时而异。在武帝时代,人们把眉毛画成中国的"八"字。到下一个世纪,即明德皇后（公元77年）时代，眉毛的形状又长又弯。当时的童谣唱道：

> 城中好高髻，四方高一尺。
> 城中好大眉，四方眉半额。
> 城中好广袖，四方用匹帛。[1]

(《玉台新咏》)

妇女们在脸上、颈部和肩部扑粉，两颊搽上轮廓分明的胭脂，在嘴的两边和额上贴假痣[6]，嘴唇上涂红色的香脂。她们用长长的发簪盘起头发，在头上要花一番巧妙的工夫。她们戴的耳环、手镯和戒指常常是用碧玉制成的。

皇帝、诸侯和大臣都有自己的女乐，武帝还为他的军队设置了一营随军妓女，称为"营妓"。

经济变化产生了公开的妓院。[7]一方面，新兴的商人阶层想要寻欢作乐，但自己无力蓄妓，或者说不敢如此，因为统治阶级会把这种做法看成是对他们特权的侵犯。另一方面，社会动荡使许多市民和农民的家庭解体，使大量妇女被抛弃后就业无门。这种环境产生了由个人在商业化基础上进行管理的妓院。这些妓院称为倡家或倡楼，当然都布置得富丽堂皇。后来人们称之为青楼，因为它们的壁板像有钱人家一样漆成青色。寻欢作乐者可以去吃喝，让妓女歌舞，然后过夜。这使我们感到中国人兴趣广泛：直到19和20世纪，有教养的中国人都极少有专为泄欲而去逛妓院的。

---

1 《玉台新咏》，徐陵编，吴兆宜注，成都古籍书店，第15—16页。

有一首著名的诗描绘了一位妓女的悲哀心情,她在被一个游手好闲的富人娶作妾之后又被抛弃了。这首诗同时证明,汉代的中产阶级已经可以娶妾,而且常常买自妓院,正如以后的习俗一样。这首诗写道:

> 青青河畔草,郁郁园中柳。
> 盈盈楼上女,皎皎当窗牖。
> 娥娥红粉妆,纤纤出素手。
> 昔为倡家女,今为荡子妇。
> 荡子行不归,空床难独守。[1]

某些流传下来的情诗,据说写于这一时期,但是很难确定写作年月;有一些可能是后来写的,不过也是出于古人的手笔。许多诗歌抒发分离之苦。武将往往长期离家,文官又不得不在外郡各地担任临时职务。他们大都不能携带妻妾和家属,通常把全家留在家乡让妻子照管,自己只带一两个妾作伴。这种习俗一直延续下去,由此造成的感情纠葛常被唐、宋及以后的故事和小说加以描绘。[8]

城市生活有了变化,乡村贵族和农民的习惯却没有什么改变。《汉书》描绘了公元前50年左右一位贵族所体验的乡村野趣,见《杨恽传》(《汉书》卷六十六),他是一个朝廷命官,失宠后归居乡间。

> 臣之得罪,已三年矣。田家作苦,岁时伏腊,烹羊炰羔,

---

1 《玉台新咏》,第11页。

斗酒自劳。家本秦也,能为秦声;妇赵女也,雅善鼓瑟。奴婢歌者数人,酒后耳热,仰天拊缶,而呼乌乌。其诗曰:

田彼南山,

芜秽不治。

种一顷豆,

落而为萁。

人生行乐耳,

须富贵何时?[9]

是日也,拂衣而喜。奋褎低卬,顿足起舞。诚淫荒无度,不知其不可也。[1]

儒家宣扬男女授受不亲的严格准则,然而它没有来得及对平民的日常生活产生影响。当时的文献表明,男女不乏相逢的机会,人们也可以自由地描写和谈论有关性的问题。著名诗人司马相如(卒于公元前117年)的一生,便是反映当时生活方式的一个极好例子。

司马相如生于四川成都,当时是一个浪漫的青年,喜爱读书、剑术和女人。他曾任梁王宫中小吏,后来失宠。他回到故乡,暂居临邛县令处。县令带他参加一位富人的宴会,吃喝之时,主人之女、青年寡妇文君潜立屏后。她一见诗人,顿生爱慕之情,当晚即与其私奔。他们来到成都,然而无计度日,便再到临邛,开了家酒店,文君当垆卖酒,相如穿着短脚裤当酒保。他的岳父担心家丑外扬,只得给他们一大笔钱,让他们在成都司马相如的家乡立业,后来相

---

[1] 《全上古三代秦汉三国六朝文》,第303页。

如又被召入宫廷为官。

在司马相如留传下来的几部文学作品中，有一篇《美人赋》。诗人在序中声称君主指责他是一个酷好女色的浪荡子。司马相如的回答是他在性生活方面要比儒家远为节制，因为他们从不参加有女宾的聚会，听见笑语歌声就立刻躲开。他们既然避免一切诱惑，也就不能证明自己绝不好色。而他则相反，他在单身时便与一位美女比邻而居达三年之久，她千方百计挑逗，甚至爬上墙头向他凝视，但是他从不理会。所以他认为自己比儒生更能克制。[10]不过他指出禁绝肉欲对身体是有害的，他说，冬季有一天自己路过一座看来已被闲置的华屋，于是走了进去，看见：

有女独处，婉然在床。奇葩逸丽，淑质艳光。睹臣迁延，微笑而言曰："上客何国之公子，所从来无乃远乎？"遂设旨酒，进鸣琴。臣遂抚弦为幽兰白雪之曲。女乃歌曰：

独处室兮廊无依，

思佳人兮情伤悲。

有美人兮来何迟，

日既暮兮华色衰，

敢托身兮长自思。

玉钗挂臣冠，罗袖拂臣衣。时日西夕，玄阴晦冥。流风惨冽，素雪飘零。闲房寂谧，不闻人声。于是寝具既设，服玩珍奇。金鉔薰香，黼帐低垂。裀褥重陈，角枕横施。女乃弛其上服，表其亵衣。皓体呈露，弱骨丰肌。时来亲臣，柔滑如脂。臣乃脉定于内，心正于怀，信誓旦旦，秉志不回。翻然高举，与彼长辞。[1]

这篇赋是最早有意识地描绘色情的散文之一,但除了它的文学意义之外,它在其他方面也颇有教益。它表明当时人们有意嘲弄儒家强加于性关系的严格准则,这种做法后来当然激怒了儒家。宋代的一位文选家指责:"长卿有消渴疾[11],作《美人赋》以自刺,卒以此疾死……可不戒哉!"(参阅宋版《古文苑》卷三第十二页)。此外,这篇赋还向我们提供了关于当时夫妇睡床的一些珍贵细节。錘是一个带有镂空盖的铜盒,里面的底层有一些炽热的炭块,上层有香灰,它可以用来烘热被子并薰香。后来的考证者对角枕的意义有不同看法,大部分人认为这些枕头呈半月形,两端呈尖形,状如牛角。值得指出的是,人人公开谈论性行为,尽管只把它简化为一个亲字,这种有趣的巧合使我们想起英式法律上常用的表达方式。

然而对于我们的研究来说,最重要的还是最后两行。定脉,这种表达方式在后来的文献中常用来描绘性行为的有益效果。还有一个同义词"定情"。古代中国人认为,完满性行为的好处之一是调节血脉流通,松弛神经。

这就是汇集了儒道之说的一种思潮。它引导我们研究性经,以及道家对性关系的态度。

当时人们大量使用有插图的性经。这些著作毫无庸俗无聊的内容,是为一家之主作指南的严肃教材。它们教男人与妻妾保持和谐的性关系来获得长寿养生的艺术。研究长生的方士把这些书作为其

---

1 《全上古三代秦汉三国六朝文》,第 245 页。

性修炼的指南。

像大部分史书一样,《汉书》有一卷书目,里面有按内容分类的、当时流行的、最重要的著作的名称。《汉书·艺文志》先介绍古代经典,接着是当时的学术著作,最后在医学著作的后面有一类是房中,即"卧房中的艺术"(还有其他术语:房内、房中术、房事)。下面八部著作包括一百八十六卷手稿。要注意,当时人们是在长长的纸卷或绸卷上写书,一卷通常是一部文献的一章。这八本书的顺序如下:

一、《容成阴道》,二十六卷。

二、《务成子阴道》,三十六卷。

三、《尧舜阴道》,二十三卷。

四、《汤盘庚阴道》,二十卷。

五、《天老杂子阴道》,二十五卷。

六、《天一阴道》,二十四卷。

七、《黄帝三王养阳方》,二十卷。

八、《三家内房有子方》,十七卷。

在书目的结尾,编纂者加了以下注释:

> 房中者,情性之极,至道之际,是以圣王制外乐以禁内情,而为之节文。传曰:"先王之作乐,所以节百事也。"乐而有节,则和平寿考。及迷者弗顾,以生疾而陨性命。[1]

---

[1]《汉书》,第1778—1779页。

上述书籍没有一部流传下来。不过书名和作者的名字提供了一些内容方面的迹象。

首先要注意，著作一至六都用阴道来表示性关系的规则。在以后的时代里，阴这一术语只用于"女性"和女性生殖器，不过看来它最初是同时表示男性和女性的生殖器。现在术语阴则与作为形容词的"性的"（sexual）相符，一个典型的例子是上文中的胶西于王患有阴萎。道在这里意味着"原则、教义"。因此在上述著作的名称里，阴道的意思就是"性生活的原则"。

关于第一部著作的作者容成子，历史档案提供了一些有益的细节。《后汉书》在第一一二卷的第二节中，叙述了方士甘始及另两个"率能行容成御妇人术"的方士的传略。[1]注者断言这三个人皆活百余岁仍如青年。《后汉书》的同一卷还有著名医生华佗的生平，他大约生活在公元200年左右。在这篇传记后面有与华佗同时代的三位术士的传。其中一位名叫冷寿光，传文说："寿光年可百五六十岁，行容成公御妇人法。"这一段的注者还引证了一本名为《列仙传》[12]的书：

《列仙传》曰："容成公者，能善补导之事，取精于玄牝。其要谷神不死，守生养气者也。发白复黑，齿落复生。"御妇人之术，谓握固不泻，还精补脑也。[2]

---

1 原著引用的是旧版本。这一节见《后汉书》第10册，《方术列传》第七十二下，中华书局，1965年，第2750页。

2 《后汉书》，第2741页。

第三章 秦朝和前汉

正如我们在第二章中所论述的那样,这个段落说明了中国人关于性行为意义的基本观念。

第二部著作的作者务成子,被认为是传说中尧的老师。而尧及其继承者舜则是第三部著作的作者。

第四部著作的作者是殷朝的两位君主:汤和盘庚。

据说第五部著作的作者天老,是传说中黄帝的老师。

第六部著作提到的天一,即星官,在汉代文献中被描绘成主宰阴德[13]的神,这个术语的意思是神奇的性能力和死后获得的功德。在这里当然是指前者。

第七和第八部著作的名称本身已一目了然。第七部中的三王可能是指创立夏朝、殷朝和周朝的三位圣王。三家的含义至今不明。

上述情况表明,前汉时流传着一些性经,它们构成了医学文献的特殊分支。我们将会看到,后汉时代的资料对这些性经的内容和用途做了更为清楚的阐述。

第四章 后 汉

（25—220年）

在后汉的文献中，有三条史料提供了一些有关性经的内容及其使用方式的情况。

第一条史料是在汉代著名诗人张衡（78—139年）所写的优美的《同声歌》里，是新娘在向丈夫倾诉：

> 邂逅承际会，得充君后房。
> 情好新交接，恐栗若探汤。
> 不才勉自竭，贱妾职所当。
> 绸缪主中馈，奉礼助蒸尝。
> 思为莞蒻席，在下蔽匡床。
> 愿为罗衾帱，在上卫风霜。
> 洒扫清枕席，鞮芬以狄香。
> 重户结金扃，高下华灯光。
> 衣解巾粉御，列图陈枕张。
> 素女为我师，仪态盈万方。
> 众夫所希见，天老教轩皇。
> 乐莫斯夜乐，没齿焉可忘。[1]

---

[1] 见《玉台新咏》，第16页。

我们看到新娘提到了《汉书·艺文志》中的第五部著作，她的话表明这本书显然是天老和他的学生黄帝之间的对话。实际上，古代大部分医学著作都是以这种形式编写的，黄帝提出问题，他的老师之一提供答案。

素女是性奥秘的保管者之一，6世纪及以后的性经中都有这个人物。[1]这里的文字显然参照了《素女经》，这本书没有包含在《汉书·艺文志》中，不过在下文我们将看到的一篇公元300年的文献中已经提及此书。关于素女，我们只知道她在汉代以前被描绘成黄帝时的一位女神，善于弦歌。当黄帝听她鼓五十弦瑟时，感到心神摇动，认为这种乐器对男人太过诱惑，于是决定把它破为两张瑟，每张二十五弦。关于素女的最古老的文献似乎出现于公元前1世纪，著名诗人王褒（卒于公元前61年）在他的诗篇《九怀》1里称她为出色的歌女。《山海经》广泛地反映了周代的情况，它的注中也提到了素女。第十八卷把埋葬谷神后稷之地描绘成天堂，"百谷自生，冬夏播琴。鸾鸟自歌，凤鸟自舞"。注者补充说："盖天下之中，素女所出也。"2这就是说，素女是和祭祀后稷、祈求丰饶的崇拜联系在一起的。确实，在中国南方的民间宗教里，对河流湖泊的崇拜占有重要的地位，而有一个传说就把素女和这种崇拜联系起来了。《搜神记》[2]是一部关于神怪灵异的匿名著作，它利用当地的古老传说，把素女描绘成名为白水素女的河流女神，是一只螺。螺在中国是多产的最古老的象征之一，这无疑是由于它类似女子的阴门。该书第六卷

1　原文有误，应为王褒的诗《危俊》，见《全上古三代秦汉三国六朝文》，第355页。

2　《山海经校注》，袁珂校注，上海古籍出版社，1980年，第445页。

讲了一个故事，一个叫谢端的福建人，贫穷而正直，独自生活在江边。有一次他在江中发现一只状如圆斗[1]的大螺。他很喜欢，就把它带回去放在一只大坛子里。后来他每次出去，回来后都发现屋子已打扫干净，饭也做好了，然而门却是锁着的。村里的老人都以为他藏着什么妖精，他马上想到了大螺。他出门后就躲在一边窥视，看到坛里出来了一位美女。当他问她时，她回答说自己是白水素女，奉天帝之命来照料他，并说被他看到后就应留下螺壳离去，说完就不见了。谢端用螺壳装米，发现里面的米永远也吃不完。

以素女为名的性经称为《素女经》，见于《列仙传》，据说是刘向（公元前77—前6年）所作，不过通常认为是写于公元2或3世纪。

其中第六十三篇传记是写一位名叫女几的女子，她在研习了素女的性经——在本书中简称为素书——之后成了仙。原文如下：

> 女几者，陈市上沽酒妇人也。作酒常美。遇仙人过其家饮酒，以素书五卷为质。几开视其书，乃养性交接之术。几私写其文要，更设房室。纳诸年少，饮美酒，与止宿，行文书之法。如此三十年，颜色更如二十。时仙人数岁复来过，笑谓几曰："盗道无师，有翅不飞。"遂弃家追仙人去，莫知所之云。[2]

这里要补充的是素女有三位。性经还提到了另外两位女子，即玄女和采女，她们也传授性秘诀。文中说玄女是黄帝之师，尤其是

1　古代容器，约合10升。
2　《列仙传》，第12页。见《琳琅秘室丛书》，极古阁刊本。

当黄帝去战蚩尤时，玄女为他制造了神鼓。由于这一古老传说，人们认为她是三本兵法的作者：《玄女战经》，一卷；《黄帝问玄女兵法》，四卷；《玄女经要法》，一卷。第二本书确实是部兵书，而不是以军事术语写成的性经。说明这一点是因为下文将提到中国文献经常把性交说成是"战"，本书的第十章叙述了在后来的时期里，性书和色情书籍都把性交当成战场上的军事行动来叙述。上述的第一本和第三本书可能属于这一范畴。该文有时还把玄女等同于西王母，即掌管西天的道教女神；西天有吃了能使人长生的蟠桃，这一信仰在前汉时极为普遍。

采女同样是一个相当模糊的人物。在汉朝，采女是宫廷里地位最低的宫女[3]，采是指杂乱的颜色。选择这个名称，也可能是让它和素女形成对照。后来的性经也把她描绘成黄帝时代的一位女神。

了解了这些情况，我们再来看张衡的诗篇，这首诗证明性经上绘有人物图像，并描述了人们在性交时可能采取的各种姿势。它还表明这些书看起来是新娘嫁妆的一部分。我们可以补充一点：在日本，直到19世纪中叶，还有父母在女儿结婚前夕送她一套这类图像的风俗，以便于她准备履行夫妻的义务。

张衡在他写的另一篇名为《七辩》的文章里也谈到了这些画。他在文中说，山居隐士无为有一天接待了来访的七位智者，他们要考验他，便每个人说一样世上的乐事。第一个说宫室之丽，第二个说滋味之丽，第三个说音乐之丽。第四个接着说：

　　西施之徒，姿容修嫮。
　　弱颜回植，妍夸闲暇。

形似削成,腰如束素。
蜵蟜之领,阿那宜顾。
淑性窈窕,秀色美艳。
鬒发玄髻,光可以鉴。
靥辅巧笑,清眸流眄。
皓齿朱唇,的皪粲练。
于是红华曼理,遗芳酷烈。
侍夕先生,同兹宴瘵。
假明兰灯,指图观列。
蝉绵宜愧,夭绍纤折。
此女色之丽也,子盍归而从之。[1]

这里我们又一次看到,这些带图的性经就放在床头,伸手可及,供人性交时参看,并消除双方的羞耻心。这首诗还使人对当时人们心目中的美人有了清晰的概念。

有关性经的第三条资料,是在汉代文人边让所写的一篇诗赋中。他以情趣高雅著称,约卒于公元20年。他的诗赋名为《章华赋》,描写欣赏舞女的乐趣。这篇赋保存在《后汉书》第八十卷下的《边让传》里。边让开始时细致地描绘所跳的舞蹈,后来当歌舞停止时,人们便陪同舞女来到她们的房间里。

> 归乎生风之广夏兮,修黄轩之要道。携西子之弱腕兮,援

---

[1] 《全上古三代秦汉三国六朝文》,第775页。

毛嫱之素肘。形便娟以婵媛兮，若流风之靡草。美仪操之姣丽兮，忽遗生而忘老。

这一段的注说：

> 黄帝轩辕氏得房中之术于玄女，握固吸气，还精补脑，可以长生。[1]

由此可以认为：一、汉代有一些性经，其形式是黄帝和他某一老师的对话。二、性经里有表现各种性交姿势的图像。三、这些性经众所周知，丈夫及其妻妾（性经是新娘嫁妆的一部分）、妓院常客都普遍运用书中的方法。四、它们不仅向男女传授相互满足的方式，而且还教人运用保留性交以延年益寿。

虽然这些性经所包含的主要思想是道家思想，但是儒家也赞同书中提出的原则，因为这些原则只在夫妇的卧房里应用。两家的区别仅仅在于所强调的结果不同：儒家强调优生和得子，道教则注重能延年益寿和获得长生之药的性修炼。

汉朝时，儒家赞同性经的基本原则，《白虎通》中有一段颇有教益的话可为佐证。这本书阐述了公元79年在汉朝京城的白虎观里发生的并得到皇帝赞同的关于经学的争论。争论的结果以问答形式记录下来。这是"嫁娶"一节中的最后一段话：

---

[1]《后汉书》，第2643—2644页。

> 男子六十闭房何？所以辅衰也，故重性命也。又曰：父子不同椸，为乱长幼之序也。《礼·内则》曰："妾虽老，未满五十，必预五日之御。"满五十不御，俱为助衰也。至七十大衰，食非肉不饱，寝非人不暖，故七十复开房也。[1]

引文的最后一句可以用性经的教育来解释。老年人需要利用性交时获得的妇女的阴气来补充他们的衰弱的阳气。

如果说儒家至少在汉代对此持赞同态度的话，他们的不同看法也还是不少的。在汉代文献里，房中术有时被说成是邪教，例如哲学家王充（公元27—97年）在他的《论衡》里说：

> 素女对黄帝陈五女之法，非徒伤父母之身，乃又贼男女之性。[2]

在这一段里，"五"可能是笔误，因为只有这一段讲到有五个性教师；而在其他一切地方都只有三个，即素女、玄女和采女。

对于这一段所提出的观点，我们应该考察一下在第二章里已经提到的、道教徒为延年益寿而进行的修炼。

儒家极力追求生命不灭，并且相信人的生命由子孙在延续。所以经典的文献认为结婚对于新婚夫妇的家庭来说不是喜事，而且婚后三天内不能奏乐，因为结婚使新郎的父亲想到，他被儿子取代的

1　见《百子全书》，第6册，浙江人民出版社，1984年，第646页。
2　《论衡》，上海人民出版社，1974年，第20页。

时间已为期不远了。相反，道教追求长生不老，因而尽力延长个体在尘世中的寿命。

道教相信人可以通过各种修炼来达到这一目的，其中最古老的和最重要的是炼气。他们企图获得胎息技巧，就是一个胎儿在母腹里的呼吸方法。后来他们也求助于服食、日浴和导引。

这些旨在使身体强健以防衰老的修炼，必然会因遥遥无期而令人厌倦。所以道教中的一派相信有更方便的办法使人长生不老，即服用不死之药。汉朝大多数皇帝都相信这一方法。不死之药名为金丹，指金的熔液——其实是水银——由朱砂、铅和硫黄的混合物中提炼出来。为了炼好丹，他们在一个炉子上用鼎加热这些成分，而且必须懂得铅和朱砂的严格比例并掌握火候。

与西方的炼金术士一样，道教的炼丹术士认为寻求不死之药的试验和追求长生不老的性修炼是完全一致的。这种看法非常合乎逻辑，因为两者都是"生育"这个宇宙总过程中的两个具体方面。炼丹术士把妇女比作鼎，因为她们具有"炉鼎"的功能；把红色的卵子比作朱砂，把男子白色的精液比作铅；把性交比作各种炼丹成分的搅拌，而性交的技巧则是炼丹的火候。

这种比较是理解著名的炼丹术经典《参同契》的关键。据说这部著作共九十卷，是道教徒魏伯阳在公元150年左右写作的。书中把从朱砂和铅中提炼水银比作性交，并且把它们放在哲学背景里加以考察，认为它们在五行理论和《易经》的交象和八卦中也有所表现。

在以后的时代里，迫于儒家的抑制，性经都被打入冷宫，人们便不再理解这篇文献，以及其他有关炼丹术的类似文献对性的参照，或者对此做出了别的解释。所以在12世纪，理学杰出的代言人朱熹，编订了附有出色评注的《参同契》[5]，并誉之为论述《易经》的重要哲学著作，然而他却没有说明或者是不想说明它在性方面的意义。我们在下文将会看到人们常犯这类错误，即在解释性学文献时，由于它们借用了军事术语，人们便把这些文献当成了真正研究战略和战争艺术的教材。

由于在《参同契》里对炼丹和性交的描写常常杂糅在一起，人们对大部分段落需要做出双重解释：一是解释它们在炼丹术方面的含义，二是解释它们在性方面的含义。对一些段落甚至还要加上第三层解释，以便得出在宇宙秩序及其善于统御方面的哲学意义。

这里我只解释不太复杂的几节。

第六十七节是一段概述，对炼丹术、性交和把握宇宙秩序方面全部适用。只要遵循正确的方法，便不难在这三方面都获得成功。然而，一般人认为这种方法是一种天生的才能，并不了解其深刻的意义，所以都失败了。我们在后文还会看到，后来哲学家抱朴子在谈到性交时也发出了类似的劝告：

> 世人好小术，不审道深浅。弃正从邪径，欲速阏不通。犹盲不任杖，聋者听宫商；投水捕雉兔，登山索鱼龙；植麦欲获黍，运规以求方。竭力劳精神，终年无见功。欲知服食法，事约而不烦。[1]

---

1 《参同契》，清代版本，第50—51页。

第六十二、六十三、六十四节描绘了同时适用于性交和炼丹的概念及产生过程：

将欲养性，延命却期，审思后末，当虑其先。人所禀躯，体本一无。元精云布，因气托初。

阴阳为度，魂魄所居。阳神日魂，阴神月魄。魂之与魄，互为宅室。性主处内，立置鄞鄂。情主营外，筑垣城郭。城郭完全，人物乃安。爰斯之时，情合乾坤。乾动而直，气布精流。坤静而翕，为道舍庐。刚施而退，柔化以滋。九还七返，八归六居。男白女赤，金火相拘。则水定火，水五行之初。上善若水，清而无瑕。道之形象，真一难图。变而分布，各自独居。

类如鸡子，黑白相符。纵广一寸，以为始初。四肢五脏，筋骨乃具。弥历十月，脱出其胞。骨弱可卷，肉滑若铅。[1]

在下文我们将会看到，性经对男人在性交时往复的次数和节奏极为重视。在这一段里，奇数或"阳"数三、七和九，偶数或"阴"数四、六和八，占有重要的地位。此外要注意性高潮时的男女，即男白女赤。"方寸"在色情文献里曾被广泛用于指称女性的生殖器。

如果我们把上述段落作为对炼丹术著作的说明来读，那么阴阳和谐便等于炼丹成分的合理分配：宅室是鼎，情欲是火，性交技巧表示炼丹的火候；男是铅，女是朱砂，胎儿则是水银，即使人长寿

---

[1]《参同契》，第34—40页。

的不死之药。

我再举第七十三节作为例子，它强调了性交和炼丹过程的宇宙意义及天然的合理性：

> 物无阴阳，违天背元。牝鸡自卵，其雏不全。夫何故乎，配合未连。三五不交，刚柔离分。施化之精，天地自然。犹火动而炎上，水流而润下。非有师导，使其然也。资始统政，不可复改。观夫雌雄交媾之时，刚柔相结而不可解。得其节符，非有工巧，以制御之。若男生而伏，女偃其躯。禀乎胞胎，受气元初。非徒生时，著而见之，及其死也，亦复效之。此非父母，教令其然。本在交媾，定制始元。[1]

本书作者宣称男人的尸体面朝地，而女人的尸体面朝天，他是参照了中国的这一观点：溺死者浮上水面时都是这种姿势。

上述段落足以使读者对这部有趣论著的风格和内容有一个总的概念。总的来说，《参同契》表明魏伯阳对自然现象有极为细致的观察，并且为把这些现象与一个完整的体系联系起来而做出了努力。

值得指出的是，第八卷和第二十七卷确定了男人和女人、铅和朱砂、白虎和青龙之间的对应关系：

白虎— 铅 —火— 气 —西—阳—男

青龙—朱砂—水—卵子—东—阴—女

---

[1]《参同契》，第59—61页。

第四章 后 汉　83

把这张表和第二章中的表做一比较,可以看出女人在这里是龙,象征东方、光明和滋润的雨水;她是红色的朱砂,与男子白色的铅混合便产生水银,即生命的起源。图三是明代著作《性命圭旨》中的一幅插图,表明后来的炼丹术士是怎样表达他们的看法的。男性和铅被人格化为一个骑虎的少年,女性和朱砂则是骑青龙的姑娘,他们的气投入一个铜鼎。图的上方题名:《龙虎交媾图》。并有一首诗:

> 白面郎君骑白虎,
> 青衣女子跨青龙。
> 铅汞鼎边相见后,
> 一时关锁在其中。

男女的这种颠倒,应该用道教炼丹术中包含的、对模糊朦胧的母权制的记忆来解释。

道教关于性结合的神奇能力的思辨,对男人和女人全都适用。确实,有些道教徒只顾攫取女方的阴气来增强自己的阳气而不考虑她们的健康,有时甚至对她们造成损害,不过道教总的原则是要让双方都从性修炼中获益。可以说在总体上,道教对妇女的关心体贴是儒家从未有过的,它最关心的是妇女在生理上和感情上的需要。

龍虎交媾圖

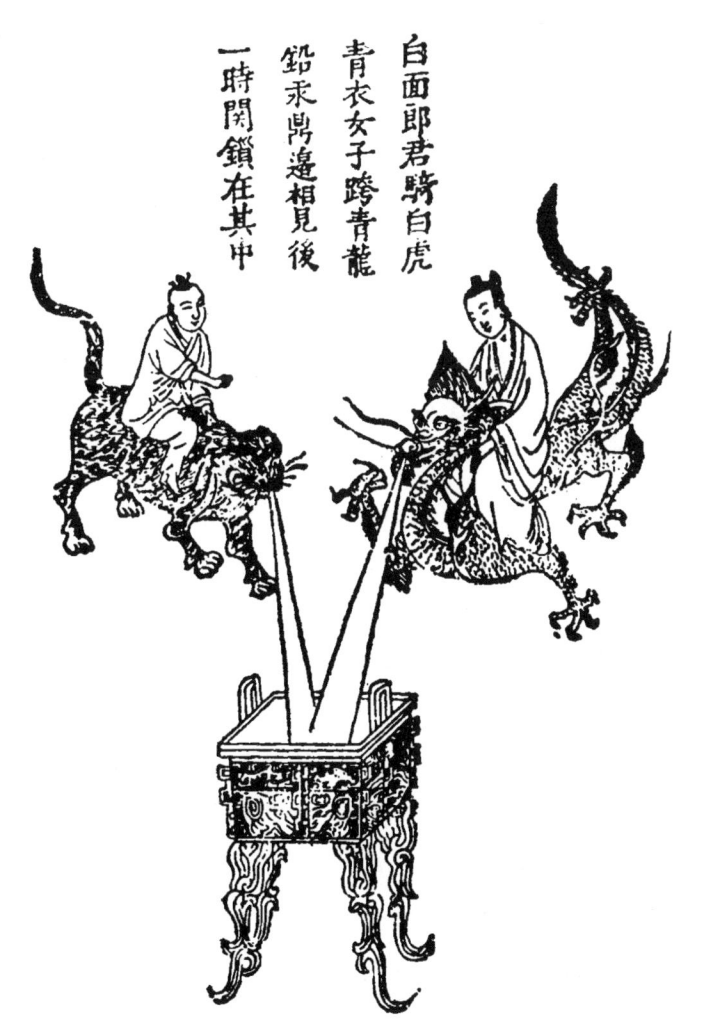

白面郎君騎白虎
青衣女子跨青龍
鉛汞兩邊相見後
一時關鎖在其中

图三 青龙和白虎（出处同图二）

男女利用性交来增强元气的观念，产生了一种群众性的神秘主义思潮，它在不同的时代里深刻地激荡着中国，成为一些全国性的宗教运动和政治反抗的根源。道教的某些教派宣扬进行混气性修炼，促使参加者进入一种神秘的狂热状态，以至于相信自己在战斗中刀枪不入、不可战胜。这类以道教的性修炼为基础的全国性宗教运动的第一个例子，便是在推翻后汉王朝中起过极大作用的黄巾起义。

在叙述这次起义之前，我们首先简单地回顾一下后汉时代（公元25—220年）的主要历史事件。

前汉的最后几个皇帝既无能又荒淫，我在本章开头谈到的哀帝是前汉最后一个皇帝，他死后把王位留给了一个孩子。当时一个极有才干但又野心勃勃的人名叫王莽，他被封为太傅后很快就篡夺皇位，建立了新朝。王莽实行了一些彻底的改革措施，特别是把土地收归国有，分给农民，从而废除了奴隶制。他支持儒家，但他个人倒更倾向于道教的教义。他垮台前夕，身边都是从全国各地选来的美女，现代一位学者认为王莽是想按道教原则来采补许多年轻女子，以此来恢复他的"气数"和政治威望[5]，这种看法无疑是有道理的。

当时人们对汉室的忠诚依然根深蒂固，王莽因剥夺王族的土地而成为众矢之的。公元20年，王室势力联合起来，打败了王莽的军队，恢复了汉朝。后汉的最初几个皇帝也是强有力的人物，他们在一个被战争摧毁的帝国里恢复了秩序，扩张并巩固了国界，提倡儒家教育，发展文学艺术。但后来的一批皇帝大多年幼，宫中妇女的影响便日益增强。皇后、宠妃往往控制了政权，给她们的亲信授以要职。正直的文官们对此一再提出抗议，对后宫参政进行猛烈抨击，这也反映了儒家对待一般妇女的态度。在安帝（98—125年）时代，他的乳母对宫廷政治很有影响,乳母有一个极为淫荡的女儿,两人狼狈为奸,腐蚀官员。于是著名的正统儒家学者、政治家杨震(卒于124年)上了道奏折,其中说:

> 外交属托,扰乱天下,损辱清朝,尘点日月。《书》诫牝鸡牡鸣,《诗》刺哲妇丧国……夫女子小人,近之喜,远之怨,实为难养……言妇人不得与于政事也。

但是这些谏诤毫无效果。后妃们得到宫廷宦官们的支持,这一伙坏人管起了国家大事,必然的结果便是中央政权再度衰落,王朝已出现了崩溃的预兆。

在这期间,道教已经成为一个有组织的教会,有它自己的等级制度。信徒们——道士女冠——都参加了一些互相有密切联系的宗教团体。有组织的道教团体的发展,至少有一部分原因是出于对抗面临的威胁,即强大的儒家官僚体制和佛教教会日益壮大的力量。佛教的戒律十分严格,僧阶相当明确。佛教教义是在公元初年进入中国的。从那时起,靠着从中亚和印度来的传教士们的努力,佛教已在中国民众中赢得了大量的信徒。由于佛教和道教一样鼓吹济世,并且对男女一视同仁,所以道教徒认为这些新的信仰者是比儒家更为危险的对手,感到有必要扩充自己的力量来与之匹敌。

约公元2世纪末,张角成为道教的天师,并有他的两个弟弟张梁和张宝相助。据说张角炼成了不死之药,人们都认为他法力无边。

在宫廷宦官集团的统治下,经济情况每况愈下,不满情绪到处蔓延，这时又出现了一场瘟疫。张角及其门徒已经远近闻名：他们能用巫术治病。成百上千的信徒投奔张角，于是他决定起义，推翻汉朝，建立一个新的"道教帝国"。神秘的狂热席卷全国，强大的道教军队起自四方，男女并肩作战。184年，这些军队暂时占领了大部分国土。人们称之为"黄巾军"，因为这些人头上都裹着一条黄色的头巾。最后，起义遭到镇压，不过汉朝也因此覆灭，因为镇压义军的将领们大权在握，不把中央政权放在眼里。他们首先击败了汉帝及其宦官，然后进行了一场血腥的内战，各自都想成为皇帝。这就是三国的初期，因为其中的三位将领都建立了自己的王朝。这也是我们在下一章要考察的时代的第一阶段，在那个时代里，中国被分裂成一些小王朝。这种状况一直持续到590年。

官方的编年史对于与黄巾军作战的军事行动提供了详细的情况，但是对黄巾军的组织和信仰却极少记载。不过在黄巾军失败之后，张角的弟子们仍在传道，因而引起了敌对的佛教徒们的注意。正是这些佛教徒保存了有关黄巾军的某些资料。从中可以证明，这些信徒采用混气之法进行性修炼，他们称之为合气，即把男女之气结合在一起。

由唐代僧人道宣编纂的佛教文集《广弘明集》里，有一部名为《二教论》的著作，系佛教高僧道安所作，他生活在292—363年，即黄巾起义后一个世纪左右。在这本书的第九卷里，道安引述并驳斥了被黄巾军视为圣人之一的首领张道陵（约100年左右）的某些结论，其中在合气释罪这条，道安说：

妄造《黄书》，咒癞无端，乃开命门，抱真人，婴儿回，龙虎戏；备如《黄书》所说，三五七九、天罗地网，士女溷漫，不异禽兽，用消灾祸，其可然乎？[1]

"黄书"是黄巾军的秘密经书之一。另一本佛教著作对其内容做了稍为详细的概述，这就是《广弘明集》中由法琳和尚写的《辨正论》。他在书中说：

《黄书》云："开命门，抱真人，婴儿回，龙虎戏，戴三五七九，天罗地网。开朱门，进玉柱，阳思阴母曰如玉，阴思阳父手摩足。"[2]

虽然术语"天罗地网"和"阴母阳父"的意思不明确，但这一段已足以使我们毫不困难地理解本书的其他部分。

此外，还有证据表明这些性修炼是在观（道教的修道院）里进行的。这一证据见于《广弘明集》里的《笑道论》。这部著作共有三十八节，是皈依佛教的道教徒甄鸾所作。写作时间是570年，其中第三十五节写道：

臣年二十之时，好道术，就观学，先教臣《黄书》合气，三五七九，男女交接之道。四目两舌正对，行道在于丹田。有行者度厄延年，教夫易妇，唯色为初；父兄立前，不知羞耻，自称中气真术。今道士常行此法，以之求道，有所未谙。[3]

---

[1] 《广弘明集》，第1册，《四部丛刊》缩本，上海商务印书馆，第96页。（标点为译者所加，下同。）
[2] 同上书，第175页。
[3] 同上书，第117页。

第四章　后　汉

在后来的时代里，仍不乏与黄巾起义方式相同的性修炼。即在一段短短的时间里，男男女女成千上万地加入这类教派，组成秘密团体，举行会议，顽强地抵抗官方为解散它们而做的一切努力。直到清朝（1644—1911年）还有这类宗教活动，尤其是在山东，即周代的齐国故地，那里始终是通灵者、巫师和术士的巢穴。1839年的一道皇帝诏书说，在山东高密，一些男女组成了一个秘密教派，只有成对地进行该教派修炼的男女方可加入。他们夜晚成群地待在一个房间里，不点灯，在黑暗中性交。清朝的一部匿名著作《大狱记》叙述了另一次同样发生在山东省的起义。1852年，一个名叫周星垣的道教术士，研究了《参同契》和其他关于性修炼的道教著作后，变得善于治病和使人延年益寿。他有大量门徒，包括一些乡绅，进行男女双修。当这些教派成员被官军追捕时，他们在周星垣的弟子张积中的率领下退入肥城附近的山区固守。官军逼迫他们投降，但是数百名男女无一出降，宁愿烧死在山寨里。[1]官府担心可能会产生意外的政治后果，遂以"有伤风化"为借口把这类教派无情地斩尽杀绝。

这种道教的性修炼是如此根深蒂固，即使在当代也时有发生。1950年末，中华人民共和国镇压了一个名为一贯道的道教秘密教派。这些教派分子反对政府，而当局也讨厌他们进行的性活动。11月20日的《光明日报》说，一贯道头子，这些"无耻的色鬼"，组织女道徒"比美"，在传道时便怂恿成员们乱交，说这样就可以使参加者长生不老且摆脱疾病。

---

[1]《大狱记》系清朝时黄人所作。见《说库》，第60册，中华书局，1915年，第1—5页。

第五章 三国和六朝

(221—590年)

后汉之后的三国不久便告崩离,起源于通古斯人的后裔拓跋氏进入了分裂的帝国,于是开始了六朝时代,北半部处于拓跋氏或魏朝(386—534年)的统治之下,南方则属于一些不大重要的、存在时间较短的中国王朝。人们称之为"朝",其实它们绝大多数只是军阀割据:由一位有才干的将领所建,他们在位期间成功地占领了一个或大或小的地区,但是其继承者们很快便丧失了领土和王位。这些小王朝的"皇帝"中有几个雄心勃勃地要摆脱北方的蛮族并统一中国,但是他们充其量只能挡住敌人进入南方。

3世纪的政治形势相当混乱,哲学方面的活动因而十分活跃。许多文人感到有必要重新考虑对人类生活及其问题的态度,所以对儒家和道教的功绩展开了激烈的争论。于是就产生了清谈,即玄学讨论,杰出的作家和思想家们以讨论的形式坦率地交流他们的看法。

对于我们所关心的问题,重要的是了解两位著名的清谈家:杰出的音乐家、哲学家嵇康(223—262年)和他的密友阮籍(210—263年)。他们的亲密友谊成为后世诗人和艺术家的男性友谊的典范,例如唐代诗人李白(701—762年)和孟浩然(689—740年)、白居易(772—846年)和元稹(779—831年)的友谊便属于这一类。至于这些友谊里是否确有同性恋行为,这是一个需要充分研究的、有争议的问题。

这四位唐代诗人都不是公开的同性恋者，我们知道其中三位结过婚，并且和一些歌女有着亲密的关系。我们不能因此便断定他们对男性不感兴趣，不过中国的性学文献——特别是上文提及的《断袖篇》——在列举历史上著名的男同性恋例子时，确未提到这些密友。本来我们还可以这样推测，由于李白、白居易这类人物的诗作出类拔萃，人们出于尊敬才对他们的弱点避而不谈，但是乐于往历史名人身上泼脏水的色情文献也未曾提起他们。何况我们也应该认识到，男性友谊是古人称颂的社会关系之一，男人们在表达对友人的情谊时所采用的词句，往往比大部分西方国家里常用的语言更为热情。而这种动人的表达方式，并不足以证明双方同性恋关系的存在。当然，对这种微妙的问题很难做出绝对的结论，然而我相信，在获得相反的确凿证据之前，我们可以提出这一原则：当时著名文人之间的亲密友谊并未发展到性关系的程度。

但是对于嵇康和阮籍，我们却有充分的理由来谈论这一点。证据是确实的，由于这是我们掌握了具体材料的罕见例子之一，我们可以对此稍加详察。

在刘义庆（402—444年）编撰的《世说新语》里，第十九卷名为《贤媛》，是涉及嵇康、阮籍及他们的朋友山涛（205—283年）的故事：

> 山公与嵇、阮一面，契若金兰。山妻韩氏，觉公与二人异于常交，问公。公曰："我当年可以为友者，唯此二人耳！"妻曰："负羁之妻亦亲观狐、赵，意欲窥之，可乎？"他日，二人

来，妻劝公止之宿，具酒肉。夜穿墉以视之，达旦忘反。公入曰："二人何如？"妻曰："君才致殊不如，正当以识度相友耳。"公曰："伊辈亦常以我度为胜。"[1]

"异于常交"已经令人想到了同性恋关系，然而是山妻在引证负羁之妻的具体例子时才提出了证据。她提到的是关于著名的晋公子重耳的古老故事。公元前636年，重耳避居曹国，有随从狐偃和赵衰陪伴。曹共公听说重耳骈肋，想等他脱衣时看个究竟。所以共公在僖负羁及其妻子的陪同下，在重耳和两个随从要洗浴的房间墙上开了一个小孔。观后僖负羁的妻子认为两个随从能当宰相。[2] 显而易见，她不是从他们的谈话，而是从她所见到的男人裸露的身体来做出判断的。同样毫无疑问，山妻选择这个故事是为了明确表示她的愿望：看看阮籍和嵇康是否真有亲密关系。

如果说在动乱之中，尤其是在晋朝（317—420年）和梁朝（502—557年），文艺仍然繁荣的话，这些不稳定的时代却瓦解了对公职的考核制度，儒家学说也衰落了。总的来说道德松弛，生活荒淫和政治谋杀司空见惯，特别是在大部分短命王朝的宫廷。

在这方面，南朝宋（420—477年）有着可悲的名声：它的盛衰都处于统治者刘氏家族的凶杀之中，在这个"王朝"存在的五十七年里，占据王位的君主不下九个，却极少有正常死亡的。我特别要提一下废帝刘子业（449—465年），这个十五岁的年轻皇帝在宋都建

---

[1]《世说新语笺疏》，余嘉锡撰，中华书局，1983年，第679—680页。
[2]《春秋左传诂》，第310—311页。

康只统治了一年,然而是动荡不安的一年。这个迷信而又荒淫的青年,有不少地方令人想起年轻的皇帝埃拉加巴卢斯[1](218—221年在位)。他纵欲无度,和男人及太监乱交,纯粹是个神经质的性虐狂。他的亲属们在465年把他杀了。《宋书》上有一段说,这个青年皇帝有一个姐姐,即纵情荒淫的山阴公主。有一天她对他说:"妾与陛下,虽男女有殊,俱托体先帝。陛下六宫万数,而妾唯驸马一人。事不均平,一何至此!"[2]他立刻就给了她三十个男子作为面首。

在这一时期的著名人物中,最令人瞩目的是道教哲学家葛洪,他更以其号"抱朴子"闻名。这位独特的思想家知识渊博,为中国科学思想的发展做出了重要贡献。他的著作《抱朴子》共七十卷,并非全都出自葛洪之手,有一部分是其弟子们收集的他的言论,因此某些段落可能是后人加上去的。尽管如此,本书仍包含着关于道教炼丹术,以及当时民间信仰习俗的丰富内容。下面我们引证一些涉及这一时期性关系的段落。

书中无可置疑的证据表明,不仅道教徒,而且普通人,都仍然在奉行古老性经中的教诲。葛洪在《内篇》第六卷中说:

> 或曰:"闻房中之事,能尽其道者,可单行致神仙,并可移灾解罪,转祸为福,居官高迁,商贾倍利,信乎?"抱朴子曰:"此皆巫书妖妄过差之言,由于好事增加润色,至令失实。或亦奸伪造作虚妄,以欺诓世人,隐藏端绪,以求奉事,招集弟子,

---

[1] 罗马皇帝,他把自己对叙利亚神的信仰引入罗马,因过分放荡而被谋杀。
[2]《宋书》第1册,中华书局,1974年,第147—148页。

以规世利耳。夫阴阳之术,高可以治小疾,次可以免虚耗而已。其理自有极,安能致神仙而却祸致福乎?"

所以葛洪虽然承认房中术是一种延年益寿和治疗小病的方法,但却否认它是使人成为神仙的唯一手段。他对此做了进一步的推理。

而俗人闻黄帝以千二百女升天,便谓黄帝单以此事致长生,而不知黄帝于荆山之下,鼎湖之上,飞九丹成,乃乘龙登天也。黄帝自可有千二百女耳,而非单行之所由也。凡服药千种、三牲之养,而不知房中之术,亦无所益也。是以古人恐人轻恣情性,故美为之说,亦不可尽信也。《玄》《素》谕之水火,水火煞人,而又生人,在于能用与不能耳。大都知其要法,御女多多益善,如不知其道而用之,一两人足以速死耳。彭祖之法,最其要者。其他经多烦劳难行,而其为益不必如其书。人少有能为之者。[1]

这两段特别值得注意,因为葛洪列举了当时人们对房中术的各种观念。奇怪的是,某些人竟以为房中术可以使人升官获利。看来在葛洪的时代,已经有一些以教授房中术来收费的江湖骗子。

在第五卷里,葛洪谈到了别的问题:

---

[1] 《抱朴子》,上海涵芬楼影印正统道藏本,内篇卷六第九、第十。

又汉丞相张苍，偶得小术，吮妇人乳汁，得一百八十岁。[1]

这似乎是第一次提到妇女的乳汁能增强男人的元气。我们在本书第九章中将会看到，有人在此基础上创立了"三峰医术"的理论，即妇女的唾液、乳汁和阴津。在葛洪的时代，妇女乳房中含有不死之药的理论似乎正在形成，因为司马迁的《史记》第四十二卷《张苍传》对此并未提及。

关于彭祖的方法，葛洪在第十三卷里说得比较详细：

按彭祖经云，其自帝喾佐尧，历夏至殷为大夫，殷王遣采女，从受房中之术，行之有效，欲杀彭祖，以绝其道。彭祖觉焉而逃去。去时年七八百余。[2]

传说中的上古人物彭祖，在西方著作中往往像是"中国的玛士撒拉"[3]。由于人们以为他是因擅长房中术而获长寿，便认为他是一本在葛洪时代广为流传的性经的作者。葛洪在他的道经目录（第十九卷）中提到了这本书，他列举的性经有以下几本：《容成经》《玄女经》《素女经》《彭祖经》。[4]

我们已经考察了前三部著作，关于彭祖的理论，在后周或汉初有一些他的著作的片断。《彭祖经》中的一篇列举了一切给人带来伤害

---

1 《抱朴子》，内篇卷五第五。
2 同上书，内篇卷十三第四。
3 《圣经》人物，挪亚的祖父。
4 《抱朴子》，内篇卷十九第三。

的强烈感情，如愤怒不解、汲汲所愿和"阴阳不交"等。他接着说：

> 人所伤者甚众，而独责房室，不亦惑哉。男女相成，犹天地相生也。所以道养神气，使人不失其和。天地得交接之道，故无终竟之限。人失交接之道，故有残折之期。能避众伤之事，得阴阳之术，则不死之道也。[1]

我们已经指出，儒家赞同性经中提出的原则，因为这些原则仅限于在卧室内实施，而且主要目的是获得子嗣。按照儒家的看法，丈夫可以在妻子离床之后便不把她当人看待，所以我们对女子不受什么教育不必感到吃惊。人们认为女子能在床上取悦丈夫、照顾孩子和做好家务便足够了；不需要她们关心男人的思想，更禁止她们参与户外活动。对于未出嫁的女子，即使在上层社会的家庭里，也只是教一些女红针织、缝纫和家务，而不教她们读书写字。虽然有些女子自学成才，但无论如何大部分老实的妇女都是文盲。有趣的是，歌女们出于职业需要倒是粗通文墨。

后汉初期，有一位妇女对这种情况感到不满，想让女孩和男孩一样受到基本教育。她就是史学家班彪（3—54年）之女，《后汉书》作者、更为著名的班固（32—92年）之妹班昭（约卒于116年）。班昭十四岁时嫁给曹世叔，但青年丧偶。她并未再婚，而是进行文学研究，以文笔优雅和博学著称。班固死后，和帝（79—105年）命她完成其兄留下的《汉书》遗稿，并任命她为皇后的教师。她在世时

---

[1]《全上古三代秦汉三国六朝文》，第113页。

已届高龄,以其贞洁和学问而备受人们尊敬。

班昭本来堪称中国第一位女权主义者,如果她没有写《女诫》这本中国文献中最虔诚的书的话。她通晓儒家学说并且乐于教育妇女,想通过这种教育使妇女深刻认识到自己比男人卑贱,从而绝对服从丈夫。历代儒家都把《女诫》作为一切妇女的光辉榜样。后代作家还写了一些仿作,这类文献历来受到中国、朝鲜和日本正统文人的欢迎,在清代尤其如此。[1]

这篇文献应该全文译出,因为它是正统儒家对待妇女态度的最有代表性的例子。我只是略去了序言,班昭在序中说她的儿子已长大成人,位登爵禄,她关心的只是女儿们,所以希望她们出嫁时都能牢记《女诫》。

女 诫

卑弱第一:古者生女三日,卧之床下,弄之瓦砖,而斋告焉。卧之床下,明其卑弱,主下人也。弄之瓦砖,明其习劳,主执勤也。斋告先君,明当主继祭祀也。三者盖女人之常道,礼法之典教矣。谦让恭敬,先人后己,有善莫名,有恶莫辞,忍辱含垢,常若畏惧,是谓卑弱下人也。晚寝早作,勿惮夙夜,执务私事,不辞剧易,所作必成,手迹整理,是谓执勤也。正色端操,以事夫主,清静自守,无好戏笑,洁齐酒食,以供祖宗,是为继祭祀也。三者苟备,而患名称之不闻,黜辱之在身,未之见也。三者苟失之,何名称之可闻,黜辱之可远哉!

夫妇第二:夫妇之道,参配阴阳,通达神明,信天地之弘义，人伦之大节也。是以《礼》贵男女之际，《诗》著《关雎》之义。由斯言之，不可不重也。夫不贤，则无以御妇；妇不贤，则无以事夫。夫不御妇，则威仪废缺；妇不事夫，则义理堕阙。方斯二事，其用一也。察今之君子，徒知妻妇之不可不御，威仪之不可不整，故训其男，检以书传，殊不知夫主之不可不事，礼义之不可不存也。但教男而不教女，不亦蔽于彼此之数乎！《礼》，八岁始教之书，十五而至于学矣。独不可依此以为则哉！

敬慎第三：阴阳殊性，男女异行。阳以刚为德，阴以柔为用，男以强为贵，女以弱为美。故鄙谚有云："生男如狼，犹恐其尪；生女如鼠，犹恐其虎。"然则修身莫若敬，避强莫若顺。故曰敬顺之道，妇人之大礼也。夫敬非它，持久之谓也。夫顺非它，宽裕之谓也。持久者，知止足也。宽裕者，尚恭下也。夫妇之好，终身不离。房室周旋，遂生媟黩。媟黩既生，语言过矣。语言既过，纵恣必作。纵恣既作，则侮夫之心生矣。此由于不知止足者也。夫事有曲直，言有是非。直者不能不争，曲者不能不讼。讼争既施，则有忿怒之事矣。此由于不尚恭下者也。侮夫不节，谴呵从之；忿怒不止，楚挞从之。夫为夫妇者，义以和亲，恩以好合，楚挞既行，何义之存？谴呵既宣，何恩之有？恩义俱废，夫妇离矣。

妇行第四：女有四行，一曰妇德，二曰妇言，三曰妇容，四曰妇功。夫云妇德，不必才明绝异也；妇言，不必辩口利辞也；妇容，不必颜色美丽也；妇功，不必工巧过人也。清闲贞静，守节整齐，行己有耻，动静有法，是谓妇德。择辞而说，不道恶语，时然后言，不厌于人，是谓妇言。盥浣尘秽，服饰鲜洁，沐浴以时，身不垢辱，是谓妇容。专心纺绩，不好戏笑，洁齐酒食，以奉宾客，是谓妇功。此四者，女人之大德，而不可乏之者也。然为之甚易，唯在存心耳。古人有言："仁远乎哉？我欲仁，而仁斯至矣。"此之谓也。

专心第五：《礼》，夫有再娶之义，妇无二适之文，故曰夫者天也。天固不可逃，夫固不可离也。行违神祇，天则罚之；礼义有愆，夫则薄之。故《女宪》曰："得意一人，是谓永毕；失意一人，是谓永讫。"由斯言之，夫不可不求其心。然所求者，亦非谓佞媚苟亲也，固莫若专心正色。礼义居洁，耳无涂听，目无邪视，出无冶容，入无废饰，无聚会群辈，无看视门户，此则谓专心正色矣。若夫动静轻脱，视听陕输，入则乱发坏形，出则窈窕作态，说所不当道，观所不当视，此谓不能专心正色矣。

曲从第六：夫得意一人，是谓永毕；失意一人，是谓永讫。欲人定志专心之言也。舅姑之心，岂当可失哉？物有以恩自离者，亦有以义自破者也。夫虽云爱，舅姑云非，此所谓以义自破者也。然则舅姑之心奈何？固莫尚于曲从矣。姑云不尔而是，固宜从令；姑云尔而非，犹宜顺命。勿得违戾是非，争曲直。此则所谓曲从矣。故《女宪》曰："妇如影响，焉不可赏。"

和叔妹第七：妇人之得意于夫主，由舅姑之爱己也；舅姑之爱己，由叔妹之誉己也。由此言之，我臧否誉毁，一由叔妹，叔妹之心，复不可失也。皆莫知叔妹之不可失，而不能和之以求亲，其蔽也哉！自非圣人，鲜能无过。故颜子贵于能改，仲尼嘉其不贰，而况妇人者也！虽以贤女之行，聪哲之性，其能备乎！是故室人和则谤掩，外内离则恶扬。此必须之势也。《易》

曰:"二人同心,其利断金。同心之言,其臭如兰。"此之谓也。夫嫂妹者,体敌而尊,恩疏而义亲。若淑媛谦顺之人,则能依义以笃好,崇恩以结援,使徽美显章,而瑕过隐塞,舅姑矜善,而夫主嘉美,声誉曜于邑邻,休光延于父母。若夫蠢愚之人,于嫂则托名以自高,于妹则因宠以骄盈。骄盈既施,何和之有!恩义既乖,何誉之臻!是以美隐而过宣,姑忿而夫愠,毁訾布于中外,耻辱集于厥身,进增父母之羞,退益君子之累。斯乃荣辱之本,而显否之基也。可不慎哉!然则求叔妹之心,固莫尚于谦顺矣。谦则德之柄,顺则妇之行。凡斯二者,足以和矣。《诗》云:"在彼无恶,在此无射。"其斯之谓也。[1]

班昭的《女诫》在那时当然并未实行,在以后的四五个世纪里才被间断地付诸实践。班昭描绘的理想妇女,多少年来都为奉行正统儒家思想的家长所向往,以后则逐渐成为现实。下面引证的段落出自3世纪哲学家葛洪的著作,我们可以对此做出判断。他对当时男女的日常行为做了生动的描述,但是他首先对古代的典范行为有一种怀念之情:

《诗》美雎鸠,贵其有别。在《礼》:男女无行媒,不相见,不杂坐,不通问,不同衣物,不得亲授。姐妹出适而反,兄弟不共席而坐。外言不入,内言不出;妇人送迎不出门,行必拥蔽其面;道路男由左,女由右。此圣人重别杜渐之明制也。且

---

[1] 《后汉书》,第2787—2791页。

夫妇之间，可谓昵矣，而犹男子非疾病不昼居于内，将终不死妇人之手，况于他乎？[1]

葛洪用历史上的几个例子说明了不服从这些规定所造成的后果，然后说：

而今俗妇女，休其蚕织之业，废其玄紝之务，不绩其麻，市也婆娑。舍中馈之事，修周旋之好。更相从诣，之适亲戚，承星举火，不已于行；多将侍从，晔晔盈路，婢使吏卒，错杂如市。寻道亵谑，可憎可恶，或宿于他门，或冒夜而反。游戏佛寺，观视渔畋，登高临水。出境庆吊，开车褰帏，周章城邑，杯觞路酌，弦歌行奏。[2]

葛洪认为这类行径乃是国破家亡的开始，所以他极力建议君子要巩固他们对妻妾的权威。然而他也并未忘记对当时的许多男子进行同样尖刻的抨击。他们成群结伙，饮酒嘻笑，言语猥亵。他们去看某个朋友时，一心想看他的妻妾，看到之后还高声地评头品足。若是有个朋友不让他们见自己的妻妾，他们就肆意嘲笑，直到他让步为止。于是他们和这些妇女围坐在一起，交杯换盏，让她们歌舞，对她们说下流话。一个人若要成为上流人物，就必须屈从于这些放荡的习俗，否则便被视为笨伯。葛洪认为，男人的放纵和女人的淫

---

[1] 《抱朴子》，外篇卷二十五第五。
[2] 同上。

荡一样，对家庭和国家都同样危险。

最后，葛洪在这一卷中写了一段重要的话，似乎是最早提到了后来称之为"闹房戏妇"的风俗。在婚宴之后，宾客们把年轻夫妇拥入新房，对他们取笑打闹直至深夜一点。明清的文献经常提到这一点，当时许多作家都指责这种风俗有时太过分了。后来"闹房"时就比较文明，并一直持续到现在。当时葛洪是这样描述的：

> 俗间有戏妇之法。于稠众之中，亲属之前，问以丑言，责以慢对。其为鄙黩，不可忍论。或蹙以楚挞，或系脚倒悬，酒客酗酱，不知限齐，至使有伤于流血，踒折支体者。[1]

初看起来，人们是想把这种风俗解释成古老礼仪的延续，即吓退结婚时会有害于新婚夫妇的妖精鬼怪，这种习俗常见于比较人类学。不过，正如我们在第一、二章所解释的那样，古代中国人把性交——包括新娘的失去童贞——看成是由自然和神圣的社会秩序所安排的一整套行为，它们不会使行为者遭到来自妖精鬼怪的危害。相反，禁欲倒是大有危险，会使女人中邪，甚至被在梦中奸污妇女的梦魔所占有。所以这种风俗在史前时代也许完全是另一回事，它可能来自居住在中国东南部和东部、在公元前几百年才和汉族融合的各族土著。闹房风俗是与中国的性生活相关的许多话题之一，应该进行专门的研究。

班昭的《女诫》描绘了被儒家理想化的家庭生活，葛洪则为我

---

[1]《抱朴子》，外篇卷二十五第八。

们指出了这种理想与当时地位显赫的某些城市阶层的现状之间的距离。中国广大民众的家庭生活正处于这两个极端之间。我们来简略地考察一下这种一般的家庭生活,以便描绘家庭内部性关系的背景。这种描绘使用普通的词语,也适用于以后的时代。因为在公元初年,中国的家庭生活便按照一种或多或少已最终固定的模式来安排了,并且一直持续到现代。

按照一种古代的传统,重要的是家庭要成为自我封闭的社会单元,成为有助于社会整体发展和维持经济的部分。家庭的力量在于相互依赖和帮助:成员越多,便越能互相扶持,越能使成员们各自获益。如果儿子婚后分家,他就失去了在父母家中所享有的帮助和保护。因为他这样做严重违反了孝道,他和他的妻妾本来应该住在父母家里,孝顺父母和其他长辈。与西方社会的做法相反,在中国上层家庭中,已婚未婚的成员都尽量生活在一起,结成一体,这就是家庭逐步扩大的原因。相反的是,手艺人、小商贩,尤其是农民的家庭却一直倾向于分家。

实际上,中产阶级和上层阶级的家庭,是在一座墙院之内有一些小家,每家都有自己的住房和仆人,不过总的看来是一个整体罢了。

父亲和儿子们如果当官,白天大都要外出公干,如果是商人,就要起早摸黑地到通常离家有一段路的店铺里去忙碌。因此,大部分时间家里只有妇女独自生活。

每个妇女在家庭等级里都有指定的位置,女仆服从妾,妾服从妻,而所有的女人都无一例外地要服从父亲的正房,即太夫人,她死后则服从长子的正房。在她自己的影响范围内——管理家庭的日常事务、教育孩子、指挥仆人——主妇和丈夫差不多有同样的权威。每个妇女被指定承担一种家务，这至少要占去白天的一部分时间。季节性的节日为家庭提供了娱乐，例如吃饭时有哑剧、音乐助兴，或者出去郊游（次数较少），例如游览寺院或一年一度到城外去祭祖坟；这通常都是在草地上用餐的机会，另一种消磨时间的方式是长时间地梳妆。图版三是《女史箴图》的局部，作者是活动于400年左右的著名画家顾恺之。图中是一位跪坐在席子上的皇妃，面对着一面圆形的、装在一个精巧的架子上的镜子，一个宫女正在为她梳头。注意近景的奁盒，里面是化妆品。

女眷们在一起玩各种比赛灵巧和运气的游戏，后来也和男人一样玩各种纸牌和骨牌。她们只在吃饭时才见到丈夫，而唯一能说悄悄话的地方便是在床上。其实如上文所说，床本身就是一个小房间。图版四是顾恺之画卷的另一局部，给我们提供了约公元400年时的床架式样。它像一个用木板制成的笼子，下部木板厚实，上部则是一个网状隔板。正面的四块板中有两块可以像门一样开启。"笼子"安置在一个约两尺高的木台上，上部挂有帐帷。放下帐帷便完全看不见里面了。床架前面有一张狭窄的长凳，看来是让人坐着脱鞋和长袍的。图中的丈夫坐在凳子上，正和已在床上的妻子说话。

我们可以把这个床架与一种日本的古老样式进行比较，就是约1000年时日本皇宫里使用的几床。图版五是根据1847年由水野忠央出版的表现古代衣饰用具的精美彩色版画集复制的。它是一个漆木制的高台，铺着一层层厚厚的席子。四周是一个漆木制的框架，框架四面挂着帐帷，犹如华盖。可以设想这种床架可能是中国六朝时代床铺的仿制品。我们要注意放在帐帷左右两端的两只铜狮，这是

"地香炉"，状若狻猊，传说中半狮半龙、喜欢烟的动物。这些香炉用来使经过它的人的长袍熏香洁净。中国古代文献中经常提到它，并给它起了个专门的名称——香兽。这些炉子在这里似乎还用来在有风时压住帐幔。香炉在中国过时了，但在日本却流传了下来：就是佛教庙宇入口处附近放在地上的象形香炉，使信徒们走进大殿时得以洁净长袍。

在这种单调的生活里，说长道短、斤斤计较和争吵造成了必然的分歧。妇女之间的矛盾大都由太夫人调解，她可以给她们轻微的处罚，以致鞭笞。如果事情严重，则要动用丈夫的权威。习惯法赋予丈夫惩罚的权力。当情节严重，例如他的一个妻妾与男仆通奸时，他可以把两个罪人立即处死。如果个人不能决断，他可以诉诸族中长辈。处于社会最低层的人，像小商贩或手艺人，则可以把罪人交给本行业的会首处理。

如果事情涉及其他家庭的成员，例如离婚，人们都试图协商解决：有关的家长一起仔细磋商，或者在事情过于微妙时，请两家都尊重的第三方公断。

若是一切办法都已无效，最后一着便是打官司。王法无情，公堂的审讯也同样吓人，所以它主要是起预防性的作用：无论原告、被告有罪或无罪，只要上公堂便是倒霉。人们不能设想一个老实人、一个自重的人会去打官司。

至于离婚，丈夫有权休妻并把她遣回娘家。在本章研究的时代里，被休还不算一件倒霉的事情——只要没犯大错。被休的妇女，甚至寡妇，都可以再嫁，这种事情屡见不鲜，例如上文所说的司马相如，他带着年轻的寡妇逃离了岳父家。相反从12世纪开始，当儒家的道德规范被强制推行时,离婚妇女便永远失去了幸福,人们也不认为寡妇可以再嫁了。

妾的处境更为艰难,因为她们几乎全是来自贫穷的、不能让一个人吃闲饭的家庭。所以妾被遣返之后常常去从事最古老的职业——那是当时唯一向妇女敞开的营生。不过只要她们还是家庭成员,习惯法就充分地保护她的地位和权利,她们全都可能得到男主人的保护和支持,她们的孩子也可以获得一份家庭财产。[2]

一个新娘来到丈夫家里,总有自己是个外来人的感觉,要过一段时间才能适应环境。头几个月相当难过,这时丈夫不能全力支持她,不能站在她那一边去反对自己的亲人,尤其是自己的父母。她也无法向娘家求助,因为出嫁便是断绝了和娘家的一切关系。婚后三天,她回去看自己的父母,谓之归宁,以后便再也不许回去见他们了。正因为如此,班昭的《女诫》才着重谈妻子和夫家的关系。话虽如此,家庭成员之间的关系如此密切,就或多或少要相互谅解,大家庭里通常都有要求每个人谅解别人的精神。所以妻子不用太久便会完全习惯。一旦为丈夫生了个孩子,特别是男孩,她的地位便无须担忧了。

她还需要摆正各种感情关系,做到这一点并不容易。在自己对丈夫的爱情与丈夫对妾的感情及义务之间,她要寻求使双方都满意的平衡,面对全家各个妇女之间的对立或往往是同性恋式的好感,她要决定自己的态度。毫无疑问,常常会有尖锐的冲突,令人恐惧的悲剧也并不罕见。不过我们考察古今文献,便能得出可靠的结论:与西方一夫一妻制的姐妹们相比,普通的中国妇女既不更幸福,也不更悲惨。

相反,我们没有理由认为,中国普通的一家之主比西方名义上

第五章 三国和六朝

只娶一个妻子的丈夫更为快乐。我们的传统习惯中有种通行的说法，即有关一夫多妻制的轻率之论使公众以为内室是男性的天堂。这种看法，即男人只求满足肉欲、内室妇女被视为笼中物在比较原始的、不太发达的社会中，或许是正确的；但是对于像中国这样充分发展的文明来说，便肯定是错误的了。无论是习惯的或成文的法律，都赋予妻妾确定的身份，并规定了她们个人的权利。一家之主必须尊重这些权利，履行他对妻妾们的许多义务，不仅给她们性的满足和衣食之需，而且更为微妙的是注意她们的个人感情，尊重她们的爱好，迁就她们的弱点，明智地衡量妻妾之间的关系。一家之主倘若忘了其中的一项义务，就会引起全家混乱，而治家无方则会使他名誉扫地并断送前程。当官者会丢掉乌纱，因为官方始终奉行这一古代的准则：治家无方者不能担负重任。商人则会丧失信誉，因为众所周知：一个不和睦的家庭必然会有金钱方面的纠纷。

性经仍然受到普遍的喜爱，无论对儒家或道教来说都是如此。它们之所以深受欢迎，在我看来是因为符合了实际的需要。没有这种指导，一个大家庭的主人便实在难以控制众多妻妾而不使自己神经崩溃。所以看到公元6世纪的文人还公然提到这些著作，我们便不会感到惊讶了。以下是著名诗人徐陵（507—583年）给他的友人周弘让的回信（闻名于约550年）：

> 仰披华翰，甚慰翘结，承归来天目，得肆闲居。差有弄玉之俱仙，非无孟光之同隐。优游俯仰，极素女之经文；升降盈虚，尽轩皇之图艺。虽复考槃在阿，不为独宿。讵劳金液，唯

饮玉泉。[1]

弄玉是传说中乐师萧史的妻子，他教她吹箫，后来双双乘鸾凤升天而去。孟光是汉代隐士梁鸿的妻子。这一段又一次证明这些性经是有插图的，它们教人靠行房事而益寿延年。正如我们在下文会看到的那样，饮玉泉这种表达方式的意思是：在性交过程中获得一个女人的阴气。

此外，在当时中国南部的小王朝里，性修炼已经大为风行。当时杰出的诗人鲍照（约421—465年），在下面这一节诗中描绘了淮南王所从事的性炼丹术试验。皇帝想让他说出这些秘密，但是他拒绝说出并逃之夭夭。

淮南王，好长生，
服食炼气读仙经。
琉璃药碗牙作盘，
金鼎玉匕合神丹。
合神丹，戏紫房，
紫房彩（采）女弄明珰。
鸾歌凤舞断君肠。[2]

这首诗不仅提到了"采女"，而且还有可能具有性意义的"金

---

[1] 《徐孝穆集》，上海涵芬楼影印。
[2] 《玉台新咏》，第233页。

第五章　三国和六朝　　109

鼎"和"玉匕"。

应该指出的是，在道教的技术词汇中，紫房这个术语是指由人体分成的"九宫"的一部分。不过它同样是指道教徒进行性修炼的房间，这也适用于性学文献的标题中常有的玉房（例如下文将提到的《玉房秘诀》）和洞房，后一个术语得以存在到今天，用来泛指新婚夫妇度过初夜的房间。

应该充分肯定的是，性经不仅向人指出了肉体之爱的各个方面，而且启发男性注意女性的感觉，理解男女之间的差别，以及这种差别所造成的各种问题。意味深长的是，几乎所有悲叹妇女命运的诗篇都出自男人之手。汉代的班昭在《女诫》中强调妇女的卑下地位，以后许多男子都对此大鸣不平。著名文人傅玄（217—278年）的诗流露出与班昭《女诫》完全不同的情调：

> 苦相身为女，卑陋难再陈。
> 男儿当门户，堕地自生神。
> 雄心志四海，万里望风尘。
> 女育无欣爱，不为家所珍。
> 长大避深室，藏头羞见人。
> 垂泪适他乡，忽如雨绝云。
> 低头和颜色，素齿结朱唇。
> 跪拜无复数，婢妾如严宾。
> 情合同云汉，葵藿仰阳春。
> 心乖甚水火，百恶集其身。
> 玉颜随年变，丈夫多好新。

> 昔为形与影，今为胡与秦。
> 胡秦时相见，一绝逾参辰。[1]

三国六朝时期，有许多同情妇女、用诗歌表现其痛苦的诗人，我只提一下魏文帝曹丕（187—226年）。他尤其有一首诗篇，描绘了将军刘勋之妻向床帏倾吐心事。结婚二十年后，将军喜爱上另一个女人，以无子为由把妻子遣回娘家。

> 翩翩床前帐，张以蔽光辉。
> 昔将尔同去，今将尔共归。
> 缄藏箧笥里，当复何时披。[2]

受过教育的妇女仍然极为罕见，通常只有艺妓粗通文墨。这也是大部分描绘妇女情感的诗篇要由男人来写的原因之一。《晋书》（卷九十六）提到了一位据称是完美诗人的女子，她名叫苏蕙，字若兰，约350年嫁与秦州刺史窦滔为妻。她的丈夫极为爱慕她的美貌和博学，但也钟爱他的一个妾——能歌善舞的赵阳台。一天苏蕙因嫉妒而鞭笞了妾，后因丈夫调任时不肯随行，于是丈夫就带着妾赴任了。后来苏蕙悔恨不已，便在锦上绣了841个纤细的字，织成了一张十分复杂的《回文旋玑图》寄给丈夫。丈夫被其深情切意所打动，于是和她重归于好。

---

[1] 《玉台新咏》，第43页。
[2] 同上书，第34—35页。

最后可以谈谈佛教，虽然它在当时对中国人的性生活尚未产生重要影响。佛教在后汉初年被引入中国，在六朝时得到了很大的发展。在拓跋氏的魏朝，北方成了佛教的中心，南方起初是道教占优势，但不久便在北方佛教宣传日益增长的压力下屈服了。

佛教以大乘的形式进入中国，带有巫术的某些特征，例如密宗的咒术和魔法。它表明密宗的咒术和魔法同时吸引了文人和民众，这种教义对他们有着像繁荣时的道教一样的吸引力。僧人们担任神媒、雨师、占卜师、驱魔者，也有尼姑从事这些活动。在《晋书》卷九十八大将军桓温（312—373年）的传记中，有一段关于尼姑占卜的有趣记载：

> 时有远方比丘尼名有道术，于别室浴，温窃窥之。尼倮身先以刀自破腹，次断两足。浴竟出，温问吉凶，尼云："公若作天子，亦当如是"。[1]

这事发生在350年。可惜文章太短，包含的意思不很明确。尼姑在自己身上活生生的自残看来是可以复原的，但是很可能也意味着她法力高超，可以自己毁伤肢体而不感到疼痛。我们对远方一词不甚了了，或许是暗示印度。不过也很可能就是一个中国尼姑，因为在350年左右，洛阳、南京已建立了第一批庵院。至于仪式前沐浴净身以及一位裸体妇女自毁肢体，似乎都带有萨满教的特征。

中国文人对极其周密的大乘佛教玄奥的哲学体系同样深感兴趣。

---

[1] 《晋书》，中华书局，1974年，第2576页。

他们从中发现了关于男女的天道观的思辨，这些思辨令人想起中国的阴阳理论，而在7、8世纪的印度则具有密咒（坦陀罗）的性神秘主义的样式。本书"附录一"将要详细讨论这个问题，但我们现在可以指出，关心佛教文献的中国人虽然熟悉中国的性经，然而据我所知，他们从未宣布在印度书籍中发现过关于性神秘主义的类似理论。在我看来，这一事实有力地证明了密宗在当时的印度尚未存在。

如果说进入中国的佛教文献尚未谈及妇女作为性秘诀教师的优越地位的话，那么它们至少强调人们应该对男女一视同仁。这是佛教区别于印度教的基本方面之一，所以中国译者在翻译佛教文献时不敢删去，尽管他们很清楚这类理论会激起正统儒家的愤怒。因而在强调男女平等的时候，正如道教曾做过的那样，佛教为提高中国妇女的地位做出了贡献。不过应该指出，除了像妇女地位这类重大的意识形态问题之外，最初的译者（即在唐朝之前）是尽可能不触怒儒家的，例如他们掩盖了涉及性爱和卖淫的梵文段落。后来到唐代，佛教已充分发展，从印度输入了密宗的房中术文献，而且中国人也已普遍接受，便用不着这样谨慎了，因此唐代的译文对印度原著要忠实得多。直到南宋时期，理学的胜利才使佛教文献遭到大肆删改。

现在再谈本章研究的时期。佛教的影响在6世纪衰落，北周的武帝宣称三教的次序是儒家、道教和佛教。579年，他打算重新统一和改革中国，便禁止佛教，而把儒家思想作为官方的信仰。

武帝死后，他的一位将军杨坚——上文提到过的正统儒家学者杨震的后代——推翻了北周，通过一系列军事行动扩大了疆土，于590年成为隋朝的开国皇帝。隋存在的时间很短，从590到618年，但已足以为随之而来的唐朝之繁荣奠定基础。

第三部分

帝国的鼎盛

隋、唐和宋朝(590—1279年)。

性经的普及和衰落。

第六章 隋 朝

（590—618年）

隋朝的统治时间很短，然而开国皇帝杨坚却是一个精明强干的君主。他采取了一些有力的措施来恢复帝国重新统一后的秩序与和平，并且在治理方面进行了某些有益的改革。但是他对文官的作用却并不重视，因而中国正史对他褒奖不多。

他的儿子，即隋炀帝，于605年继位。炀帝与其父一样雄心勃勃，然而只想不干，耽于奢侈享受。他企图恢复汉代制度来巩固统治，即在儒家文人中物色官员，并在京都设立考场录取进士。在以后的时代里，金榜题名便成了通向高官厚禄的道路。

炀帝进行了几项大规模的工程，尤其是改善了河道和水利。由于他强迫人民服劳役，因此激起了普遍的不满。他还设计建造了不少奢华的宫殿和一些供消遣用的花园，更使尚未从内战破坏中恢复过来的国家加重了经济负担。几次进军高丽耗费了大量的财力，终于使形势不可收拾，全国各地都爆发了起义。炀帝避居扬州的行宫，只知寻欢作乐。他于618年被杀，不久以后一位叛乱将领李渊建立了唐朝。

关于炀帝的荒淫有许多故事。据说他有一种小车，里面只能容纳一人，是专门让他临幸童女的。又说他在和妃嫔交欢时，床的四周放着磨亮的乌铜镜屏，墙上挂着表现男女裸体交合的春图。[1]应该说，炀帝在中国历史学家眼里声名狼藉，然而人们可能夸大了他的放荡行为。他是明代不止一部色情小说的主角，他的荒淫风流被叙述得淋漓尽致。

无论如何，我们不能把一个摇摇欲坠的宫廷里的放荡行为看成是一个民族的生活方式，没有任何理由认为道德已随着时代的改变而堕落。

宫廷里的各种人始终对佛教怀有好感，然而儒家思想再次得到了承认：因为公职的重要性日益明显。至于道教，则仍在广大民众中继续流播。

性经像以往一样流行。像《汉书》一样，《隋书》也有一卷书目，不同之处是，它没有为房中术的书籍单列一栏。不过在"医方"类的末尾有一些性经的名称，其中有以下八本：

（一）《素女秘道经》，一卷，附《玄女经》。

（二）《素女方》，一卷。

（三）《彭祖养性》，一卷。

（四）《序房内秘术》，一卷，葛氏撰。

（五）《玉房秘诀》，八卷。

（六）《新撰玉房秘诀》，九卷。

（七）《徐太山房内秘要》，一卷。

（八）《养生要集》，十卷，张湛撰。[1]

此外，《隋书》卷三十五还告诉我们，道经中有房中书十三部，共三十八卷，不过未提这些经书的名称。

1　见《隋书》，中华书局，1973年，第1043、1050页。

上述八部文献在中国已经失传。[2]然而侥幸的是，日本保存了上述第一、二、五部书的许多片段，以及第八部的一些段落，还有对六朝、隋、唐时代中国其他性经的大量引文。因而我们可以根据文献本身来考察古代的性经。

日本保存的《医心方》是一本卷数众多的医学概要，分为三十卷。它是原籍中国的日本名医丹波康赖根据唐代及唐代以前的几百部著作摘要而成的，编撰时间是982—984年。这本书在数百年里只以手稿形式流传。1854年，日本一位供职将军幕府的医生多纪元坚根据最可靠的抄本雕版了这本书。

我们现在要讨论的只是《医心方》的第二十八卷《房内》。这一卷全是从某些中国文献，如性经、医著、相书、医方集等中收集的有关房中术的引文。由于上述著作大都已经失传，所以这部文献具有不可估量的价值。

丹波康赖是一个极为谨慎的学者。他一丝不苟地从来自中国的原本中抄写了他所选择的段落，连明显的错误、名称缩写和重复之处也不予改正。在以后的时代里，日本的抄写者们继承了本国的优良传统，对古代文献都抱着极为尊重的谨慎态度。他们原文照抄被歪曲的段落，只是另外加注说明，所以这部文献得以完全保留了唐代手稿的原貌。把它和在敦煌发现的同类文献如《大乐赋》（见下文）做一比较，便可以证明这一点。

中国现代学者叶德辉，在考察1854年的《医心方》时首先研究了这个问题。他在第二十八卷里发现了中国古代五本性经的零乱片段。丹波的引文很多，使这位中国学者认为有可能根据这些片段来恢复文献的大部分原貌。所以在1914年，他出版了《隋书》中提到的以下四本著作：

图四 炀帝的宠妃之一吴绛仙画眉图（木版画册《百美新咏》中的一幅，本书作者藏）

《素女经》，附《玄女经》（上述第一本）。

《素女方》（上述第二本）。

《玉房秘诀》（上述第五、六本）。

《玉房指要》（可能与上述第七本相同）。

此外，叶德辉还辑出了文献《洞玄子》的原貌。这部重要著作最初出现在《唐书·经籍志》里。马伯乐认为"洞玄"是指7世纪中叶在京城担任太医署令的文人李洞玄。如果这一看法成立，李所做的事情就只是编纂文献，因为其文笔和内容都令人想到六朝时代。

所以叶德辉的《双梅景闇丛书》[1]（1903年开始编撰，1914年出版）便包括了这五本性经。当时的文人和顽固分子对他这种主动精神大为恼火，他的名誉因此而扫地，以至于他被匪徒杀害的悲惨结局也没有引起任何同情。这种伪善态度与中国文人在文学方面的开放精神相比更具有讽刺意义。他们习惯于以一个人的才华来判断他的学问，不计较他的道德缺陷或政治错误，然而对于性却是一个例外。一个文人胆敢专门写这个问题，便会立刻遭到嫌弃。这一点无可辩驳地证明，清代的中国文人已经无法摆脱他们自身的性抑制的束缚。

顺便应该指出，不无讽刺的是，和指鹿为马地打击他的文人们一样，叶德辉也很守旧。在上述辑书的序言中，他说明了出版的意图：尽可能证明中国人比西方人早几百年就已懂得了现代西方著作中所能包含的一切内容。

这里不谈对西方科学的藐视。叶德辉的成果证明他是一个有高

---

[1] 本书由叶德辉于光绪癸卯嘉平午月刊行，分为五卷，下文所引的性经均见第一卷。

度文化修养和严肃认真的文人,他对这五本文献的整理便是明证。

他在考察《医心方》第二十八卷时,首先假定其三十个标题大致表示一部性经的内容顺序,所以便按照这一顺序来恢复引文的原貌。似乎古代性经全都分为六个部分,即:

(一)关于性结合的天道观及其对男女双方身体健康的重要性的引论。

(二)对性交前准备阶段的说明。

(三)性行为本身。性交技巧及可以采取的各种姿势。

(四)性行为的疗效。

(五)性伙伴的选择。产前和产后护理。

(六)各种药方和医嘱。

叶德辉在整理过程中,对各种引自同一本性经的引文进行了清理,因此无法说明他在多大程度上恢复了文献的原貌。我们感到《洞玄子》是个足本,《素女经》和《素女方》除了有些小的脱漏,看来也是全的。这三部著作都只有一卷,现在的容量也大致相当于古书中的一卷。相反,《玉房秘诀》可能只是原本的一小部分,据《隋书》记载,它有八卷。《玉房指要》相当于《隋书》中说的《房内秘要》,即一卷,但是《医心方》里的引文还不足以构成一卷。

各书虽然有时也提供作者的名字(葛氏、张湛、徐太山等),然而性经绝非个人著作。人们所说的"作者"实际上是"编者"。这些性经里往往以诗体写成的见解,散见于或许是汉代以前的古书之中。我认为有充分的理由可以假设,如果《汉书·艺文志》中的性经保存至今,其内容必然和《医心方》引证的性经完全一致。

除了叶德辉整理的五本著作之外,《医心方》还引证了下列书籍:

（一）《养生要集》，见《隋书·经籍志》。这本书或许已经失传。不过977年，中国人在编纂宋代文学巨著、卷帙浩繁的《太平御览》时，于参考书中提到了这本书。

（二）《千金方》，唐代的医学著作（见下文）。

（三）《抱朴子》，上文已引证的葛洪的著作。

（四）《太清经》，即太清神鉴，古代著名的相书。

（五）《华佗针灸经》。

（六）《（黄帝）虾蟆经》，内容同上。

上述作品所引不多。

下面是《洞玄子》的原文。[1]仔细读这部文献，我们就会对中国古代性经的风格和内容有所了解。

洞玄子

洞玄子曰：夫天生万物，唯人最贵。人之所上，莫过房欲。法天象地，规阴矩阳。悟其理者则养性延龄，慢其真者则伤神夭寿。

至于玄女之法，传之万古，都具陈其梗概，仍未尽其机微。余每览其条，思补其阙，综习旧仪，纂此新经。虽不穷其纯粹，抑得其糟粕。其坐卧舒卷之形，偃伏开张之势，侧背前却之法，出入深浅之规，并会二仪之理，俱合五行之数。其导者则得保寿命，其违者则陷于危亡。既有利于凡人，岂无传于万叶？

---

[1] 高罗佩把《洞玄子》分为十六段。以便于和下文《医心方》的内容进行对照。但这种分法似乎不妥，所以我按中文原版抄录。好在，两篇中的类似之处对中国读者来说一目了然，不必再分段比较。

洞玄子曰：夫天左旋而地右回，春夏谢而秋冬袭，男唱而女和，上为而下从，此物事之常理也。若男摇而女不应，女动而男不从，非直损于男子，亦乃害于女人，此由阴阳行很，上下了戾矣。以此合会，彼此不利。故必须男左转而女右回，男下冲女上接。以此合会，乃谓天平地成矣。

凡深浅迟速，捌捺东西，理非一途，盖有万绪。若缓冲似鲫鱼之弄钩，若急麾如群鸟之遇风。进退牵引，上下随迎，左右往还，出入疏密，此乃相持成务，临事制宜，不可胶柱宫商，以取当时之用。

凡初交会之时，男坐女左，女坐男右。乃男箕坐，抱女于怀中，于是勒纤腰，抚玉体，申嬿婉，叙绸缪。同心同意，乍抱乍勒，两形相搏，两口相嗚。男含女下唇，女含男上唇，一时相吮，茹其津液。或缓啮其舌，或微齰其唇，或邀遣抱头，或逼命拈耳。抚上拍下，嗚东呕西，千娇既申，百虑竟解。乃令女左手抱男玉茎，男以右手抚女玉门。于是男感阴气则玉茎振动，其狀也，峭然上耸，若孤峰之临迥汉；女感阳气则丹穴津流，其狀也，涓然下逝，若幽泉之吐深谷。此乃阴阳感激使然，非人力之所致也。势至于此，乃可交接。或男不感振，女无淫津，皆缘病发于内，疾形于外矣。

洞玄子云：凡初交接之时，先坐而后卧，女左男右。卧定后令女正面仰卧，展足舒臂，男伏其上，跪于股内，即以玉茎竖拖于玉门之口，森森然若偃松之当邃谷洞前。更拖磅勒，鸣口嗍舌。或上观玉面，下视金沟。抚拍肚乳之间，摩挲璿台之侧。于是男情既惑，女意当迷，即以阳锋纵横攻击，或下冲玉理，或上筑金沟，击刺于辟雍之旁，憩息于璿台之右。以上外游，未内交也。

女当淫津湛于丹穴，即以阳锋投入子宫，快泄其精，津液同流，上灌于神田，下溉于幽谷，使往来拼击，进退揩磨，女必求死求生，乞性乞命。即以帛子干拭之，后乃以玉茎深投丹穴，至于阳台，岩岩然，若巨石之拥深溪。乃行九浅一深之法，于是纵拄横挑，傍牵侧拔，乍缓乍急，或深或浅，经廿一息。候气出入，女得快意。男即疾纵急刺，碜勒高抬，候女动摇，取其缓急。即以阳锋攻其谷实，捉入于子宫，左右研磨，自不烦细细抽拔。女当津液流溢，男即须退，不可死还，必须生返。如死出大损于男，特宜慎之。

洞玄子云：考核交接之势，更不出于卅法。其间有屈伸俯仰，出入浅深，大大是同，小小有异。可谓括囊都尽，采摭无遗。余遂像其势而录其名，假其形而建其号。知音君子，穷其志之妙矣。

一、叙绸缪。

二、申缱绻。不离散也。

三、曝鳃鱼。

四、骐骥角。已上四势之外，游戏皆是一等也。

五、蚕缠绵。女仰卧，两手向上抱男颈，以两脚交于男背上。男以两手抱女项，跪女股间，即内玉茎。

六、龙宛转。女仰卧，屈两脚。男跪女股内，以左手推女两脚向前，令过于乳，右手把玉茎内玉门中。

七、鱼比目。男女俱卧，女以一脚置男上。面相向，嗉口嘲舌。男展两脚，以手担女上脚进玉茎。

八、鸳同心。令女仰卧，展其足。男骑女，伏肚上，以两手抱女颈。女两手抱男腰，以玉茎内于丹穴中。

九、**翡翠交**。令女仰卧，拳足。男胡跪，开着脚，坐女股中，以两手抱女腰，进玉茎于琴弦中。

十、**鸳鸯合**。令女侧卧，拳两脚，安男股上。男于女背后骑女下脚之上，竖一膝置女上股，内玉茎。

十一、**空翻蝶**。男仰卧，展两足。女坐男上，正面两脚据床；乃以手助为力，进阳锋于玉门之中。

十二、**背飞凫**。男仰卧，展两足。女背面坐于男上，女足据床。低头抱男玉茎，内于丹穴中。

十三、**偃盖松**。令女交脚向上。男以两手抱女腰，女以两手抱男腰。内玉茎于玉门中。

十四、**临坛竹**。男女俱相向立。嗚口相抱，以阳锋深投于丹穴，没至阳台中。

十五、**鸾双舞**。男女一仰一覆。仰者拳脚，覆者骑上，两阴相向。男箕坐著玉物，攻击上下。

十六、**凤将雏**。妇人肥大，用一小男共交接，大俊也。

十七、**海鸥翔**。男临床边，擎女脚以令举。男以玉茎入于子宫之中。

十八、**野马跃**。令女仰卧。男擎女两脚登右肩上，深内玉茎于玉门之中。

十九、**骥骋足**。令女仰卧。男蹲，左手捧女项，右手擎女脚。即以玉茎内入于子宫中。

二十、**马摇蹄**。令女仰卧。男擎女一脚置于肩上，一脚自攀之。深内玉茎入于丹穴中，大兴战。

二十一、**白虎腾**。令女伏面跪膝。男跪女后，两手抱女腰。内玉茎于子宫中。

二十二、**玄蝉附**。令女伏卧而展足。男居股内，屈其足。两手抱女项，从后内玉茎入玉门中。

二十三、**山羊对树**。男箕坐。令女背面坐男上。女自低头，视内玉茎。男急抱女腰，磋勒也。

二十四、**鹍鸡临场**。男胡蹲床上坐。令一小女当抱玉茎，内女玉门。一女于后牵女衿裾，令其足快，大兴哉。

二十五、**丹穴凤游**。令女仰卧，以两手自举其脚。男跪女后，以两手据床，以内玉茎于丹穴，甚俊。

二十六、**玄溟鹏翥**。令女仰卧。男取女两脚置左右膊上。以手向下抱女腰，以内玉茎。

二十七、**吟猿抱树**。男箕坐。女骑男脞上，以两手抱男。男以一手扶女尻内玉茎，一手据床。

二十八、**猫鼠同穴**。男仰卧以展足。女伏男上，深入玉茎。又男伏女背上，以将玉茎攻击于玉门中。

二十九、**三春驴**。女两手两脚俱据床。男立其后，以两手抱女腰。即内玉茎于玉门中，甚大俊也。

三十、**秋狗**。男女相背，以两手两脚俱据床。两尻相拄，男即低头，以一手推玉物，内玉门之中。

洞玄子云：凡玉茎或左击右击，若猛将之破阵，其状一也。或缘上蓦下，若野马之跳涧，其状二也。或出或没，若戏波之群鸥，其状三也。或深筑浅挑，若喙白之雀啄，其状四也。或深冲浅刺，若大石之投海，其状五也。或缓耸迟推，若冻蛇之入窟，其状六也。或疾纵急刺，若惊鼠之透穴，其状七也。或抬头拘足，若鹘鹰之揄狡兔，其状八也。或抬上顿下，若大帆之遇狂风，其状九也。

洞玄子云：凡交接，或下捺玉茎，往来锯其玉理，其势若割蚌而取明珠，其势一也。或下抬玉理，上冲金沟，其势若剖石而寻美玉，其势二也。或以阳锋冲筑璿台，其势若铁杵之投药臼，其势三也。或以玉茎出入，攻击左右辟雍，其势若五锤之锻铁，其势四也。或以阳锋来往，磨耕神田幽谷之间，其势若五农夫之垦秋壤，其势五也。或以玄圃天庭两相磨搏，其势若两崩岩之相钦，其势六也。

洞玄子云：凡欲泄精之时，必须候女快，与精一时同泄。男须浅拔，游于琴弦麦齿之间，阳锋深浅，如孩儿含乳。即闭目内想，舌拄下腭，踡脊引头。张鼻歙肩，闭口吸气，精便自上。节限多少，莫不由人，十分之中，只得泄二三矣。

洞玄子云：凡欲求子，候女之月经断后，则交接之，一日三日为男，四日五日为女。五日以后徒损精力，终无益也。交接泄精之时，候女快来，须与一时同泄，泄必须尽。先令女正面仰卧，端心一意，闭目内想，受精气。故老子曰：夜半得子为上寿，夜半前得子为中寿，夜半后得子为下寿。

凡女怀孕之后，须行善事。勿视恶色，勿听恶语。省淫欲，勿咒诅，勿骂詈。勿惊恐，勿劳倦。勿妄语，勿忧愁。勿食生冷醋滑热食。勿乘车马，勿登高，勿临深，勿下坂，勿急行。勿服饵，勿针炙。皆须端心正念，常听经书。遂令男女如是聪明智惠，忠真贞良，所谓教胎者也。

洞玄子云：男年倍女损女，女年倍男损男。

交接所向，时日吉利，益损顺时，效此大吉。

春首向东，夏首向南，秋首向西，冬首向北。

阳日益（只日是），阴日损（双日是）。阳时益（子时以后午前是），阴时损（午时以后子前是）。

春甲乙，夏丙丁，秋庚辛，冬壬癸。

秃鸡散，治男子五劳七伤，阴痿不起，为事不能。蜀郡太守吕敬大年七十，服药得生三男。长服之，夫人患多，玉门中疹，不能坐卧。即药弃庭中，雄鸡食之，即起上雌鸡其背，连日不下。喙其冠，冠秃，世呼为秃鸡散，亦名秃鸡丸。方：

肉纵容三分，五味子三分，兔丝子三分，远志三分，蛇床子四分。

右五物捣筛为散，每日空腹酒下，方寸匕，日再三，无敌不可服。六十日，可御四十妇。又以白蜜和丸如梧子，服五九日，再以知为度。

鹿角散，治男子五劳七伤，阴痿不起，卒就妇人，临事不成，中道痿死，精自引出，小便余沥，腰背疼冷。方：

鹿角，柏子仁，兔丝子，蛇床子，车前子，远志，五味子，纵容，各四分。

右捣筛为散。每食后服五分匕，日三。不知，更加方寸。

长阴方：

肉纵容三分，海藻二分。

右捣筛为末，以和正月白犬肝汁，涂阴上三度，平旦新汲水洗却，即长三寸，极验。

疗妇人阴宽，冷急小交接而快方：

石硫黄二分，青木香二分，山茱萸二分，蛇床子二分。

右四味捣筛为末，临交接，内玉门中少许。不得过多，恐最孔合。又方，取石硫黄末三指撮，内一升汤中，以洗阴，急如十二三女。

作为对《洞玄子》的补充，我简要地介绍一下《医心方》第二十八卷，即按第二十八卷中所列顺序选择一些片段。

在原本中，所引的每一段前都注有出处。大部分引自四本性经：《素女经》《玉房秘诀》《玉房指要》和《玄女经》。

房内记

《医心方》第二十八卷[1]

目　录

一、至理。二、养阳。三、养阴。四、和志。五、临御。六、五常。七、五征。八、五欲。九、十动。十、四至。十一、九气。十二、九法。十三、卅法。十四、九状。十五、六势。十六、八益。十七、七损。十八、还精。十九、施泻。二十、治伤。二十一、求子。二十二、好女。二十三、恶女。二十四、禁忌。二十五、断鬼交。二十六、用药石。二十七、玉茎小。二十八、玉门大。二十九、少女痛。三十、长妇伤。

---

[1] 据日本学者丹波康赖的《医心方》手抄本。

一、至理

《素女经》：黄帝问素女曰："吾气衰而不和，心内不乐，身常恐危，将如之何？"素女曰："凡人之所以衰微者，皆伤于阴阳交接之道尔。夫女之胜男，犹水之灭火。知行之如釜鼎，能和五味，以成羹臛。能知阴阳之道者成五乐。不知之者身命将夭，何得欢乐？可不慎哉！"

素女云："有采女者，妙得道术。王使采女问彭祖延年益寿之法。"彭祖曰："爱精养神，服食众药，可长得生。然不知交接之道，虽服药无益也。男女相成，犹天地相生也。天地得交会之道，故无终竟之限。人失交接之道，故有夭折之渐。能避渐伤之事，而得阴阳之术，则不死之道也。"

采女再拜曰："愿闻要教。"

彭祖曰："道甚易知，人不能信而行之耳。今君王御万机，治天下，必不能修为众道也。幸多后宫，宜知交接之法。法之要者，在于多御少女，而莫数泻精。使人身轻，百病消除也。"

下面一段是关于汉武帝的描述，叶德辉并未把它收入自己的辑本，或许是因为其中有后人增添的文字。应该指出，在5至6世纪，道教学者写了一些论著，为了提高声望而把它们说成是汉代的作品。这些伪托之作大都被说成写于武帝（公元前140—前87年）时代。正如我们在第四章里说过的那样，这个皇帝对道教炼丹术和长生不老的药方都极为关心，许多所谓的神仙和方士都被延请入宫。

这些伪作中最著名的是《汉武帝内传》，据说是汉代著名文人班固所作，实际上却写于5世纪或6世纪。从文笔上看，这本书显然

第六章　隋　朝　　131

写于六朝时代：它以绮丽的文风叙述了西王母向武帝传授长寿秘诀的传说，事情据说发生在元封年间（公元前110年）。书中虽未多提房中术，字里行间却常有影射，并说这些秘教四千年间只传了一次，而且只能由一个女人传给另一个女人。

直到明朝结束（1644年），各个时代的性经都把上述时间作为性交之秘向以武帝为代表的男人泄漏的时间。除了西王母之外，它们还提到武帝的一个都尉也掌握了这些秘诀。《医心方》曾引用了《素女经》里的这一段：

《素女经》：汉驸马都尉巫子都年百卅八。孝武巡狩，见子都于渭水之上，头上有异气，怂怂高丈余许。帝怪而问之，东方朔相对曰："此君有气通理天中，施行阴阳之术。"上屏左右，问子都。子都曰："阴阳之事，公中之秘，臣子所不宜言。又能行之者少，是以不敢告。臣受之陵阳子明，年六十五矣。行此术来七十二年。诸求生者当求所生。贪女之容色，极力强施，百脉皆伤，百病并发也。"

在叙述这段历史之后，《医心方》又引证了《玉房指要》中的一段，其内容类似于本书第五章中葛洪关于黄帝御众女的论述。

《玉房指要》云：彭祖曰："黄帝御千二百女而登仙，俗人以一女而伐命。知与不知，岂不远耶？知其道者，御女苦不多耳。不必皆须有容色妍丽也。但欲得年少未生乳而多肌肉者耳，但能得七八人，便大有益也。"

> 《素女经》：黄帝问素女曰："今欲长不交接，为之奈何？"素女曰："不可。天地有开阖，阴阳有施化。人法阴阳，随四时。今欲不交接，神气不宣布，阴阳闭隔，何以自补？练气数行，去故纳新，以自助也。玉茎不动，则辟死其舍，所以常行以当导引也。能动而不施者，所谓还精。还精补益，生道乃者。"

接下来引证的是《抱朴子》中的一段，本书第五章中已经引证，然后是《洞玄子》的头两段。

二、养阳

这一节强调必须与各种不同的妇女性交，以增强男子的元气。我只引其中的一段。

> 《玉房秘诀》：青牛道士曰："数数易女，则益多。一夕易十人以上，尤佳。常御一女，精气转弱，不能大益人。亦使女瘦悄也。"

三、养阴

这一节颇有趣味，论述道教的房中秘术。它着重说明为什么一个女人在性交时采阳之后会改变性别。我们在本章末再对这一节另加考察。

四、和志

这一节开头引用的是《洞玄子》的第三、四、五段，然后引证了其他性经中的段落。

《素女经》:"黄帝曰:'今欲强交接,玉茎不起。面惭意羞,汗如珠子。心情贪欲,强助以手。何以强之,愿闻其道。'素女曰:'帝之所问,众人所有。凡欲接女,固有经纪。必先和气,玉茎乃起。'"

接着是对性交前嬉戏的解释,类似于《洞玄子》的第三段。

《玉房指要》云:"道人刘京言:'凡御女之道,务欲先徐徐嬉戏,使神和意感。良久乃可交接。弱而内之,坚强急退,进退之间,欲令疏迟。亦勿高自投掷,颠倒五藏,伤绝络脉,致生百病也。但接而勿施,能一日一夕数十交而不失精者,诸病甚愈,年寿自益。'"

《玄女经》云:"黄帝曰:'交接之时,女或不悦,其质不动,其液不出。玉茎不强,小而不势。何以尔也?'玄女曰:'阴阳者,相感而应耳。故阳不得阴则不喜,阴不得阳则不起。男欲接而女不乐,女欲接而男不欲,二心不和,精气不感。'"

五、临御

本节大部分内容是《洞玄子》的第六、七和八段。

六、五常

是对男性阳物的简要赞颂,引自《玉房秘诀》。

七、五征

这一节与第八和九节所描绘的都是妇女在性交时的感受。全文如下。

《玉房秘诀》云：黄帝曰："何以知女之快也？"素女曰："有五征五欲，又有十动，以观其变，而知其故。夫五征之候：一曰面赤，则徐徐合之；二曰乳坚鼻汗，则徐徐纳之；三曰嗌干咽唾，则徐徐摇之；四曰阴滑，则徐徐深之；五曰尻传液，徐徐引之。"

八、五欲

素女曰："五欲者，以知其应。一曰意欲得之，则屏息屏气；二曰阴欲得之，则鼻口两张；三曰精欲烦者，振掉而抱男；四曰心欲满者，则汗流湿衣裳；五曰其快欲之，甚者身直目眠。"

九、十动

素女曰："十动之效，一曰两手抱人者，欲体相薄，阴相当也；二曰伸其两肶者，切磨其上方也；三曰张腹者，欲其浅也；四曰尻动者，快善也；五曰举两脚拘人者，欲其深也；六曰交其两股者，内痒淫淫也；七曰侧摇者，欲深切左右也；八曰举身迫人，淫乐甚也；九曰身布纵者，支体快也，十曰阴液滑者，精已泄也。见其效，以知女之快也。"

十、四至

《玄女经》云：黄帝曰："意贪交接而茎不起，可以强用不？"玄女曰："不可矣。夫欲交接之道，男经四至，乃可致女九气。"黄帝曰:"何谓四至?"玄女曰:"玉茎不怒,和气不至;怒而不大,肌气不至;大而不坚,骨气不至;坚而不热,神气不至。故怒者精之明,大者精之关,坚者精之户,热者精之门。四气至而节之以道,开机不妄,开精不泄也。"

十一、九气

《玄女经》云:黄帝曰:"善哉!女之九气,何以知之?"玄女曰:"伺其九气以知之。女人大息而咽唾者,肺气来至;鸣而吮人者,心气来至;抱而持人者,脾气来至;阴门滑泽者,肾气来至;殷勤咋人者,骨气来至;足拘人者,筋气来至;抚弄玉茎者,血气来至;持弄男乳者,肉气来至。"(原文缺一气——作者)

十二、九法

《玄女经》云:玄女曰:"九法。第一曰龙翻。令女正偃卧向上,男伏其上,股隐于床,女举其阴以受玉茎,刺其谷实,又攻其上。疏缓动摇,八浅二深,死往生返,势壮且强。女则烦恍,其乐如倡,致自闭固,百病消亡。

"第二曰虎步。令女俯伏,尻仰首伏。男跪其后,抱其腹。乃内玉茎,刺其中极,务令深密,进退相薄,行五八之数,其度自得。女阴闭张,精液外溢。毕而休息,百病不发,男益盛。

"第三曰猿搏。令女偃卧,男担其股,膝还过胸,尻背俱举。乃内玉茎,刺其臭鼠。女烦动摇,精液如雨。男深案之,极壮且怒,女快乃止,百病自愈。

"第四曰蝉附。令女伏卧，直伸其躯。男伏其后，深内玉茎。小举其尻，以扣其赤珠。行六九之数，女烦精流，阴里动急，外为开舒。女快乃止，七伤自除。

"第五曰龟腾。令女正卧，屈其两膝。男乃推之，其足至乳，深内玉茎，刺婴女。深浅以度，令中其实。女则感悦，躯自摇举，精液流溢。乃深极内，女快乃止。行之勿失，精力百倍。

"第六曰凤翔。令女正卧，自举其脚。男跪其股间，两手据席。深内玉茎，刺其昆石。坚热内牵，令女动作，行三八之数。尻急相薄，女阴开舒，自吐精液，女快乃止，百病消。

"第七曰兔吮毫。男正反卧，直伸脚。女跨其上，膝在外边。女背头向足，据席俛头。乃内玉茎，刺其琴弦。女快，精液流出如泉，欣喜和乐，动其神形。女快乃止，百病不生。

"第八曰鱼接鳞。男正偃卧，女跨其上。两股向前，安徐内之。微入便止，才授勿深。如儿含乳，使女独摇。务令迟久，女快男退，治诸结聚。

"第九曰鹤交颈。男正箕坐，女跨其股，手抱男颈。内玉茎，刺麦齿，务中其实。男抱女尻，助其摇举。女自感快，精液流溢。女快乃止，七伤自愈。"

十三、卅法
与《洞玄子》第九段相同。

十四、九状
即《洞玄子》第十段。

十五、六势

即《洞玄子》第十一段。

十六、八益

《玉房秘诀》云：素女曰："阴阳有七损八益。

"一益曰固精。令女侧卧张股，男侧卧其中。行二九数，数卒止。令男固精，又治女子漏血。日再行，十五日愈。

"二益曰安气。令女正卧高枕，伸张两肭，男跪其股间刺之。行三九数，数毕止。令人气和，又治女门寒。日三行，二十日愈。

"三益曰利藏。令女人侧卧，屈其两股，男横卧，却刺之。行四九数，数毕止。令人气和，又治女门寒。日四行，廿日愈。

"四益曰强骨。令女侧卧，屈左膝，伸其右肭，男伏刺之。行五九数，数毕止。令人关节调和，又治女闭血。日五行，十日愈。

"五益曰调脉。令女侧卧，屈其右膝，伸其左肭，男据地刺之。行六九数，数毕止。令人脉通利，又治女门辟。日六行，廿日愈。

"六益曰畜血。男正偃卧，令女戴尻，跪其上，极内之。令女行七九数，数毕止。令人力强，又治女子月经不利。日七行，十日愈。

"七益曰益液。令女人正伏举后，男上往。行八九数，数毕止。令人骨填。

"八益曰道体。令女正卧，屈其肭，足迫尻下，男以肭胁刺之。以行九九数，数毕止。令人骨实，又治女阴臭。日九行，九日愈。"

应该指出，这里的数都是九的倍数，或两倍，或三倍，直至九倍。此外，阳具插入次数与该方法每日的进行次数也有关系，如每日两次，即十八，每次便插入九的两倍，即十八次；每日三次，即二十七，每次便插入九的三倍，即二十七次等。

十七、七损

总的来说，这一节和上一节内容相同。我只举第六段作为例子。

《玉房秘诀》云："六损谓百闭。百闭者，淫佚于女，自用不节，数交失度，竭其精气，用力强泻，精尽不出。百病并生，消渴目冥冥。治之法，令男正卧，女跨其上，前伏据席。令女内玉茎自摇，精出止，男勿快。日九行，十日愈。"

十八、还精

《玉房秘诀》云：采女问曰："交接以泻精为乐，今闭而不泻，将何以为乐乎？"彭祖答曰："夫精出则身体怠倦，耳苦嘈嘈，目苦欲眠，喉咽干枯，骨节解堕。虽复暂快，终于不乐也。若乃动不泻，气力有余，身体能便，耳目聪明，虽自抑静，意爱更重，恒若不足。何以不乐耶？"

又云：黄帝曰："愿闻动而不施，其效何如？"素女曰："一动不泻，则气力强；再动不泻，耳目聪明；三动不泻，众病消亡；四动不泻，五神咸安；五动不泻，血脉充长；六动不泻，腰背坚强；七动不泻，尻股益力；八动不泻，身体生光；九动不泻，寿命未央；十动不泻，通于神明。"

《玉房指要》云：能一日数十交而不失精者，诸病皆愈，年寿日益，又数数易女，则益多，一夕易十人以上，尤佳。

又云：《仙经》云："还精补脑之道，交接精大动欲出者，急以左手中央两指却抑阴囊后大孔前，壮事抑之，长吐气，并啄齿数十过，勿闭气也。便施其精，精亦不得出，但从玉茎复还上，入脑中也。此法仙人以相授，皆饮血为盟，不得妄传，身受其殃。"

这一节以《千金方》中关于膏火的比喻结束，其原文见本书第七章。

十九、施泻

《玉房秘诀》云：黄帝问素女曰："道要不欲失精，宜爱液者也。即欲求子，何可得泻？"素女曰："人有强弱，年有老壮。各随其气力，不欲强快，强快即有所损。故男年十五，盛者可一日再施，瘦者可一日一施。年二十，盛者日再施，羸者可一日一施。年三十，盛者可一日一施，劣者二日一施。四十，盛者三日一施，虚者四日一施。五十，盛者可五日一施，虚者可十日一施。六十，盛者十日一施，虚者二十日一施。七十，盛者可三十日一施，虚者不泻。"

《养生要集》云：道人刘京云："春天三月一施精，夏及秋当一月再施精，冬当闭精勿施。夫天道，冬藏其阳，人能法之，故得长生。冬一施，当春百。"

本节还引证了《千金方》中的一段，见本书第七章，以及《洞玄子》的第十二段。

二十、治伤

《玉房秘诀》："冲和子曰：'夫极情逞欲，必有损伤之病，斯乃交验之著明者也。既以斯病，亦以斯愈。解酲以酒，足为喻也。'"

接着介绍了几种具体的性交方式，以治愈由于在身体不适时性交而引起的疾病。例如：

巫子都曰："令人目明之道，临动欲施时，仰头闭气，大呼，嗔目左右视，缩腹还精气，令入百脉中也。"

《玉房秘诀》："夫阴阳之道，精液为珍。即能爱之，性命可保。凡施泻之后，当取女气以自补。复建九者，内息九也。厌一者，以左手煞阴下，还精复液也。取气者，九浅一深也。以口当敌口气呼，以口吸，微引二无咽之，致气以意下也。至腹所以助阴为阴力。如此三反，复浅之，九浅一深，九九八十一，阳数满矣。"

二十一、求子

本节引证了《千金方》里的几个段落，我们将在第七章中加以考察，这里我选了引自《产经》的一段。

第六章 隋 朝　　141

《产经》云：黄帝曰："人之始生，本在于胎合阴阳也。夫合阴阳之时，必避九殃。九殃者，日中之子，生则呕逆，一也。夜半之子，天地闭塞，不喑则聋，二也。日蚀之子，体戚毁伤，三也。雷电之子，天怒兴威，必易服狂，四也。月蚀之子，与母俱凶，五也。虹蜺之子，若作不祥，六也。冬夏日至之子，生害父母，七也。弦望之子，必为乱兵风盲，八也。醉饱之子，必为病癫疽痔有疮，九也。"

后面两段详细途述了父母的身体状况对胎儿发育的影响，接着是关于使妇女怀孕的性交方式的引证。

《玉房秘诀》：素女曰："求子法自有常体。清心远虑，安定其衿袍，垂虚斋戒。以妇人月经后三日，夜半之后，鸡鸣之前，嬉戏令女盛动，乃往从之，适其道理，同其快乐。却身施泻，勿过远至麦齿，远则过子门，不入子户。若依道术，有子贤良而老寿也。"

又云：彭祖曰："求子之法，当蓄养精气，勿数施舍。以妇人月事断绝洁净三五日而交有子，则男聪明才智，老寿高贵，生女清贤配贵人。"

本节以《洞玄子》的第十三和第十四段结束。

二十二、好女

《玉房秘诀》："欲御女，须取少年未生乳，多肌肉，丝发小眼，眼精白黑分明者。面体濡滑，言语音声和调而下者。其四肢百节之骨皆欲令没，肉多而骨不大者，其阴及腋下不欲令有毛，有毛当令细滑也。"

《大清经》云：黄帝曰："入相女人云，何谓其事？"素女曰："入相女人，天性婉顺，气声濡行。丝发黑，弱肌细骨。不长不短，不大不小。凿孔欲高，阴上无毛，多精液者。年五五以上，三十以还。未在产者。交接之时，精液流漾，身体动摇，不能自定，汗流四遗，随人举止，男子者虽不行法，得此人由不为损。"

二十三、恶女

《玉房秘诀》：若恶女之相，蓬头醋面，槌项结喉，麦齿雄声，大口高鼻，目精浑浊，口及颔有高毛似鬓发者。骨节高大，黄发少肉，阴毛大而且强，又多逆生。与之交会，皆贼损人。

又云：女子肌肤粗不御，身体癯瘦不御，常从高就下不御，男声气高不御，股胫生毛不御，嫉妒不御，阴冷不御，不快善不御，食过饱不御，年过四十不御，心腹不调不御，逆毛不御，身体常冷不御，骨强坚不御，卷发结喉不御，腋偏臭不御，生淫水不御。

《大清经》云："相女之法，当详察其阴及腋下毛，当令顺而濡泽，而反上逆，臂胫有毛，粗不滑泽者，此皆伤男，虽一合而当百也。"

又云："女子阴男形，随月死生，阴雄之类，害男尤剧。赤发䰲面，癯瘦固病无气，如此之人，无益于男也。"

二十四、禁忌

《玉房秘诀》云：冲和子曰："《易》云：天垂象，见吉凶，圣人象之。《礼》云：雷将发声，生子不成，必有凶灾。斯圣人作诫，不可不深慎者也。若夫天变见于上，地灾作于下，人居其间，安得不畏而敬之？阴阳之合，尤是敬畏之大忌者也。"

图五 母亲和她的两个孩子（选自19世纪艺术家吴友如创作的《吴友如画宝》）

彭祖云："消息之情，不可不去，又当避大寒大热，大风大雨，日月蚀，地动雷电，此天忌也。醉饱喜怒，忧悲恐惧，此人忌也。山川神祇，社稷井灶之处，此地忌也。既避三忌，犯此忌者，既致疾病，子必短寿。"

彭祖云："奸淫所以使人不寿者，未必鬼神所为也。或以粉内阴中，或以象牙为男茎而用之。皆贼年命，早老速死。"

还有一些关于其他禁忌的引证，其中有不能与月经期间的、大病以后的、正要小便的妇女性交，等等。下文就是这段有趣的引证：

素女论曰："五月十六日，天地牝牡日。不可行房，犯之，不出三年必死。何以知之？但取新布一尺，此夕悬东墙上。至明日视之，必有血。切忌之。"

二十五、断鬼交

《玉房秘诀》云：采女云："何以有鬼交之病？"彭祖曰："由于阴阳不交，情欲深重。即鬼魅假像，与之交通。与之交通之道，其有胜自于人，久交则迷惑。讳而隐之，不肯告人，自以为佳，故至独死而莫之知也。若得此病，治之法，但令女与男交，而男勿泻精，昼夜勿息，困者不过七日必愈。若身体疲劳，不能独御者，但深按勿动，亦善也。不治之，煞人不过数年也。欲验其事实，以春秋之际，入于深山大泽间，无所云为，但远望极思，唯含交会阴阳。三日三夜后，则身体翕然寒热，心烦目眩。男见女子，女见男子。但行交接之事，美胜于人。然必病人而难治。"

第六章 隋朝 145

二十六、用药石

这一节有许多药方,用来治疗性无能或与性交有关的其他疾病。其成分与《洞玄子》篇末的药方雷同,因此我现在只介绍特别有趣的一段。

这段有趣的引证出自一部名为《录验方》的古代医书。这部著作逐字引述了一份供词,即一位贵妇在杀死一个奴仆之后的忏悔。这份资料被编入医著,是由于它介绍了一个使人返老还童的壮阳药方。这份资料的价值如何难以断定,这位贵妇说出药方或许是为了引起朝廷的兴趣,从而对她的案子法外开恩。

益多散。女子臣妾再拜上书皇帝陛下,臣妾顿首顿首,死罪死罪。愚闻上善不忘君,妾夫华浮年八十,房内衰,从所知得方。

方用:

生地黄洗,薄切一升,以清酒渍,令浃浃。乃干捣为屑十分。

桂心一尺,准二分。

甘草五分,炙。

术二分。

干漆五分。

凡五物,捣末下筛冶合后食,以酒服方寸匕,日三。华浮合此药,未及服之,没故。浮有奴,字益多,年七十五,病腰屈发白,横行伛偻。妾怜之,以药与益多。服廿日,腰伸,白发更黑,颜色滑泽,状若卅时。妾有婢,字番息、谨善二人,益多以为妻，生男女四人。益多出饮酒，醉归，趣取谨善，谨善在妾傍卧。益多追得谨善，与交通。妾觉，偷闻多气力壮，动又微异于他男子。妾年五十，房内更开，而懈息不识人，不能自绝断女情，为生二人。益多与妾、番息等三人，合阴阳无极。时妾识耻与奴通，即杀益多。折胫视，中有黄髓更充满，是以知此方有验。陛下御用，膏髓随而满，君宜良方。臣妾死罪，稽首再拜以闻。

本节最后有一些使男人降低性能力的药方，专门用于使正常的男子变成太监。这些药方中最重要的成分是麋脂，它对男性的性能力影响极大，所以男人要尽量避开它。

二十七、玉茎小
见《洞玄子》第十六段，也有几个引自其他文献的药方。

二十八、玉门大
同上节。

二十九、少女痛
有三个药方治处女性交后流血不止，另有两个药方可使处女在性交时和性交后止痛。

三十、长妇伤
本节药方治妇女性交时阴道疼痛，以及头痛和阴道出血。

第六章 隋朝　147

总体来看，上述著作使我们了解了公元初7个世纪的中国古代性经和文献的基本情况。上述文献中有一些也许是在8世纪编撰的（正如日本的丹波康赖在982年所记载的那样，那才是最终的年限），不过其内容还看不出有被篡改的迹象。第二十四节中引证的医著《千金方》属于唐代，我们在下一章中再做详细考察。

这些文献证实了我在第三章末尾的论点：性经首先是正常的夫妇关系的指南。"正常"是指中国古代的社会体制而言，当我们考虑上述文献中叙述的夫妇关系时，不要忘了一夫多妻制家庭这一背景。在这个体系里，"平民"（中产阶级）的一家之主有三四个妻妾；"上层平民"的一家之主则有六至十二个，而"贵族"成员、将军和王公都在三十个以上。正因为如此，性经才不断地建议男人在同一夜里和数目不等的妇女性交：这在一夫一妻制的社会里，是怂恿人去放纵荒淫，而在中国则仅限于丈夫和妻妾的性关系。如果说必须像性经极力嘱咐的那样经常更换性伴的话，也不仅仅是出于健康方面的考虑，而是由于性关系的平衡在一夫多妻制的家庭里具有十分重要的意义。因为丈夫的偏爱会在后房内引起激烈的争吵，并彻底葬送家庭的和谐。所以古代的性经符合现实的需要。归根结底，它们对于意义重大的问题——男人及其妻妾的幸福和健康——提出了有益的建议。

性经特别强调一点：男人应该理解妻妾的性要求和性行为。一家之主要从中学会区分男女在性高潮前后的不同感受。而要教会他这种基本的区别，只要用火和水来做简单类比就够了。接着性经又把这种类比用于性交前的调情，并且指点使妇人逐渐适应任何性交的方式。这些文献不倦地提醒男人不要强制自己：他和妻或妾都不应该在感情尚未完全融合时便进行性交。

重要的是，妇女要在每次性交中达到高潮，读者会注意到性经始终强调这一点。同样能说明问题的是，性经细致入微地描述了男人可以感觉到的、妇女在性交时的快感迹象。当然，正如上文说过的那样，它们都认为妇女在达到高潮时阴道的津液可以被阴茎吸收，因而有益于男的健康。另外，同样确定的是，这些规则的制定者们都认为妇女有满足性欲的权利。

我奉行的一个原则，是不用现代的医学去检验中国古代的理论，而让有经验的读者自己去判断。然而我要冒昧地指出，《医心方》中关于"五候"的描述，与金赛[3]的阐述是完全一致的。这种引人注目的一致性，证明了中国古代的性学家们具有敏锐的洞察力。

难道有必要加以说明吗？性交的疗效差不多是想象出来的。这些信念与其说是以生理学的现象为基础，不如说是以巫术观念为基础。然而现代医学并未抛弃这个总的原则，即和谐的、相互满足的性关系对于男女的幸福和健康至关重要。我们同样看到，人在性方面遭到挫折或放纵过度而造成的各种疾病，可以通过调节之后的正常的性生活来治愈：这个原则似乎包含着真理的萌芽，尤其在用于医治精神错乱的疾病时更是如此。

和在中国古代医学著作里一样，性经从头至尾都注重宇宙的元素。关于优生学的段落，以及经常向男人提出的随季节变化调节性生活的建议都值得注意。还有适于性交的时间，以及在不同季节里性交时的方向，等等，都是以人的生理功能与大自然的运行密切相关这一观念为基础的。

《医心方》引文的第二十五节特别令人注意，因为梦魇在西方民间

第六章　隋　朝

传说里经常出现，而且十分类似。顺便指出，这些古代文献没有影射变成人并成为梦魇的狐狸。众所周知，后来这种信仰在中国极为普遍，在中国许多小说里都有叙述。我们将在第七章末尾再讨论这个问题。

关于药剂的段落，值得古代中医研究者深入研究。中国和日本的中药店，总是存有上述的大部分药材，因此可以拿来进行分析。据我所知，这些古代的汤药和药丸毫无危险。看来人们选择中药的成分，或者是由于它们通常的镇痛性能，例如含有丰富的蛋白质；或者干脆是由于它们启示性的形状，例如肉苁蓉很像男子勃起的阴茎，鹿角也属于这一范畴。相反，某些明代书籍提到了危险的春药，例如它们含有斑蝥，会引起尿道的慢性感染。

最后，我要再次指出书中没有提到反常的性行为。在这些最初的著作里，我们甚至看不到近乎反常的行为，如女人口淫阴茎、男子口淫女阴、对妇女的鸡奸等，而这在后来的中国文献里是屡见不鲜的。

在《医心方》所收集的引文里，有几个不涉及夫妇性关系的段落。显然它们是引自一本道教的性炼丹术书籍，这种书把性行为主要看成一种成为神仙的手段。

这些文献把性交说成是"战"，这是一种在西方文献中也极为普遍的观念，但这里具有典型中国色彩的是，"胜利"属于能在性交过程中截获对方的元气来增强自身生命力的人。

普通的中国文献里常有这种"战"的写照。它借自与著名军事家孙子（公元前6世纪）有关的一则轶事，载于司马迁的《史记》第六十五卷。吴王命孙子以宫中美女一百八十人演习兵法。孙子将她们分为两队，以吴王宠姬二人为队长。演习开始，妇人皆笑，不听号令。孙子遂不听吴王之命而将两个队长就地斩首。这个教训使吴王懂得了军队要有铁的纪律,为了表示感谢,他封孙子为将。由此产生了具有性含义的风趣说法,如花阵、吴营。这些说法不过是玩笑而已,绝非意味着性交双方相互加害或敌视。相反,某些道教文献里倒有敌视异性的因素,当然这与道教通常关心妇女的态度并不相符。

道教对异性的歧视,最早出现于《医心方》引文的第一节里。

素女曰:"御敌家当视敌如瓦石,自视如金玉。若其精动,当疾去其乡。御女当如朽索御奔马,如临深坑,下有刃,恐堕其中。"

《玉房秘诀》中也引证了冲和子的两段话,他显然撰写过一部性炼丹术的著作。

《玉房秘诀》:冲和子曰:"养阳之家,不可令女人窃窥此术。非但阳无益,乃至损病。所谓利器假人,则攘袂莫拟也。"

彭祖曰:"夫男子欲得大益者,得不知道之女为善。"

冲和子曰:"非徒阳可养也,阴亦宜然。西王母是养阴得道之者也。一与男交,而男立损病。女颜色光泽,不着脂粉。常食乳酪,而弹五弦,所以和心系意,使无他欲。王母无夫,好与童男交。是以不可为世教,何必王母然哉?"

"与男交,当安心定意。有如男子之未成,须气至,乃小收情志,与之相应,皆勿振摇踊跃,使阴精先竭也。阴精先竭,其处空虚,以受风寒之疾。或闻男子与他人交接,嫉妒烦闷,阴气鼓动。坐起恛惶,精液独出。憔悴暴老,皆此也。将宜抑慎之。"

第六章 隋 朝

"若知养阴之道,使二气和合,则化为男子。若不为男子,转成津液,流入百脉,以阳养阴。百病消除,颜色悦泽。肌好,延年不老,常如少童。审得其道,常与男子交,可以绝谷五日,而不知饥也。"

在《医心方》引文的第二十三节里,有关于两性人的引证,与这里所说的女人化为男子也有关系。应该指出,蒙古人种妇女的阴蒂通常比其他种族的妇女要小。中国人也认为阴蒂过大丑陋至极,对这种生理特征心存疑虑。《医心方》的引文说古代的中国人有这种信仰:有些妇女的阴蒂会随着新月变成满月而增大,直到相当于阴茎,这时她如果不和另一个女人性交便会死去。在和另一个女人私通之后,她的阴蒂又会随着满月变成新月而恢复正常,这时如果不和一个男人性交便又会死去。因此有些人每个月都要性交,半月为女,半月为男,而这些人的本性想必是极为淫荡的。[4]

下面是政治家和医生褚澄(活动于约480年)对两性人现象的解释:

男女之合,二情交畅。阴血先至,阳精后冲。血开裹精,精入为骨,而男形成矣。阳精先入,阴血后参,精开裹血,血入为本,而女形成矣。阳气聚面,故男子面重,溺死者必伏;阳气聚背,故女子背重,溺死者必仰。走兽溺死者,伏仰皆然。阴阳均至,非男非女之身,精血散分,骈胎品胎之兆。[1]

---

[1] 见褚澄的《褚氏遗书》(载《说郛》)第一段。《南齐书》第二十三卷说他曾为太守,后为尚书,娶皇帝之女。他的医著包含着某些值得仔细研究的医学理论。(本节引自《说郛》第七十四卷,涵芬楼藏版,据明抄本。)

明代作家徐应秋有另一种理论。他在《玉芝堂谈荟》的第二卷中，列举了历史上的一些两性人的例子。他认为两性人的父亲往往同时爱好男风和女色，并说在男子同性恋极为盛行的咸宁（275—280年）和太康（280—289年）时代，出生的两性人为数最多。

正如上文已指出的那样，中国人对这些倒霉者最为怀疑，把他们看成是会犯滔天罪行的妖。作家张景在明代曾写了一部以收集犯罪案例著称的《疑狱集》的续集，在第八卷里举了这样一个例子：说宋朝咸淳（1265—1274年）年间，有一家接待了一个尼姑，让她教家里的妇女们刺绣。有一天一个女儿被发现怀孕了，她对父母说尼姑其实是个男子，曾对姑娘承认"妾有二形，逢阳则女，逢阴则男"。其父将尼姑告至公堂，指控他诱奸女儿，尼姑矢口否认，县令命人检验，证实其确是一个女身。衙中一个老妇叫人在尼姑的生殖器上涂上肉汤，让狗去舔。尼姑的阴蒂勃然而起，状如男阳。此人只得招认诱奸过许多少女，因而被斩首。

既然《医心方》的引文差不多涉及了中国性关系的各个方面，我们就可以暂时脱离历史叙事，来简要地回顾一下性变态的行为，以便性学家了解这一问题的全貌。一般来说，古代的中国人很少有反常的、病态的现象，因而与许多别的古代文明相比，中国的这类问题似乎不会引起非性学专家的强烈反感。

男人当中极少有性虐狂，清代以前的文献只举了几个独特的例子。我要提到的是由宋代文人魏泰（活动于约1080年）编撰的诗歌评论集《临汉诗话》中叙述的一件事情。吕士隆知宣州时，喜欢为区区小事而鞭笞官妓。不过，文中说这个知州爱上一位杭州妓女之后，便应她的请求而放弃了这一恶习。[1] 这个故事使著名诗人梅尧臣（1002—1060年）受到启发而写了下面这首讽刺诗——这也是魏泰要加以叙述的原因：

> 莫打鸭，
> 打鸭惊鸳鸯。
> 鸳鸯新自南洲落，
> 不比孤洲老秃鹙。
> 秃鹙尚有独飞去，
> 何况鸳鸯羽翼长。[2]

鸳鸯总是双双游水，所以中国人把它们作为夫妇忠贞的传统象征。诗人提醒吕士隆（老秃鹙）最好不要去吓唬妓女（鸳鸯），因为他远非男性美的典范，而她则完全可以另找靠山。

鞭笞妓女或许不属于性虐狂，只不过是过分严厉而已。在我看来，性虐狂这个词不应用于通常从残忍行为中可能获得的乐趣，而只能指从别人的痛苦中得到的性快感。中国历史上残忍行为的例子不计其数，但是用残忍行为来满足其性欲的罪人却为数很少。不要忘记在东方，人们对残忍的衡量标准和我们是不一样的，小小的过失便常会招致严厉的体罚，无论在公堂、军队或家庭里，都是如此。

---

1 见《龙威秘书》第8册《临汉诗话》，第21页。
2 《全宋词》，唐圭璋编，中华书局，1965年，第119页。

古代的性经从未谈到在性交时让女人吃苦头的男人，色情的和诲淫的文献也极少提到。明代末年的色情小说《金瓶梅》里有一个例子，说一个男子为了满足自己的淫乐，在占有女人之前先在她身上放三处香：一处在两乳间，一处在小肚上，一处在阴阜上，然后一起点燃。然而从小说的叙述来看，女人是自愿承受痛苦的，因为她也从中获得了更强烈的快感。[1]不过一般来说，男人虐待妇女的故事极为罕见，即使是使她们略感痛苦的事也很少有，例如轻咬脖子和肩膀，这在《赵后遗事》的引文里有一个例子。在这方面，中国人的性习惯要比古代印度之类的性习惯要好得多。梵文的性经极为详尽地描绘了男人对女人的殴打、抓挠和啃咬。[5]

相反，常有的倒是一些妇女对另一些妇女的性虐狂行为，大都是出于嫉妒或为了报复。清初的小说《隔帘花影》[6]中的一段便是例证（第三十二回）。一个姓宋的妇人发现其夫在外边偷养着一个姘妇，便带着女仆去把她拖到家里，剥光衣服，在众目睽睽之下亲手用马鞭打得她遍体流血，然后剪掉她的头发。小说告诉我们宋妇有男性的风度，喜欢穿武装外出，也懂兵法。因此宋妇在鞭打时除了进行报复之外，还得到了性的满足，补偿了她自己不像女性的缺陷。我认为这确实是性虐狂的一个例子。在《金瓶梅》里有两个类似的例子，即妇女为了补偿性欲的失意而野蛮对待另一个女子，这两个例子就是潘金莲鞭打迎春和她的丫头秋菊。[2]

不过像这样明显的情况还是极少的。男人打妇女或妇女打别的

---

1 《金瓶梅词话》，兰陵笑笑生撰，香港太平书局，1982年，第1673、2366页。
2 同上书，第1582页。

女人，大部分都应该用当时严酷的法律和习俗，而不是用性变态来解释。在清代以前的文献里，实际上并不存在受虐狂，即需要受到虐待或屈辱，尤其是异性肢体的打击才能获得性满足的人。在某些谈论丈夫惧内的故事里，我们可以辨别出很不明显的受虐狂倾向。例如在宋代作家朱彧（活动于约1100年）的《萍洲可谈》中，就叙述了著名文官沈括（1030—1094年）的异常情况。沈娶了一个姓张的女子，她养成了打他的习惯，拔他的胡子，弄得他脸上血迹斑斑。她还虐待公婆，但他从未提出抗议。当她死去时，他还伤心得要投河自尽。在清代赞扬丈夫式的、男性化的妇女的小说里，我记录了受虐狂的其他迹象。我要举出小说《儿女英雄全传》，它并不掩饰对女主人公的行为举止的兴趣：她打扮成少年，装出专横的神气，用剑把男人击倒在地。更有甚者，她还和男人一样站着解手。

上文已经谈到过男子同性恋，需要补充的只是清代文人赵翼（1727—1814年）在他的《陔余丛考》第四十二卷里对同性恋的注释。他说在北宋（960—1127年）时有些男人靠做男妓为生，而在政和年间（1111—1117年）朝廷曾颁布一项法令来惩罚他们：打竹板一百和处以巨额罚款。南宋（1127—1279年）时这类男妓仍在活动，他们上街时像女人一样穿着打扮，而且还组织了行会，赵翼认为这是男子同性恋的极盛之时。这种现象在其他时期都比较正常，并未超出人们对一个高度文明的、极为复杂的社会的预期。

相反，像上文所指出的那样，女子同性恋非常普遍，而且得到完全的容忍。可以毫不夸张地说，人们把它视为一种习俗，允许其在闺阁里蔓延，甚至在它表现出忠于爱情的牺牲精神时还对它加以颂扬。明末著名作家李渔（1611—1680年）就此写了一个剧本《怜香伴》，在下文第296页有这方面的详细描写。除了用通常的方法来相互满足，例如互相摩擦性器官、触摸阴蒂、相互口淫阴部之外，一对女友还可以使用一个双头假阳：即木制的或象牙制的、刻有棱纹的阴茎，中间有两条绸带。一个妇女将它导入阴道，并用这两根带子拴在腰部使之固定，以便像男人那样行事，用假阳的突出部分满足另一个女子，自己则由于阴道里假阳的摩擦而获得快感。[7]

《医心方》引文的第二十四节提到了妇女们为了自我满足而使用的假阳，并建议她们不要滥用。明代作家陶宗仪（活动于近1360年）在他的《辍耕录》第十卷中，描绘了一种被人用来做春药和假阳的植物，他写道：

> 鞑靼地野马或与蛟龙交，遗精入地。久之，发起如笋，上丰下俭，鳞甲栉比，筋脉连络，其形绝类男阴，名曰锁阳，即肉苁蓉之类。或谓里妇之淫者就合之，一得阴气，勃然怒长。土人掘取，洗涤去皮，薄切晒干，以充药货，功力百倍于苁蓉也。[1]

在明代诲淫小说《株林野史》里看来也有同类的植物。书里描写了一种使用前应在热水中浸泡的假阳，那样它就会膨胀，并像阴茎一样坚硬。《株林野史》把这些工具称之为广东膀。

在同一时代，小说《金瓶梅》提到了妇女手淫用的另一种用具，名为勉铃（"勉"也可写作"缅甸"的"缅"）。据说它"来自藩兵"。这是一个空心的小银球，在性交前置于阴道内。[2] 清代文人

---

1 《南村辍耕录》，陶宗仪著，中华书局，1959年，第127—128页。
2 《金瓶梅词话》，第997—998页。

第六章 隋 朝　157

赵翼在他的《檐曝杂记》里对勉铃做了这样的描写：

> 又缅地有淫鸟，其精可助房中术。有得其淋于石者，以铜裹之如铃，谓之缅铃。余归田后，有人以一铃来售，大如龙眼，四周无缝，不知其真伪。而握入手，稍得暖气则铃自动，切切如有声，置于几案则止，亦一奇也。余无所用，乃还之。[1]

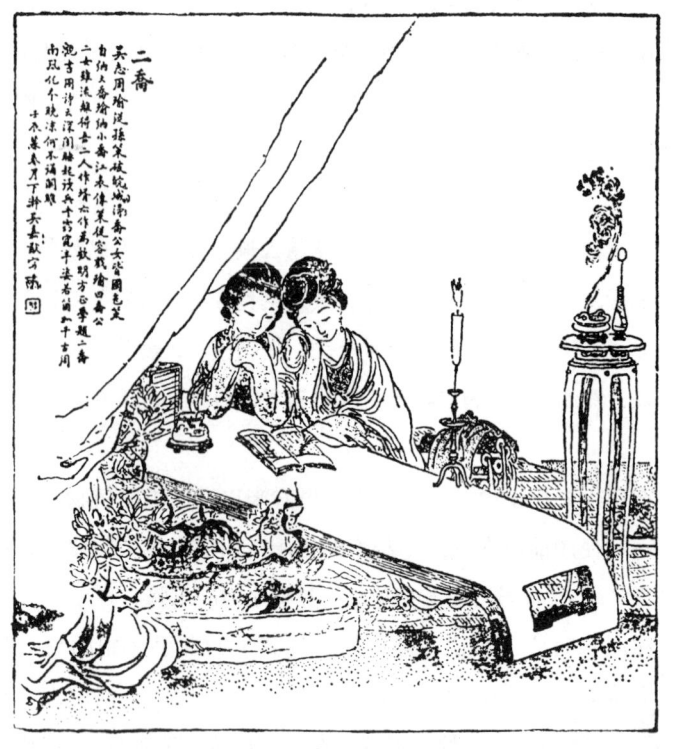

图六　两个看书的少妇（出处同图五）

1　《檐曝杂记》，古本，卷三，第 11 页。

明代文人谈迁说男人自己也用这种东西。在他的《枣林杂俎》里，他对勉铃一词做了这样的解释：

  缅铃，相传鹏精也。鹏性淫毒，一出，诸牝悉避去。遇蛮妇，辄啄而求合。土人束草人，绛衣簪花其上，鹏翾之不置，精溢其上。采之，裹以重金，大仅为豆，嵌之于势，以御妇人，得气愈劲。然夷不外售，夷取之始得。滇人伪者以作蒺藜形，裹而摇之亦跃，但彼不摇自鸣耳。[1]

这些叙述表明勉铃是日本的"琳之玉"[2]的原型，日本人把琳之玉归于妇女为自我满足而采用的人为手段之列。西方文献常常描绘琳之玉，欧洲人在18世纪也用这种东西。这是一些用银箔制成的小球，它们成对使用，一个装一滴水银，另一个装一块金属簧片，受到震动时会发出声音。两个球都放入阴道，并用薄纸制成的一个塞子系住。当妇女摇晃大腿或摆动身体时，它们的移动和声音会使人产生快感。中国勉铃的制造和使用方式和琳之玉一样，所谓鹏鸟精液的故事当然只是毫无根据的美化。对于发声的小球，中国人似乎也有一个专门的名称。在小说《金瓶梅》第八十三卷里，有一系列增加性功能的物品，除了勉铃之外还有一种颤声娇，看来似乎只能是一个发声的小球。[3]

读者会注意到中国人的这一虚构，即增强性功能的物品都来自

---

1 《枣林杂俎》，宣统辛亥年上海国学扶论社印行，中集，第47页。
2 原文为 rin-no-tama，即"发声的球"。
3 颤声娇是一种春药，不是小球。

第六章 隋朝 159

域外——"鞑靼地""藩兵""缅铃"、"广东膀"（用这个词的是一位原籍江苏的作家，对他来说广东并非中原）。这有点儿像我们用英语说避孕套叫"法国信"和用法语说避孕套叫"英国信"一样。

在清代以前的文献里极少提到兽奸，这是指主动与动物发生性关系，而不是第三章中所说的江都王建的宫女被迫与动物性交。唐代文人李隐的作品《潇湘录》，说有个杜修己娶了薛氏之女，她惯与一只大白犬性交，更有甚者还生下了丑恶的后代。[1]这似乎是唯一的例子，因为据我所知，以后文献里的这类例子都是根据它改编的。

在周朝和汉代皇宫里司空见惯的乱伦，很快就变得极为罕见了。刑法认为乱伦者丧失人性，必须以最残酷的方式处以死刑。

至于排泄物，只是在明代的色情小说里才有一些，而且都与性交有关。有些作者兴致勃勃地把精液和阴津描绘得淋漓尽致，不过这些段落大都在诲淫小说而不在色情小说里，例如在《金瓶梅》里就几乎没有。这部小说里谈到排泄物的只有两段，都是男人往女人嘴里撒尿的："西门庆要下床溺尿，妇人还不放，说道，我的亲亲，你有多少尿，溺在奴口里，替你咽了罢。省的冷呵呵的，热身子你又下去冻着。"后面一段是："老婆又替他吮咂。西门庆告她说，你五娘怎的替我咂半夜，怕我害冷，连尿也不教我下来溺，都替我咽了。老婆道，不打紧，等我也替爹吃了就是了。这西门庆真个把泡膈尿都溺在老婆口内。"[2]除了这两段之外，便没有其他关于排泄物的描写了。

---

1 参阅《潇湘录》，见《说郛》第33卷。
2 《金瓶梅词话》，第2070、2192页。

古代的中国人对于人的自然需要没有什么禁忌。卧房里公然摆放着男人用的夜壶（用瓷或铜制成）和妇女用的马桶，并可当着佣人的面使用。《史记》上载有一个人坐在便桶上和朋友谈话的故事，据说许多政治家和文人都有在如厕时大量读写的习惯。记载这类事情的人对他们的工作热情深表赞赏，显而易见对产生这种热情的地点不以为怪。

中国明代还有一种习俗，同样表明在这方面没有禁忌：主人去小解时有一个丫鬟陪伴，她带着一个盛满水的碗和一块毛巾，以便主人洗手。直到现代，这种习俗在日本老式的茶馆里还依然可见。这种习俗有时导致发生肉体关系，下面是中国文献里的两个例子。

宋代文人秦醇在他的《赵后遗事》（赵后，即汉成帝之妻，公元前32—前7年）里，引述了皇后对她和皇帝开始发生关系的回忆，当时她只是一个宫女。

> 遣妾侍帝竟承更衣之幸，下体常污御服。急欲为帝浣去，帝曰："留以为忆。"不数日备后宫，时帝齿痕犹在妾颈。今日思之，不觉感泣。[1]

第二个例子在中国历史上非常著名，它发生在继位的太子（后来的唐高宗，650—683年在位）和他父亲的妃子武则天之间。皇太子去照料他生病的父亲，当他去小解时，武则天跟随他去，并跪下捧着一个盛有热水的盆子让他洗手。他为了取乐而用水溅她的脸，

---

[1]《赵后遗事》，见《龙威秘书》，第8册。

并且吟了一句诗："清水洒粉面。"她顺水推舟应道："仰承雨露恩。"[1]这显然是愿和他性交的意思，因为"雨""露"都与性有关。太子是否允诺尚有争议，不过老皇帝死后他就把武则天收进后宫，后来她就成为宠妃。她可悲地成了著名的武后，这在下一章里还要详述。

如果说让一个妇女陪同去解手完全正常的话，人们却并不热衷于解手时身边围着一群美人。在《晋书》第九十八卷《王敦传》里，以奢侈铺张闻名的石崇让十来个盛装的美女专门在厕中伺候客人"易新衣"。石崇的大部分客人都对此颇有非议，但王敦却是个高傲粗暴的人，他当着她们的面脱换衣服，如果美女议论他，他就把她们从后门赶出去。[2]

道教的炼丹述著作中也不时有涉及粪便和尿的试验，然而无可置疑，它们只属于医学和药剂学。我只知道有一段记载与排泄物有关，即一个道教徒使用其粪便调剂药物。见明代文人李日华（1565—1635年）编撰的《六研斋笔记》第四卷第三节第二十五段。

明代文人杨仪（活动于近1540年）在他的《高坡异纂》里叙述的有趣故事，我不知道是否该列入与排泄物有关的文献之中。有一天，文人李茂元（1521年的进士）游览洛阳城外的著名温泉，唐代美人杨贵妃曾在这里入浴。李茂元注意到身边一块石头上的红斑，有人告诉他，传说这是杨贵妃的经血留下的痕迹。李观察这些红斑

---

[1] 此处是意译。据《隋唐演义》，太子吟的诗句是"乍忆巫山梦里魂，阳台路隔恨无门"，武则天应和的诗句是"未曾锦帐风云会，先沐金盆雨露恩"，见褚人获著《隋唐演义》，下册，中华书局，1963年，第544页。

[2] 《晋书》，第2566页。高罗佩对中文原著的理解有误，王敦是因有人劝他不要荒恣于色而赶走了自己的婢妾数十人。

时为之心动。他洗完浴后坐进轿子回客栈，忽然瞥见一只女人的手穿过轿帘伸进来，但随即又消失了。当天晚上，一个妇人出现在他客栈的房间里，自称是杨贵妃之魂，是因他注意石头上的红斑而招来的。这个幽灵从此以后便到处跟着他，李最后病倒死去了。[1] 这个故事的含义极为丰富，应该留给性学家们去进行深入的分析。以上是我在对中国文献的主要分支进行大量研究之后，能够阐明的有关性变态的资料。材料不多，这证明古代中国人的性生活总的来说是正常的和健康的，读者一定会同意我的看法。

---

1 见《高坡异纂》，明嘉清间刊本，上卷，第19页。

第七章 唐　朝

（618—907年）

唐朝的三个世纪是中国历史上最光辉的时代。无论在文化事业还是政治力量方面，这时的中国无疑是世界上最强大的帝国。

在唐朝建立之前的动乱岁月里，来自中亚、印度和其他地区各种的知识进入了中国，它们从此以后便被同化而融合为一致的中国文化。中国在汉代已有了确定的国家形式，而在唐代，它的文化则打上了国家的决定性的、不可磨灭的烙印。

唐朝京城长安（现在的西安）是一个繁荣的城市，是亚洲最大的政治和文化中心之一，是中国其他城镇仿效的榜样。长安的面积约87平方千米，城中是巨大的皇宫，有无数的围墙、住宅、塔、供人消遣的亭台和花园。皇宫周围是错综复杂的街道小巷，有一些著名的寺庙作为方向的标志。居民可以说是世界性的，什么人都有。印度来的佛教徒与景教僧侣和道教方士交替而过，撒马尔罕的批发商和苏州的丝绸商搭讪攀谈。帝国里一切有野心的人都从四面八方拥向京城：年轻文人三年一度来赶考进士，有力气的人荡来荡去寻求雇主，诗人画家等候富翁赏识，谋士幕僚要寻找靠山。这座城市要满足各种贪图享乐的人的需要。酒肆、妓院空前繁荣，人们的道德水平却日益低下。

在这个寻欢作乐的世界里起表率作用的乃是年轻的文人。他们学的是儒家经典，因为必须靠它来通过考试。至于把儒家教诲付诸实践，那就是另一回事了。当时有个习俗，凡是榜上有名的考生都要在皇宫东南方的妓院区，即"平康里"宴请一顿，人们也称这儿为北里。名落孙山的考生与其回到家乡小城去受父母的训斥，倒不如在此流连，相互同情。当时的文献向我们提供了一幅关于这个半上流社会的生动画面，西方对此也同样熟悉：永远考不中的学生，收费的传教士，食客，从乡下来的土财主，吹牛皮、拉皮条的人和捐客。

北里有各种各样的女子，有一字不识的土娼，也有善于歌舞、精于文词的上等妓女。她们大部分都买自贫穷的家庭，也有的是抢来的。有的人甘心情愿地从事这种刺眼的职业。她们一进来便进行登记，即入籍，然后按等级幽禁在不同的墙院里，接受严格的职业训练，假母（俗称鸨母）打起她们来从不手软。除非有客人邀去陪酒，或者在规定的日子里去附近著名的保唐寺进香，否则她们是不准擅自离开的。名妓进香时服饰艳丽，前呼后拥，有老妇和丫鬟陪伴。城里的纨绔子弟也蜂拥而至，以便一饱眼福和结识几个美人。

在这个讲究情趣的阶层里，除了容貌姣好之外，首要的是精通文艺。一个韵押得好便会声誉鹊起，一个字写错了便会断送前程。娼妓的目的只是让一个贵人为其赎身，成为他的妻或妾，因此无不按年轻文人的指点来刻苦努力。据说许多妓女都善于作诗，而且有不少诗篇流传至今。不过，通常这些所谓的女诗人只作过一两首诗，可能是她偶得妙句或突发奇想，她的仰慕者便自告奋勇地捉刀代笔。只有一些诗歌看来确是妓女所作，它们在艺术上并不惊人，但是却

第七章 唐朝

委婉而巧妙地反映了她们的欢乐和痛苦,以及令人眩目的一切。一位妓女在情人走后,寄去了一首诗和一束头发:

自从别后减容光,半是思郎半恨郎。
欲识旧来云髻样,为奴开取缕金箱。[1]

平康里的著名妓女赵鸾鸾留下了这首诗:

拢拢香云湿未干,鸦领蝉翼腻光寒。
侧边斜插黄金凤,妆罢夫君带笑看。[2]

前一类诗随处可见,例如妓女徐月英(图七)写过这一节诗句:

枕前泪共阶前雨,隔个窗儿滴到明。

只有两个妓女有内容比较丰富的诗作流传。第一个是鱼玄机,住在长安;第二个是薛涛,住在成都。实际上,唐代是诗歌的黄金时代,一些著名诗人写了难以计数的诗句来表现妇女的情感。不过这些诗句令人遗憾地千篇一律,总是以传统的语言来描绘同样的伤感之情,而且往往不切实际。鱼玄机和薛涛则是两位表现自身情感的富有才华的女诗人。唐朝以前的时代并未产生许多能作诗的妇女。即使就

---

[1] 《全唐诗》,中华书局,第 9024 页。
[2] 同上书,第 9032 页。

图七　唐代妓女徐月英，她穿的服装倒更像是南宋时期的（出处同图四）

我们所知的女诗人而言,也只能把一两首诗归在她们的名下,何况有不少学者还认为这些诗并非出自她们的手笔。相反,这两个妓女倒有五十来首诗篇传世,从文笔和内容来看很可能是真实的。这两位美人的生涯和作品表明了当时妇女的地位和性关系,因而值得稍加考察。

鱼玄机(约844—871年)生于京城长安一个贫穷的家庭。她容貌美丽、歌舞出色,而且渴望欢乐,所以很快就和一帮年轻文人混在一起,在他们的熏陶下,她也通晓文学,并能试着写诗,不久便名声远播,因而她只靠情人们的赠予就能维持生活,也就没有正式入籍为妓女。她很年轻时便成了一个青年文人李亿的妾,他考完后带她回到家乡。他的妻子对她不怀好意,因此家里总是不断地争吵,和解,分居,复合。读她可能在这段时间里写的诗,可以看出鱼玄机个性很强,充满激情,不是那种轻易放弃情郎的女人。她的诗句刚劲有力、风格独特,她对当时诗歌里谈请说爱的陈词滥调不屑一顾。这是她在分居时写给李亿的一首诗:

山路崎斜石磴危,不愁行苦苦相思。
冰销远涧怜清韵,雪远寒峰想玉姿。
莫听凡歌春病酒,休招闲客夜贪棋。
如松匪石盟长在,比翼连襟会肯迟。
虽恨独行冬尽日,终期相见月圆时。
别君何物堪持赠,泪落晴光一首诗。[1]

---

1 《全唐诗》,第 9049 页。

李亿最后厌倦了这个苛求的情妇，终于和她决裂了。鱼玄机对道教有兴趣，便到京城的咸宜观里去当了道姑。当时许多佛教寺庙和道观都名声不佳，它们不仅是虔诚的年轻女子的避风港，而且也接收任何家庭都不要的寡妇和离婚妇女；更有甚者，其中还有不想成为正式妓女，但却想过自在生活的风流女子。寺庙道观里常有纵酒作乐的聚会，观主也视而不见，因为她们可以从供应给客人的酒食中获取厚利。在咸宜观里，鱼玄机有一天遇见了当时著名的青年诗人温庭筠（活动于约850年），他兼有诗词优美和生活放荡的名声。她钟情于他，随他四处漂泊，片刻不离。然而她不能长期任性下去，他就和她分手了。下面是她当时写给他的一首诗的前半段：

苦思搜诗灯下吟，不眠长夜怕寒衾。
满庭木叶愁风起，透幌纱窗惜月沉。[1]

鱼玄机又在咸宜观里过起了放荡的生活，慷慨地用山珍海味招待文人和官员，而且有许多艳史。随着年龄的增长，她声誉日衰，有权势的靠山一个个先后离她而去。她手头拮据，还和一些公差发生了争执。最后有人指控她笞死过一女童，这也许是诬陷，但她还是被判有罪并处死了。

妓女薛涛（768—831年）的生涯和个性与鱼玄机形成了鲜明的对照。薛涛是京城一个良家女子，父亲是官员，使她受到了文学教育。她九岁便能作诗，据说有一天父亲让她以一棵树为题，她随即

---

[1]《全唐诗》，第9049页。

写道:"枝迎南北鸟,叶送往来风。"父亲读后深感悲哀,因为他从中看出了女儿的放荡本性。他奉命赴四川任职,偕女儿同行。不料他死于任所,使她陷于困境,由于她长得极美,又喜欢挥霍,她就在成都入籍当了妓女,不久便因色艺双全而远近闻名。当时有些著名诗人去四川时和她交往甚密,特别是白居易及其知交元稹。她和元稹关系最密切,分手之后很久仍然和他通信。后来她受到唐代将领韦皋(745—805年)的宠溺,他在四川曾任节度史多年。她或多或少像一个正式的主妇,无疑是他满足了她的物质需要。韦皋死后,她便退居成都附近的浣花溪,住在农舍里,埋头于文学艺术,并因创制了深红小笺而闻名,人称"薛涛笺"。她去世时年事已高,当时人们还称她为女校书。

薛涛(图八)是成功妓女的典型。她显然懂得把握自己的爱情,不让激情损害自己的利益。她在酒后曾冒犯元稹,后来写了一些感伤的诗篇向他表示自己的悔恨和悲哀,他便与她和好如初。她的诗比鱼玄机的诗更为文雅、文学隐喻更多,符合当时的高雅风度。然而,与那位道姑的诗相比,她的诗不够深刻,缺少表现的魄力。

下面是一首游巫山庙的诗。她把野外的景色和对宋玉曾在诗赋中谈到的对这座山的回忆交织在一起:

乱猿啼处访高唐,路入烟霞草木香。
山色未能忘宋玉,水声犹似哭襄王。
朝朝夜夜阳台下,为雨为云楚国亡。

图八 唐代妓女薛涛,她穿的服装倒更像是南宋时期的(出处同图四)

惆怅庙前多少柳,春来空斗画眉长。[1]

无论在长安还是在各省,妓女都成了一种社会建制,成了风雅生活不可缺少的因素。从现在起,对于一切涉足上流社会的官员或作家,礼仪要求他们除了妻妾之外,都要有一个或几个舞女来陪伴自己,男人把妻妾留在家里,而带着这些女子到处出入,接待宾客时让她们歌舞劝酒,以活跃气氛,有助谈兴。著名诗人李太白有两个舞女,白居易一生中有过好几个,即使是严肃冷漠的儒家文人韩愈(768—824年)也从未离开过他的舞女。无数叙述一个文人带女友出游的诗篇都有这一类标题:携妓游某地而作。

这些女子酒量惊人,因此都讨客人的喜欢。因为在唐朝和唐朝以前,许多人都豪饮纵酒,人们并不以此为耻。在宴席上男女都习惯于酩酊大醉,即使在宫廷里当着皇帝的面,也常常是人人醉态可掬。至于醉汉吵架,更是街头巷尾司空见惯的景象。在这方面,中国的生活在明代和清代有了彻底的改变。酒的消耗大为减少,喝酒过量被认为是不光彩的事情。19世纪的外国人在中国游览时,都有一种好感:即使在港口城市也绝无醉汉横卧街头,不过在唐代情景却迥然不同。

妓女建制由于一些社会因素而在以后的时代里日益繁荣。我们在第二章里看到这种建制产生于周朝,当时诸侯都有自己的女乐,后来拥有这类女乐便成了社会名流的一种标志。在第二章里我们看到,因为经济地位的限制,只有统治者家里才有私人的女乐,而商

---

[1] 《全唐诗》,第 9037 页。

业化的妓院则为能够付钱的人提供了歌女和舞女。

妓女的作用随时代而变化，但是她们无疑首先是起一种社会作用，性的作用总是位居其次。唐代的文献在提到妓女时，主要是说京城和其他大城市的纨绔子弟都把她们当成最佳的女伴，因为她们乐天而随和。另外，不为公众所知的是，妓女在上层社会和普通平民的日常生活中起着重要的作用。官员、文人、艺术家和商人，大都是在家庭之外，即在饭店、寺院、妓院或乡村的风景区里保持他们的社会联系。这些聚会无疑是放松身心的主要方法，然而它们也是社会生活和事务的组成部分。官员要巩固地位就要随时请同事，往往也请上司和下属吃饭；富商要做成大笔交易，也要应付事务上的关系。在唐代，家里的妇女还可以有保留地参加这些会见[8]，但是要使气氛轻松自如，还必须要有职业的女子。一个官员把一位慎重选择的妓女介绍给上司或一些有影响的政客，便能稳获晋升；同样，一位商人也能因此获得他急需的货款或大笔订货。显而易见，对于这种不可告人的目的，他的妻妾是无能为力的。无须再强调这一点，因为mutatis mutandis[1]。我们在今天的西方社会里所看到的现象也是惊人地类似。13世纪以后，当理学的教育与对蒙古人统治的反感结合起来而强调男女有别的时候，人们在私人和公共的宴席上就更加迫切地需要无牵无挂的女子了。

上等妓院有严密的组织。妓院老板们组成行会，向官府交税。作为交换，它们和其他商行一样有权得到官府的保护。例如一个妓女撕毁了合同，官府就可以追捕——不过一般来说，老板及其打手

---

1 拉丁文：事情变化自有原因。

便足以应付这类事情了。反之，妓女也可以揭露老板的残忍或不公正，通常是请一个有影响的仰慕者代为出面。当然在妓女之中也有一些像鱼玄机这样的"业余爱好者"，她不像妓女那样入籍，凡事自己做主。然而这是个例外，官府对这些不属管辖又不交税的编外人员颇为恼火，所以鱼玄机如果是入籍妓女的话，打官司时也许就不会那么倒霉。

妓女在社会上有公认的地位，她们的职业是合法的，没有什么耻辱可言。与社会底层的娼妓相反，她们并不受到社会的歧视。每个城市都为它的妓女自豪，她们在一切公共节日里都出头露面。在第八章里我们将看到，宋朝时的妓女在婚礼中还起着合法的作用。当然，所有妓女的最高理想都是被一个爱她的男人赎身，不过一般来说，找不到丈夫的妓女也不愁衣食。待到年老色衰，不能取悦客人的时候，她们就留在妓院里靠教年轻女子歌舞来谋生。在规定的区域里，妓女按才能分成等级。只靠长相的妓女一般都属于最下等，她们集体住在一栋房子里，受到严密的监视；聪明灵巧的歌女、舞女和有文学才华的妓女属于上等，她们大都自己有一个房间和客厅，虽然必须服从老板，但有相当大的行动自由，还可以对客人挑三拣四。何况妓院老板也怂恿走红的妓女对客人不要过分殷勤：这样名声会更响，陪宴时收费就可以更多。同样应该指出，一个妓女一旦成名，被富豪赎身的机会便多得多，而这样是对妓女和老板都有好处的。

为一个著名妓女赎身价格昂贵，但是除了感情动机之外，为她赎身的人几乎都是在进行一笔可靠的投资。因为一个聪明得能在宴席上应付自如并且谈吐得当的女子，一定能收集到有关商界和政界的情报。如果她对赎买她的男人有好感，就会给他出些极有价值的主意。当被赎身的女子从前曾和某个高官有过关系时，赎身者便往往能以此得到特殊的照顾。这个过去的保护人与妓女的关系自然非同一般，但现在也能像父亲一样来关心她的新靠山了，而且还乐于助他一臂之力，尤其是后者用恰当谨慎的奉承来使前者态度软化的时候，例如这位新的保护人说自己极力取悦她，可她总是回想从前的一段旧情……中国的小说里有这些内容，西方同样如此，所以读起来便有熟悉之感。

奠定妓女建制并使之存在下去的不仅是社会因素，不言而喻也是为了满足肉欲。然而我们有充分的理由认为，这在当时只是一个次要的因素。首先，能和妓女保持关系的人至少属于上层市民，也就是说他自己家里有几个妻妾。我们已经知道他的义务是完全满足妻妾们的需要。在这种情况下，对于一个正常的男人来说，外在的肉体享乐并非必不可少。当然，他可以换换花样，追求刺激，但隔一段时间去一次也就够了。所以单凭肉欲这一理由，是无法解释为什么他们几乎每天都和妓女来往的。这方面的文献告诉我们，男人和妓女交谈不仅是顺应早已形成的社会习俗，而且往往是为了逃避肉欲之爱，为了在远离内宅及其时而压抑的气氛，远离不得不发生性关系的地方来寻求一种安慰。换句话说，他们渴望没有性义务的、自发的女性友谊。对于妓女，一个男人可以和她成为某种知己，而不必在性方面承担什么义务。若是他认为这种关系成了累赘，便可以和建立时一样轻易地中断。不用说，在这个"风花雪月"的世界里，会有酿成悲剧冲突的强烈激情，不过一个男人因此而陷入困境的情况还是罕见的例外。

这种对妓女的超脱态度，使我们懂得著名妓女的传记为什么强调她们的社会才能。她们谈论的首先是舞蹈、歌唱和才智，其次才是外貌的魅力。长得不太美的著名妓女并不罕见。因此涉及妓女的诗歌散文都自然地流露出脉脉温情，读来使人感到这些关系往往具有柏拉图式的特征。最后我们懂得，为什么妓女的大部分崇拜者喜欢向她们求爱，而且这种爱会与日俱增并保持下去。显然他们的目的并非一定要和关注的对象睡觉——求爱者通常不会因失败而恼火，舆论也绝不会把他的失败视为失宠——而是在一种高雅的消遣中松弛身心，同时也因此使自己获得上流社会人物的名声。

　　不重视妓女的肉欲方面的作用，我认为也有经济上的原因。妓女在一生中有两次获得大笔款项的机会。她进妓院时是处女，当有了一定的名声时，便要失去童贞，这是第一次机会。占有处女的嫖客要付一大笔钱，还要在妓女所在的妓院里举行一次豪华的宴会。第二次机会便是赎身。妓院的正常收入来自各种由妓院提供饮食的宴席，以及妓女在妓院内外陪客的报酬。和妓女睡觉（缠头）所付的钱只是总收入的一部分。当然，客人是可以和妓女发生关系的，不过和下等妓女睡觉比较容易，和一位出身高贵的上等妓女睡觉就不那么简单了。客人要求爱，必然要带礼物，要得到老板鸨母和妓女本人的同意。此外，求爱者要谨慎从事，先旁敲侧击地弄清楚妓女是否和某个要员有来往。客人一旦试图获得妓女的好感，便完全受她摆布了。他不知道妓女会不会把他的要求转达给老板，老板是感到满意还是心怀疑虑。据说老板和妓女大都不愿意让关系发展到性交的程度，因为一来收入比陪酒多不了多少，二来还有患病或怀孕的危险。

　　在第十章里我们将看到，中国在16世纪以前也许尚未出现梅毒，但是当时的医学文献指出，在唐代，甚至在唐代以前，就有一些不太严重的性病，尤其是各种各样的淋病。文献详细描述了男女生殖器部位的慢性溃疡、尿道狭窄，以及很可能是由淋病引起的关节炎症状。当时人们还不知道这些疾病是通过性交传染的，不过唐代的医生已经懂得卖淫乱交会加速传染。

至于妓女怀孕，大部分稳婆都了解流产的基本方法。万一有了孩子，往往由老板照料，尽管杀婴也司空见惯。由于上述原因，客人和妓女的性交便被减少到最低的限度。

迄今为止，我们谈了上等的妓院。在唐代和唐代以前，当然也有廉价的妓院来满足平民的性需要：文献学家和历史学家不会关心这些下流场所，所以当时的文献对此几乎只字不提。直到宋代和明代，文献才不时提到这些地方，所以我们在第八章里再来讨论。

这些下等妓院可能来自官办的妓院，或者和官办妓院差不多。官府开办的妓院招收三类女子：一、被判处为官妓的女犯；二、触犯黥墨律条的罪犯的亲属，即他们所有的亲属都要沦为奴隶；三、战争中的女俘。这些妇女因此属于"下等"，这是由法律规定其地位的特殊的社会群体，该群体成员不得从事其他社会职业，禁止和其他阶层的人缔结婚姻。因此这些娼妓的处境和不由法律判决的妓女完全不同。妓女的性质是私人的商业交易，在被赎身或偿清欠老板的债务之后可以重获自由。"下等"娼妓属于军队、船队，以及各种平民机构中的下等人。这些妇女要摆脱悲惨的命运，只有等待国家实行大赦，或者被某个关心她的高官带到他的家里。我们在第八章里会看到，宋代的官员可以向官府购买或租用这类妇女。

不过，商业化卖淫和官办妓院的卖淫似乎从未有过明确的区别。

在不同的时代和地区，这种区别也大不相同。中国的卖淫史是个很少有人探讨的问题，在日本，18世纪就出版了几部多卷本的、资料丰富的卖淫史，而清代文人的假道学则使中国不可能出现这类著作，充其量只有一些关于古今著名妓女生活的片段论述。对于这个错综复杂的问题，应该由一位现代学者来进行专门的研究。

除了研究商业化卖淫和官办妓院卖淫的关系之外，还应该研究皇宫里妇女的来源，一般文献对此都是一笔带过，例如被选入宫。看来宫中的妇女，一是由各省或外国、附属国作为贡品送来的少女，二是想讨好皇帝的名门望族的女子，三是由宫廷派人选来的。派出去的官员跑遍全国去寻求才华出众的美女，显然一经发现便可立刻带走，连私人或官办妓院里的妓女也不例外，这些女子招来之后，即由宫中的宦官和老妇进行挑选。最出色的女子被选入后宫，最有艺术才能的选入教坊，其余的担任宫中杂务。话虽如此，我在这里还要再说一遍，这只是我在阅读中国文献时所得出的总的印象，还有待于这方面的专门研究来验证。

生活的舒适导致了巨大的进步。在中亚的影响下，人们普遍使用一种软椅，坐的短凳也精工雕刻并上了油漆，在汉代和六朝，座椅只有一两寸高，是用木边框起来略加抬高的地毯（见图版三），而从此以后便有可以坐卧的、两三尺高的凳子或沙发了。人们也使用各种木制的矮桌和柜子。地面上铺着灯心草席和地毯，人们进房时还要脱鞋。他们在房内穿鞋垫很厚的高帮鞋，类似日本的足袋。墙上和天花板上装饰着绘画，一些活动屏风上也有漂亮的字画。当时的画像和雕塑使我们对唐代服装有了总的印象。男女的上衣与唐朝以前一样是一件长袍,夏天是单的,冬天加上里子。男女都在长袍下穿一条长裤。

妇女的长袍像日本女士的和服——它实际上是按唐代式样仿制的。[9]不过到那时为止,唐代妇女也穿一种围裙式的衣服,用一根绸带系在胸部下面,看来这种围裙从未进入日本,然而在今天的朝鲜,却是妇女服装的组成部分。

图版六是唐代画家周昉画卷的局部。周昉活动于800年左右,尤以表现人物著称。这幅画上是一位坐着的夫人,交叉的腿上放着一张她正在调音的七弦琴。她右手转弦轴,左手拨弦试听,身旁站着一个捧着托盘的侍女。夫人穿的是便服,即我们刚才所说的围裙,看起来是用粗布做的,她的头发绾成一个发髻。侍女的裙腰束了好几圈,在前面打结系住,这种裙腰是日本腰带的原型。日本妇女系裙腰时在背部打一个复杂的结,但是艺妓们的古式服装却像中国唐代那样,总是在前面打结的。

图版七也是周昉画作的一部分,画的是正在玩耍的宫女。图上的宫女在用一把长柄麈尾拂逗一只小狗。她下身穿一条绣花的绸裙,外面围一条红绸的围裙,用一条窄窄的绸带在胸部系住。上身再穿一件飘动的、用透明的褐色布料做的长袍,透过长袍,她裸露的肩膀隐约可见。最后还有一条用锦缎做的披巾。在敦煌发现的唐末宋初时期的绘画上,穿礼服的夫人们常常肩披下垂至地的厚披风(见图版十一)。[10]这些长披风似乎是女性礼服中不可缺少的部分。头发绾成一个高高的发髻,上面插着一朵大花,前面还饰有一个珍珠坠子,发针都很普通,人们只能瞥见弯曲的末端,注意袒开的衣领和画成蓝色的眉毛。

妇女们在嘴唇上涂玫瑰膏,眼部以下的面颊明显地涂着大块的胭脂。额头、下巴和面颊上画着红痣和黑痣。据唐代一位作者说,痣最初是用来遮盖烙刑的疤痕的,他断定妻子们不是为了惩罚,便是出于妒忌而常常用烙铁烙妾的脸。[11]妇女们也愿意在额头上贴一个稍大的美人痣,用黄色的油膏画成新月状,称之为黄星靥或眉间黄。[12]这一时尚延续到明代中叶,当时有位著名的艺术家唐寅(1470—1523年),他画的仕女额上几乎都有这种痣。不过这种习俗到清朝似乎便过时了,夫人们都使用首饰、耳环、项链、手镯和戒指。

应该指出,妇女们颈部裸露,往往胸部也有相当一部分暴露在外,舞女们尤其如此。陪葬的雕像证明,她们只穿一条开领的细布长袍,用一根带子在乳房下面束紧,下半身则是一条有褶子的拖曳至地的喇叭式长裙,袖子特别长,它们的回旋在舞蹈中起着重要的作用,诗歌散文里常有提及。图九的舞女胸部半裸,然而其他陪葬的雕像却证实她们舞蹈时胸部是全裸的。显然,唐代的中国人毫不认为妇女裸露胸部和乳房是什么坏事,但是在宋朝以后,这一部分被长袍上端的折边和贴身背心的高领遮盖起来了。直到现在,高领仍然是中国妇女服装的一个明显的特点。

男人在室内穿宽大的长裤,外加一件长袖的长袍,右襟叠在左襟上[1],用一条绸的围腰束住。由此可见,男女的服装基本相同。男人外出时还要套一件稍短的长袍,以便露出里面那件长袍在颈部的翻边和袖边;长袖通常都反卷上去,像袖套一样,他们的长发在头顶盘成发髻,用发针别住,再用一块浆过的乌纱缠好后系在脑后,乌纱两端则

---

1 应为左襟叠在右襟上。——编注

图九　据唐代女俑绘制的唐代舞女

任其垂下，除非能浆得笔直，像鸟翼一样保持水平。他们戴的是用这种乌纱制成的帽子，其尺寸和形状各有不同，在卧房里男人都保持这种装束，上床时才脱去帽子。有些春宫画上的男人甚至在性交时还戴着帽子，不过这也许纯粹是为了逗人开心。

在正式场合，男人在其他长袍外面要加一件锦缎的或者绣花边的绸罩袍，领子很宽，围绕颈部，还要有一条嵌有玉板或角板的皮腰带。从帽子的形状、罩袍的式样、腰带的特征，以及腰带上挂的各种饰物，就可以看出此人的地位。高官戴的帽子都饰有金边，前面镶着一块玉或宝石。[13]

图版八是日本古代复制的唐代关于地狱里十殿阎王的画卷，图上是一位骑马的判官，旁边跟着两个公差。判官的帽子有两根硬翅，罩袍在颈部扣住，可以看到里面浅色的长袍下摆。人们在敦煌也发现了一些绘画，画有身着官服的男子。它们清楚地表明，人们总能从罩袍的侧缝中看到里面的浅色长袍。长筒靴上面是宽大的长裤，公差穿的是较短的、近于上装的长袍和草鞋。前面那个手拿一根棍子，后面那个拿的是判官的刀。

具有一定社会地位的男女都穿半筒靴或高尖头的鞋。妇女尚无缠足的习俗，读者要了解唐代末年男女服饰的详细情况，可参阅第八章中对宋代初期服装的说明，因为总的来说，这两个时代在服装方面没有什么区别。

至于男性美和女性美的标准，需要指出的是，唐代男子形成了一种丈夫气概，他们喜欢留浓密的胡须、颊髯和髭须。文官武将都骑马射箭，击拳舞剑，他们在这方面的才能备受重视。当时的绘画，例如图版六和图版七所复制的周昉的画，表明男子喜欢健壮的女人，即面颊圆润、胸部丰满,腰身纤细但胯部结实。古代日本也有这种偏好,平安时代画卷上的夫人和唐代妇女同样肥胖。这种标准不久就改变了。在北宋时代,人们追求的是更为苗条的妇女。大诗人苏轼(更为人熟知的名字是苏东坡)在看到周昉所画的妇女肖像时写道:

  书生老眼省见稀,画图但怪周昉肥。[1]

  我们在第一章里将会看到,男性美和女性美的标准在明朝末年走向了另一个极端,在清代一直保持不变:最美的妇女要身材瘦弱,鹅蛋脸。德川时代的日本人也采取了这一标准,正如浮世绘版画上纤弱的夫人们那样。

  唐代皇宫里的生活是前所未有的豪华。宫廷礼仪中的节日和宴会接连不断,美酒歌舞,令人沉醉。这些庆祝活动需要许多舞蹈者、乐师和杂技演员,宫里保留了一个供他们学艺的专门机构,名为教坊,除了中国的艺术家之外,还有数百名来自中亚、印度、高丽和印度支那的歌唱家和舞蹈家。

  君主们相继支持道教和佛教,并且大张旗鼓地纪念宗教节日。朝廷决定把儒家经典作为科举的依据,所以儒家文人对国家事务有很大的影响。不过在宫廷和小民的日常生活里,人们都不大理会儒家的教诲。

  皇帝的性生活遵从比过去更为讲究的礼仪。由于后宫妇女的数

---

[1]《少室山房笔丛》,明代胡应麟撰,光绪二十二年春二月广雅书局校刊,第22卷,第6页。

第七章 唐朝   183

量不断增加，因此需要详细的记录，即仔细地记录每次性交的日期和时辰、每个妇女的月经期和怀孕的最初征兆，并采取特别的措施以防止任何混淆。张泌（活动于约940年）的著作《妆楼记》证实，在开元（713—741年）初年，任何和皇帝性交过的女子，手臂上都要印上受幸的标记："风月常新"。印记上被涂上一层桂红膏，因而不会褪色。宫中的数百名女子，都只有在出示这一印记之后才能自夸得到过皇帝的宠幸。这部著作还列举了一些流行的表示月经的方式，例如红潮、桃花癸水和入月。宫内的性交是毫无拘束的，皇帝赤身裸体地和嫔妃们一起在水房沐浴。

皇帝和妃嫔取乐时最容易被人暗杀，为此采取了严密的安全措施。凡是通向后宫的门都被堵死，而且加强守卫。为了防止妇女危害皇帝的生命，宫中形成了一种由来已久的习俗，让被选中和皇帝睡觉的女子都赤身裸体，放进一条缝合的被子里，由一个太监背到皇帝的卧房里。这样她就不可能随身夹带任何武器。这一习俗在明清时代最为盛行，不过它也许可以追溯到很久以前。[14]

后宫里始终充满了阴谋诡计，因为每个女人都在尽一切可能引起皇帝的注意。其中有两位靠着自己的美貌和个性终于平步青云，她们的名字也因此永垂中国的史册。

第一位是武曌。当她还是太宗皇帝的才人[1]时，便和他的儿子、将要继承皇位的太子有私。成为高宗的宠妃之后，她杀了自己的孩子，以此来诬陷皇后及另一位宠妃。皇帝把被诬陷的两个女人投入监狱，并于六五五年立武曌为皇后。皇帝对两个失宠的女人还不时

1　妃嫔的称号之一。

表示关心，武曌便把她们提出监狱，严刑拷打，断去手足，并投入酒瓮里淹死。不久皇帝死去，武后篡政后便以铁腕统治帝国。她的私生活荒淫透顶。在皇帝活着的时候，她就说服他在床上四周装上大镜子，白天便在床上取乐。有一天皇帝独自坐在床上，著名的将领刘仁轨（601—685年）求见。他看到皇帝坐在镜子当中，大惊道："天无二日，土无二王。臣见四壁有数天子，不祥莫大焉。"[1]于是皇帝让人拆除了镜子。然而皇帝死后，武后恣意纵欲，又把镜子重新安装起来了。她是一个生命力极强的女人，将近七十岁时还和张昌宗嬉戏。张曾是她八年的男宠，经常在宫中出入，脸上涂脂抹粉。杨廉夫曾作了一首诗来讽刺女皇的爱情：

镜殿青春秘戏多，玉肌相照影相摩。
六郎酣战明空笑，队队鸳鸯漾绿波。[2]

"六郎"是影射张昌宗；"明空"看起来是指镜面，其实是指武后。因为明和空合起来就是曌，曌是武后喜爱的、写法独特的名字。无论如何，她是一位非凡的妇女，尽管放荡残忍，但是在统治帝国方面却很有成效。

第二位成功的女子是杨贵妃。她名叫玉环，原是明皇儿子的一个妃子。由于杨贵妃雪肤花貌，而且肥胖适度，正符合当时的时尚，老皇帝不久便收她入宫。她深受宠爱，于745年被封为贵妃。皇帝

---

[1] 《少室山房笔丛》，第22卷，第5页。
[2] 同上。

对她有求必应，她的三个姐妹也成为后宫宠妃，一个堂兄成了宰相。皇帝乐于欣赏她裸体入浴，因此为她在温泉附近建造了华清宫。温泉位于陕西省，他们每年都去沐浴。安禄山的叛乱给她带来了灭顶之灾。756年，叛军逼近首都，皇帝带着妃嫔出逃。途中卫队军士要杀杨贵妃，因为人民认定她是使皇朝衰落的祸根。皇帝不得不让步，于是她和她的姐妹一起被处死了。在安禄山的叛乱被平定之后，皇帝重返首都，然而他永远忘不了杨贵妃，余生都在为她哀悼，白居易在他的著名诗篇《长恨歌》里生动地描绘了这一悲剧，清代剧作家洪昇（1645—1704年）为此写出了名剧《长生殿》，现在中国舞台上还经常上演这一剧目。

皇家公主们的婚姻是政府对内和对外的一种政治条件。皇帝在支持他的名门望族的后代中，或者在要安抚或联系的外国君主中选择女婿（汉语称为驸马）。不少公主嫁给了中国之外的蛮族首领，她们在那里通常不会生活得称心如意。细君公主便是一个典型的例子：将近公元前100年，她被赐给了乌孙王，婚后曾写了一首中国文学史上著名的怀乡诗。唐朝文成公主和西藏国王松赞干布在641年的婚姻则相当成功，它改善了中国和西藏的关系。她入藏四十余年，为把中国文化引入这个山区王国做出了许多贡献。

出于国家的需要，皇家的太子有时也和外国的公主成婚。一个著名的例子是突厥默啜汗曾让一位唐朝太子做自己女儿的丈夫。朝廷认为这个要求太过分，不过上文提到的武后却愿意妥协，便把自己的表弟武延秀给了可汗。但是可汗不要别人，只要姓李的唐朝皇家太子，所以他把倒霉的武延秀当成俘虏关了起来。

在唐朝，无论是严肃的还是轻浮的文人，都可以完全自由地涉及性的问题。上文提及的各种性经在当时广为流传，并且还出现了一些新的性经。下文将看到的《大乐赋》中提到了著名的古老性经《洞玄子》和《素女经》，还有一本《交接经》，但对这部书我们一无所知。

《新唐书·艺文志》（第五十九卷）在医书一栏中提到了大部分古老的性经，其中有一卷本的《彭祖养性经》，张湛编的十卷本《养生要集》，葛氏编的一卷本的《房中秘术》，仲和子的十卷本《玉房秘诀》。《医心方》的引文提到过仲和子。在唐朝，房中术已最终成为医学的一支。

所以唐代的大部分医书都有专谈房中术的一卷。但在另一方面，某些想取悦读者的作家又把性的素材滑稽地引进了散文和诗歌。唐代的这类文学与性经中的严肃讨论毫无共同之处，倒不如把它们看成是中国色情文学的开端。

关于性问题的完整叙述，有唐代一位医生所著的《千金要方》，有关的一卷名为《房中补益》，这个标题可以意译为《健康的生活和性》。

该书作者是著名的道家医生孙思邈，生活于601年至682年。孙的原稿分为三十卷，在宋朝的1066年出版，并在元朝的1307年再版。明朝文官乔世宁于1544年出了一个分为九十三卷的版本，该版本于1604年再版。明版曾在日本出版。该书的出版史表明它在中国和国外的医学界都受到高度的重视。为了方便读者，《房中补益》分为十八节，下面是对该内容的简述。

一、人年四十以下多有放恣，四十以上，即顿觉气力一时衰退。衰退既至，众病蜂起。久而不治，遂至不救。所以彭祖曰："以人疗人，真得其真。"故年至四十，须识房中之术。

二、其道甚近，而人莫能行其法。一夜御十女，闭固而已，此房中之术毕矣。

非欲务于淫佚，苟求快意。务存节欲，以广养生也。非苟欲强身力，幸女色以纵情。意在补益，以遣疾也。此房中之微旨也。

在下一节里，作者指出人在年轻时应节制性生活，要注意养精。第四节描绘了适于性交的妇女的特点，在这方面和古老的性经是一致的。尤其是："不必须有颜色妍丽，但得少年未经生乳，多肌肉，益也。"第五节说明了性交前调情的重要性，以及仓促性交的危险。第六节着重指出要经常更换妇女：

人常御一女，阴气转弱，为益亦少，阳道法火，阴家法水。水能制火，阴亦消阳。久用不止，阴气逾阳，阳则转损，所得不补所失。但能御十二女而不复施泻者，令人不老，有美色。若御九十三女而自固者，年万岁矣。

第七和第八节再次强调了这一点。第九节特别值得注意，因为它详细地研究了"还精"的方法。

九、凡欲施泻者，当闭口张目，闭气握固。两手左右上下，缩鼻取气,又缩下部及吸腹。小俛脊脊,急以左手中两指抑屏翳穴,长吐气并琢齿千遍。则精上补脑,使人长生。若精妄出,则损神也。

仙经曰:"令人长生不老,先与女戏,饮玉浆。玉浆,口中津也。使男女感动,以左手握持,思存丹田,中有赤气,内黄外白。变为日月,徘徊丹田中,俱入泥垣,两半合成一。因闭气,深内勿出入,但上下徐徐咽气。情动欲出,急退之。此非上士有智者不能行也。"

其丹田在脐下三寸,泥垣者在头中,对两目直入。内思,作日月想,合长三寸许。两半放形而一,谓日月相擒者也。虽出入,仍思念所作者勿废,佳也。

下面我们还要对这一段落详加考察。第十节是对上一节的内容加以概述。第十一节列举了控制泻精的益处,并有一张与《医心方》引文第十九节中类似的一张表。第十二和第十三节做了一点附带的说明。这一说明后来非常出名,常被中国的医学著作所引证。

十二、凡人气力,自有强盛过人者,亦不可抑忍,久而不泄,致生痈疽。若年过六十而有数旬不得交合,意中平平者,自可闭固也。

昔贞观初,有一野老年七十余,诣余曰:"数日来,阳气益盛,思与家妪昼寝,春事皆成。未知垂老有此。为善恶耶?"余答之曰:"是大不祥也。子独不闻膏火乎?膏火之将竭也,必先暗而后明,明止则灭。今足下年迈桑榆,久当闭精息欲,兹

第七章 唐朝 189

忽春情猛发，岂非反常耶？窃为足下忧之，子其勉欤？"后四旬，发病而死。此其不慎之效也。如斯之辈非一，且疏一人以勖将来耳。

十三、所以善摄生者，凡觉阳事辄盛，必谨而抑之。不可纵心竭意，以自贼也。若一度制得，则一度火灭，一度增油。若不能制，纵情施泻，即是膏火将灭，更去其油。可不深自防所患？人少年时不知道，知道亦不能信行之。至老乃知道，便已晚矣，病难养矣。晚而自保，犹得延年益寿，若年少壮而能行道者，得仙速矣。

十四、或曰："年未六十，当闭精守一，为可尔否？"曰："不然，男不可无女，女不可无男，无女则意动，意动则神劳，神劳则损寿。若念真正无可思者，则大佳长生也，然而万无一有。强抑郁闭之难持易失，使人漏精尿浊，以致鬼交之病，损一而当百也。"[1]

第十五节列举了禁止性行为的日期和地点，类似于《医心方》引文中的第二十六节。第十六节讨论了优生问题，第十七节则用图表详细说明了妇女适于怀孕的日期。最后是第十八节，它提到了其他一些禁忌。它着重说明水银千万不可接近妇女的阴道，否则就有患不孕症的危险。男人则无论如何不能接触鹿和猪的生油脂，否则就可能产生阳痿。

综上所述，思邈的看法大体上是和古代性经的内容相一致的。

---

[1] 以上各段引文见孙思邈：《备急千金要方》，第27卷，第26—29页。

然而他的著作中有三点新的见解。

首先，孙认为四十来岁对男人极为重要。他认为这个年龄对于男人的性生活、对于他的身体都是一个十字路口，我在古代性经中并未发现这一观点。

其次，我们在上文曾看到，为了阻止性交时的射精，性经都建议压迫尿道，而孙则表明压迫屏翳也可以获得同样的结果。屏翳是古代针灸学的一个术语。这方面的医著列举了一百来个分布于人体表面的穴位，用一根针刺人或用一块干艾绒烧炙，便可以治愈各种器官疾病和减轻痛苦。屏翳位于右乳头之上约一寸的地方，其意义是阳中有阴，人们认为还有一个穴位与男人在性交时的反应有直接关系，这就是三阳穴，位于脚踵上部约八寸的小腿上。在这个穴位上烧炙，男人的性能力就会降低。

最后，孙思邈表明"还精"方法在大脑中产生了人们用日月的形象来表示的阴阳本原的结合，换句话说，按规定的方法去做，性结合能使人达到一种精神上的男女同体，并由此而成为神仙。这一观点也是古代性经里所没有的。

唐代的另一篇文献富有教益地叙述了"还精"的方法，见道家著作《云笈七笺》的传记部分中邓云子所写的清灵真人裴玄仁传。它一开始说明了运用这种方法必须在规定的日子里，而且要在午夜之后。男女都不能喝酒，要节制饮食，否则不但无益反而有害。然后它说：

> 当精思远念，于是男女可行长生之道。其法要秘，非贤勿传。使男女并取生气，含养精血。此非外法，专采阴益阳也。

第七章 唐朝 191

若行之如法，则气液云行，精醴凝和，不期老少之皆返童矣。凡入靖，先须忘形忘物，然后叩齿七通而咒曰："白元金精，五华敷生，中央黄老君，和魂摄精；皇上太精，凝液骨灵；无上太真，六气内缠；上精玄老，还神补脑，使我合会，炼胎守宝。祝毕，男子守肾固精，炼炁从夹脊溯上泥丸，号曰还元。女子守心养神，炼火不动，以两乳炁下肾，夹肾上行，亦到泥丸，号曰化真。养之丹扃，百日通灵。若久久行之，自然成真。长生住世，不死之道也。[1]

在这一段里，性交仅仅被视为延年益寿的手段。它不是为了孕育后代，而是为了使双方都得到补益。男女都不应该达到性欲高潮。性交是一种炼丹过程，男精女血被激起后化成气，沿脊柱上升。这一段的罕见之处，在于炼丹过程中男女完全平等，而正如我们在前面所看到的那样，其他文献一般都强调男子所得的补益，女子只是被激起了阴而已。

明朝的某些医学著作中，有一些插图表现人体内的生命之流。这种流名为黄河，而使精液沿着这条流上升的动作称为黄河逆流。图十是这些插图之一，原载明代的《性命主旨》。流通常从头顶开始，沿脊柱流到生殖器。运用"倒向"技巧，精便从生殖器沿脊柱流到头顶。图上标出了通路上最重要的部位。首先流到由半圆形表示的肾脏。按照中国的观念，肾脏在男人和女人的性生活中至关重要。肾脏的入口名为幽阙，出口名为密户。身体前部与肾脏相对的是脐，

---

[1]《道藏辑要》并集五，第80页。

下面是命门和生门,即前列腺和精囊。肾脏上部的脊柱称为玉堂关。再上面是三根和心相通的神经,然后流经髓海,即后脑,达到头顶的泥丸,即生命力的顶点。

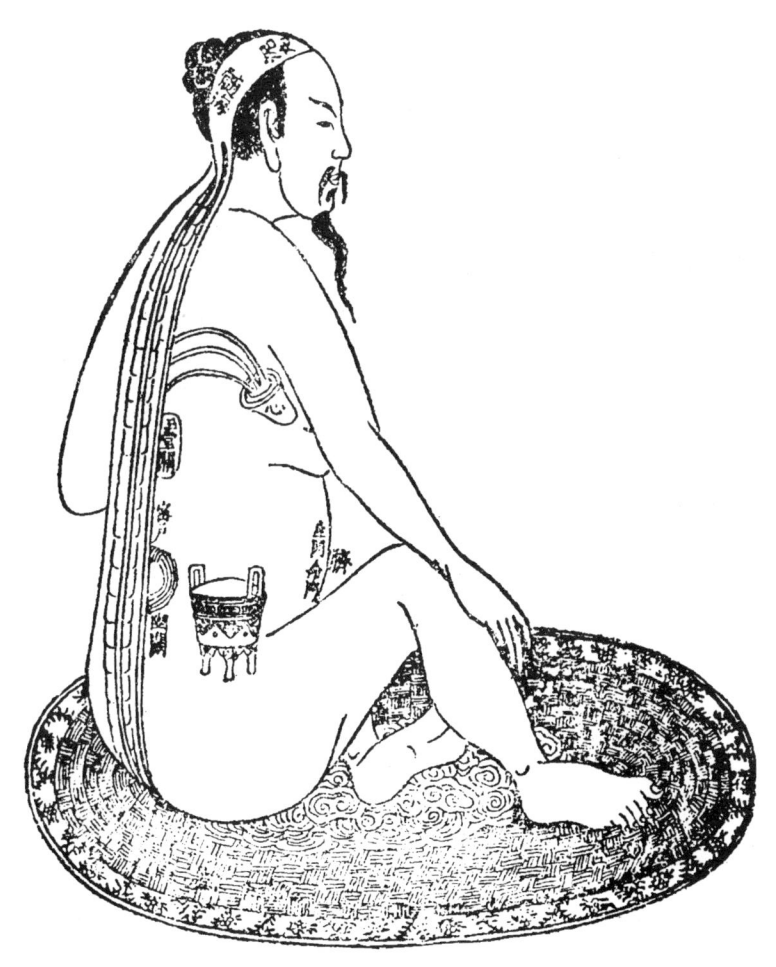

图十 "生命之流"(出处同图二)

在同一部著作里，还有一些插图描绘使精回流的道教徒：他的头顶有一个太阳和一个月亮。

熟悉梵语文学的读者会注意到孙思邈所描绘的"还精"，与密宗的，尤其是昆达里尼瑜伽的性神秘主义的技巧十分类似。毫无疑问，在中国和印度的性神秘主义体系之间有一种历史的联系。我们这里不再继续探讨这一点，否则将离题太远，对此感兴趣的读者可以在本书附录一中找到有关材料。

唐代流行的性经也有表明各种姿势的插图。证据之一是《大乐赋》提到了有插图的《素女经》。据我所知，这些插图无一幸存。连经常提供已失传的或古老的中国资料的日本也没有收藏。保留至今的最古老的春宫插图是《灌顶之卷》，也叫《小柴垣草纸》。这是平安时代（781—1183年）一位大臣和一个夫人进行的姿势不同的性交，共有十六幅绘画，配有日语解释。最古老的版本是画家住吉庆恩的（公元13世纪），不过据说它是900年时一个原本的复制品。这些绘画纯属日本风格，生殖器大得出奇。这是古代和后来日本春宫画的特征。此外，配画的说明文字没有引证中国的任何性经。因此，尽管平安时代的日本绘画原则上是模仿中国风格的，但在这方面却是个例外。

除了性经的插图，从唐代开始还有一些没有说明文字的画。将近1600年，明代画家张丑曾获得一幅出自唐代著名画家周昉手笔的这种绘画。张丑不仅是一位艺术家和创作者，也是一位古画的大收藏家。1616年他出版了所收藏的绘画和书法样本的目录，名为《清河书画舫》，常为中国的绘画专家所引用。由于担心被查禁，张丑没有把关于周昉的春宫画的说明列入《清河书画舫》，不过1923年出版

《骨董琐记》的第六章里，却收入了后人发现的张丑的这一说明。

据张丑所说，周昉的这幅画是彩色画，画在绸子上，名为《春宵秘戏图》。张是从太原一个姓王的人那里买到这幅画的。显而易见，周画的是皇帝和一个妃子的性交，并由两个宫女协助，另外两位夫人则在一旁观看。张丑认为此画曾被收入赵孟頫的画集。有人说画的是唐朝的武后，也有人说画的是杨贵妃，张丑感到难以判断，他听说周昉所画的女子肌肉丰满，骨架坚实，不像这样苗条纤弱，画面上为主的一个女子星眼蛾眉，红唇皓齿，鼻直耳润，脸上和下巴上点着娇媚的痣。她皮肤柔白，指如玉笋，阴部红湿，阴蒂突出。欲情似火。画上的男子头戴系在下巴上的黑纱帽，身着斗篷，脚着皮靴，面似君王。女子发髻很高，穿着绸袜，类似皇妃。宫女着蓝绿色的腰带，穿褶裙和方头鞋，都像是后宫嫔妇。此画笔法细腻，充满了唐代画上才有的这种古典美。

张丑表示不知道秘戏一词起于何时。他说史书记载汉景帝曾让一个宠臣到后宫看自己的妃嫔们"秘戏"。杜甫在一首《宫词》中也有所提及。可见秘戏一词古已有之。

最后张丑说古代这类画上都是一男一女交合，有的连阴部都不画出来。而周昉竟破此例，画一男一女交合时，旁边还有两个宫女。一个在前推女之臀，另一人在后，推男之背（而她们旁边还有另两个夫人）。像这样五女同时和一男淫戏，在古代其他画上肯定是看不到的。

张丑的说明显示出唐代以后儒家的查禁是多么有效地禁止了一切色情的迹象。在约1600年，博学如张丑者竟对古代的性经一无所知，因为他在周昉的春宫画里看到一个男人和几个女人时竟会惊讶。

显然，他也不知道其他许多文献里是常有秘戏这个术语的。

直到唐朝为止，色情文献通常都以教育为目的；无论是性经，还是道教的炼丹术著作，都不是为了取悦读者。在唐代，人们开始要求一种在性问题上寻开心的色情文学，于是大量的中短篇小说应运而生。不过这些小说绝大部分后来都被删改或毁掉了。唐朝时有大量的色情书籍，敦煌的发现可以使人有一个总的概念。这些手稿一部分收在大英博物馆和巴黎，一部分在中国和日本的私人收藏家手里，最重要的作品之一曾被复制再版，这就是《大乐赋》。

保罗·伯希和发现的这部文献，现在保存在巴黎的敦煌藏品中。中国的督办端方（1861—1911年）将它拍成了照片，著名的考古学家罗振玉（1866—1940年）于1913年在北京出版了它的影印件，收在《敦煌石室遗书》中。一位学者加了跋，署名：骑鹤散人。

这部文献的文字支离破碎。显而易见，唐代的抄写者知识平庸，对自己所抄的东西一窍不通，所以不少字抄错了，或者残缺不全，有许多重复和脱漏之处。最后一部分没有抄，不过只有一两页。

我们在谈到《医心方》时已经提及的现代学者叶德辉，对这个影印版本进行了周密的研究，并于1914年把这一版本加上注释后收入了他的《双梅景闇丛书》。他纠正了文中的许多错误，当然还远非尽善尽美。我在把叶的文本加以修订之后，收入了我的《秘戏图考》第二卷里。为了方便读者，我把该文分为十五节。

这部作品的全名是《天地阴阳交欢大乐赋》，作者白行简（卒于826年），是唐代著名诗人白居易的弟弟。我认为没有什么理由怀疑他的作者身份，因为白行简并不著名，末流作家不会借他的名字来抬高自己作品的身价。

该文不仅文笔优美，而且对唐代的生活方式、习俗和方言都提供了许多极为珍贵的资料。下面是该文的概述。

大乐赋

一和二、关于性行为的宇宙意义的导论。性交是男人的极乐，而官爵功名只会带来痛苦。所以作者要极为详尽地谈谈性行为的乐趣。"始自童稚之岁，卒乎人事之终。虽则猥谈，理标佳境。具人之所乐，莫乐于此，所以名《大乐赋》。至于俚俗音号，辄无隐讳焉，唯迎笑于一时。"

三、描绘男女的产生和他们的性成熟。"忽皮开而头露（男），俄肉㾾而突起（女）。时迁岁改，生戢戢之乌毛（男）；日往月来，流涓涓之红水（女）。"括号中的注释系白行简所加，在句子下面用小字体标出。

男女成年后，即有人为之作媒。

四、描绘新婚之夜。"青春之夜，红炜之下。"接着写道："（男）出朱雀，揽红裤。抬素足，抚玉臀。女握男茎而女心忒忒。男含女舌而男意昏昏。方以津液涂抹，上下揩擦，含情仰受。缝微绽而不知，用力前冲；茎突入而如割，观其童开点点，精漏汪汪。六带用拭，承筐是将，然乃成乎夫妇。所谓合乎阴阳，从兹一度，永无闭固。"

五、更详细地描写性行为。"或高楼月夜，或闲窗早暮，读素女之经，看隐侧之铺。立踦圆施，倚枕横布。美人乃脱罗裙，解绣裤。颇似花团，腰如束素。情宛转以潜舒，眼低迷而下顾。初变体而拍搦，后从头而捋揍。或掀脚而过肩，或宣裙而至肚。然更唔口嘲舌，碜勒高抬。玉茎振怒而头举，金沟颤慑而唇开。屹若孤峰，似嵯峨之挞坎；湛如幽谷，动趲趲之鸡台。于是精液流渐，淫水洋溢。女伏枕而揩腰，男据床而峻膝。玉茎乃上下来去，左右揩挃。阳峰直入，邂逅过于琴弦；阴干斜冲，参差磨于谷实。莫不上挑下刺，侧拗傍揩。臀摇似振，屡入如埋。暖滑焊焊，□□深深。或急抽，或慢硏。浅插如婴儿含乳，深刺似冻蛇入窟。扇簸而和核欲吞，冲击而连根尽没。乍浅乍深，再浮再沉。舌入其口，屡刺其心。湿沓沓，鸣桫桫。或即据，或即捺，或久浸而淹留，或急抽而滑脱。方以帛子干拭，再内其中。袋阑单而乱摆，茎逼塞而深攻。纵婴婴之声，每闻气促；举摇摇之足，时觉香风。然更纵枕上之淫，用房中之术。行九浅而一深，待十候而方毕。既恣情而乍疾乍徐，亦下顾而看出看入。女乃色变声颤，钗垂鬓乱，慢眼而横波，入鬟梳低而半月临肩。男亦弥茫两目，摊垂四肢。精透子宫之内，津流丹穴之池。于是玉茎以退，金沟未盖。气力分张，形神散溃。颔精尚湿，傍粘屋袋之间；蝙汁尤多，流下尻门之外。侍女乃进罗帛，具香汤，洗拭阴畔，整顿裈裆，开花箱而换服，揽宝镜而重妆，方乃正朱履，下银床。含娇调笑，接抚徜徉。当此时之可戏，实同穴之难忘。"

这一段又一次证实性经是夫妇的指南，也表明人们在唐代普遍使用带插图的《素女经》。必须指出，该文在许多地方逐字引证了《洞玄子》和《素女经》。

六、描写男子和诸妾的性关系。这一节的结尾如下："回精禁液，吸气咽津，是学道之全性，图保寿以延神。"这一段之所以强调男子和妾而不是和妻子的性关系，又一次表明人们最初认为和妾性交是为了增强男子的精力,以便确保他在和妻子性交时,使妻子怀孕并生下健康的孩子。

七、称颂每个季节里性交的美妙之处,从文学角度来看,这一部分写得最为出色。其中有一些涉及闺房隐秘的动人描写。

八、描写皇帝的性乐趣,有一点值得注意:妃嫔们伴君的礼仪顺序并未始终得到严格的遵守。例如:"然乃夜御之时,则九女一朝,月满之数,则正后两宵。此乃典修之法,在女史彤管所标。今则南内西宫,三千其数,逞容者俱来,争宠者相妒。矧夫万人之躯,奉此一人之故。"

九、刻画独居者和出门远游者在性方面的失望心理。他们被剥夺了正常的性生活,寝食俱废,身体衰弱。

十、描写某些好色鬼溜入闺房以满足自己的淫欲,以及这些妇女对不速之客闯入的反应:"未嫁者失声如惊起,已嫁者佯睡而不妨。"最后以描写野合结束:"或有留事而遇,不施床铺。或墙畔草边,乱花深处。只恐人知,乌伦礼度。或铺裙而藉草,或伏地而倚柱。心胆惊飞,精神恐惧。当匆遽之一回,胜安床之百度。"

十一、以古罗马诗人贺拉斯的笔法,引用古代名人为例,赞美了和丫鬟婢女偷情的乐趣。

十二、描写历史上的许多著名丑妃。

十三、写寺院里的奸情。年少尼姑被剥夺了正常的性生活,使与中国或印度的佛僧通奸。"口虽不言,心常暗许。或是桑间大夫,鼎族名儒,求净舍俗,髡发剃须;汉语胡貌,身长屡粗,思心不触于佛法,手持岂忘乎念珠?"

十四、这一节以汉代黄帝等著名例子来叙述男子的同性恋,文中有大量脱漏之处。

十五、最后一节只有几行,看来是描写农民和平民的性关系的。

叶德辉在书末的记录告诉我们,该文中引用的男女在性交时使用的某些亲密称呼,在以后的时代里同样存在。例如女子称男子为哥哥,男子则称她为姐姐。

第四节中所说的女子在失去童贞之后用来擦拭阴部,然后放入篮里的六带,我们不清楚它究竟是什么。除非抄写有误,这一段所描写的习俗在世界上其他许多地方也可以看到,即在失去童贞后保存染上血迹的毛巾,以证明新娘是处女。元代的《辍耕录》在第二十八卷中有一首调寄《如梦令》,就是描写这种习俗。这首词是题给一个男子的,他在新婚之夜发现他的新娘不是处女。

> 今夜盛排筵宴,准拟寻芳一遍。
> 春去已多时,问甚红深红浅。
> 不见,不见,还你一方白绢。[1]

在书末记录的最后,叶德辉指出了两部伪造的文献:一部是所谓的汉代文献《杂事秘辛》,另一部是所谓的唐代文献《控鹤监记》。我和叶一样认为这两本书是伪造的,所以这里不再提及。可以这样假定,前一部文献是出于明代文人杨慎(1488—1559年)的手笔,后一部则出自清代作家袁枚(1716—1797年)。

---

[1]《南村辍耕录》,第350页。

有一篇确实是唐代的色情小说，名为《游仙窟》。作者张鷟（657—730年）是一个被认为讲究情趣的浪荡子弟。这本书在中国已失传，但是中国的珍本收藏家和地理学家杨守敬（1839—1915年）在日本重新发现了它。书的内容是一个平庸无奇的爱情故事，可贵之处在于文笔高雅。它叙述一个书生有一天在山里迷路，来到一座宅第，看到一个富有才气的美女，和她过了一夜。全书十分之九是两人唱和的诗词。故事结尾时的性交描写很少，但其中所用的术语足以证明作者对性经十分熟悉。

另一篇真实的作品是唐代作家孙颀写的《神女传》。书中第二个故事讲的是汉武帝（公元前140—前87年）常在柏梁台上祭祀一位女神。当名将霍去病患病时，皇帝命他去祈求这位神君保佑他痊愈。神君显身为一个年轻的美女，并要将军和她交合。他满怀愤怒地拒绝了，于是病情恶化，不久死去。为此神君向皇帝说明将军阳气不足，她欲以阴气补之，他既拒绝便必死无疑。这个故事清楚地显示了性经的影响，因为性经都认为性交过程中阴是有助于阳的。

在小说《志许生奇遇》中也有同样的观念。一位姓许的书生是个漂亮健壮的青年，他在打猎时有在一棵大树下休息的习惯。大树是山精的家，山精的女儿爱上了许，并在晚上去看他，他们在神殿里举行了仪式豪华的婚礼。不久以后她就不得不离开许，文中说"女郎雅善《玄》、《素》、养生之术，许体力精爽，倍于常矣"。

最后，我要引证《神女传》里的另一个故事：《康王庙女》。它隐含色情，略带感伤，相当出色地体现了一种在当时获得成功，后来始终具有广泛影响的体裁。年青书生刘子卿幽居庐山虎溪，闭门读书，在那里种了各种珍奇花木。接下来的故事是：

文帝元嘉三年春，临玩之际，忽见双蝶，五彩分明，来游花上。其大如燕，一日中或三四往复，子卿讶之。一夕，月朗风清，歌吟之际，忽闻扣扃，有女子语笑之音。子卿异之，乃出户，见二女各十六七，衣服霞焕，容止甚都。谓子卿曰："君常怪花间之物，感君之爱，故来相诣，未度君子心若何。"子卿延之坐，谓二女曰："居止僻陋，无酒叙情，有惭于此。"一女曰："此来之意，岂求酒耶？况山月已斜，夜将垂晓，君子岂有意乎？"子卿曰："鄙夫惟有茅斋，愿申缱绻。"二女东向坐者笑谓西向坐者曰："今宵让姊。"因起，送子卿之室，谓子卿曰："郎闭户双栖，同衾并枕。来夜之欢，愿同今夕。"方晓，女乃去。及夕，二女又至，留妹同寝。卿问女曰："我知卿二人，非人间之有，愿知之。"女曰："但得佳妻，何劳执问。"自此姊妹每旬更至，如是数年。后子卿遇乱归乡，二女遂绝。庐山有康王庙，去所居二十里余。子卿一日访之，见店中泥塑二女神，并壁间画二侍者，容貌依稀，有如前遇，疑此是之。[1]

唐代的许多爱情故事都令人想起关于狐狸的传说。最常见的题材是男子爱上了一位在神秘情况下遇见的年轻美女，后来发现她是一只狐狸。有时她为情人做好事，有时则加害于他，甚至杀了他。这个主题在消遣文学中一向非常流行。

这类传说极为古老。在第一章里我们已指出，狐狸在周代被认为拥有大量的元气；因为它们生活在洞穴中，所以接近于大地的繁

---

[1]《康王庙女》，见《唐代丛书》中《神女传》，第2页。

殖力，寿命很长。《诗经》把狐狸描绘成狡猾的动物（第六十三首《有狐》和第一百〇一首《南山》。汉代和六朝的文献有大量的例子，表明狐狸具有超自然的能力，尤其能引起各种疾病和灾难。狐狸也显得是一种善于玩弄诡计的动物，令人想起欧洲关于狐狸"列那"的民间传说。

狐狸更为专门的角色似乎是变成梦魇，但这种说法是后来形成的，在唐朝初年以前尚未充分表现出来。有一本匿名作者的小书专门研究超自然的现象，名为《玄中记》，其创作时间显然在唐代初年。书中说：

> 狐五十岁能变化为妇人。百岁为美女，为神巫，或为丈夫，与女人交接。能知千里外事，善蛊魅，使人迷惑失智。千岁即与天通，为天狐。[1]

在4世纪干宝所著的关于超自然现象的作品《搜神记》中，对狐狸的角色有详细的描绘。不过我们怀疑这部著作的真实性，留传至今的文字看来不会早于唐。另一方面，《医心方》的引文并未提到这些变成梦魇的狐狸，这可以反过来证明在唐代以前，在性方面关于狐狸的传说尚不普遍。据唐代的《朝野金载》所记，自唐代初年开始家庭里才产生了与求子仪式有关的对狐狸的信仰。差不多在同一时期，日本引进了在性方面对狐狸的信仰，把狐狸和稻荷神联系起来了。

---

[1] 引自《鲁迅全集》，第8卷，1946年，第492页。

无论如何，在唐代广泛流传着一种信仰，认为狐狸可以变成梦魇，并和男子或妇女乱交。这种信仰一直流传至今，尤其是在中国北方。

据说狐狸喜欢住在埋葬年轻姑娘的旧坟里。它们进入死者的身体，使之复活以迷惑男子。唐代大诗人白居易为此写了一首十分有趣的诗。不过，听起来像是一个真正的女人比变成女人的狐狸对男人的危害更大。

古冢狐，妖且老，化为妇人颜色好。
头变云鬟面变妆，大尾曳作长红裳。
徐徐行傍荒村路，日欲暮时人静处。
或歌或舞或悲啼，翠眉不举花颜低。
忽然一笑千万态，见者十人八九迷。
假色迷人犹若是，真色迷人应过此。
彼真此假俱迷人，人心恶假贵重真。
狐假女妖害犹浅，一朝一夕迷人眼。
女为狐媚害即深，日长月增溺人心。[1]

人们之所以对狐狸产生性方面的联想，或许是出于以下两个因素：首先，古代的信仰认为狐狸拥有大量的元气；其次，狐狸具有向人耍花招的本性。

---

[1] 《古冢狐，戒艳色也》，见《全唐诗》，第4709页。

第八章　五代和宋朝

（908—1279年）

9世纪末，南部军队里发生了大规模的叛乱，动摇了唐朝的统治，致命地打击了朝廷的威望。叛军在黄巢的率领下向北方推进，881年占领首都长安，皇帝只得逃跑。884年，叛军被粉碎，但是镇压反叛的将军们大权在握，皇帝的威望一落千丈，成了军阀们手里的傀儡。他们在自己的领地上建立实际上是独立的军事政权。907年，一个军阀强迫唐朝的末代皇帝退位，历时三个世纪的强大的唐朝终于崩溃了。

随之而来的是军阀混战的时代，这时蛮族从北方和西方进入中原，使形势更为严重。然而中国文化已经发展到充满活力和结构严密的阶段，因此内部的分裂不可能长久存在。经过五十来年的混乱，宋朝又一次统一了帝国。

被宋朝的将领们消灭的一些短命王朝和地方宫廷，留下了使它们扬名于世的文化作品。这里应该提到孟昶，他在935年成了四川蜀国的第二个君主，965年向宋军投降。他的妻子徐夫人擅长诗词，以她的号花蕊夫人著称。她创作的许多宫词，描写后宫妇女的娱乐，给人以明快而优美的印象。例如：

　　殿前宫女总纤腰，初学乘骑怯又娇。

上得马来才欲走。几回抛鞚抱鞍桥。[1]

这是她在抒发自己的感情：

清晓自倾花上露，冷侵宫殿玉蟾蜍。
擘开五色销金纸，碧锁窗前学草书。[2]

南唐第二个君主李煜（937—978年），是中国最杰出的爱情诗人之一。他充分意识到词是能表达丰富感情的诗歌形式。中国的古诗基本上由古文写成，每句五字或七字，长短相等。词则与曲调有关，只从属于韵律和音调，句子长短不等，使人们可以任意运用他熟悉的表达方式，也更适宜于表现感情的色彩。

李煜是一个敏感的艺术家，他对歌舞女色的关心胜过了政治和军事。宋军将领很快就推翻了他和他短命的王朝，使他作为俘虏死在宋太宗手里。他在政治上彻底失败了，但作为诗人却名垂青史。在宋朝和以后的时代里，中国诗人们始终把他当成一位大师，他开创的诗风现在仍然受到所有描写爱情的浪漫主义诗人的热情赞赏。

下面是他的四首情诗：前三首表现他自己的感情，第四首是描写他所爱之人的忐忑不安。可惜的是翻译只能译出这些诗词的内容，所以西方读者无法体会词中抑扬顿挫的节奏。

---

1 《全唐诗》，第 8972 页。
2 同上书，第 8974 页。

浣溪纱

红日已高三丈透，金炉次第添香兽，

红锦地衣随步皱。佳人舞点金钗溜，

酒恶时拈花蕊嗅，别殿遥闻箫鼓奏。[1]

菩萨蛮

铜簧韵脆锵寒竹，新声慢奏移纤玉。

眼色暗相钩，秋波横欲流。

雨云深绣户，未便谐衷素。

宴罢又成空，梦迷春雨中。[2]

喜迁莺

晓月堕，宿云微，无语枕频欹。

梦回芳草思依依，天远雁声稀。

啼莺散，余花乱，寂寞画堂深院。

片红休扫尽从伊，留待舞人归。[3]

菩萨蛮

花明月暗笼轻雾，今朝好向郎边去。

划袜步香阶，手提金缕鞋。

画堂南畔见，一向偎人颤。

---

1 《南唐二主词校订》，人民文学出版社，1957年，第29页。
2 同上书，第34页。
3 同上书，第21页。

奴为出来难，教君恣意怜。[1]

我们对李煜应该十分重视，不仅因为他是最杰出的爱情诗人之一，而且还有另外的原因。据说是李煜开创了让妇女缠足的习俗，这一习俗在以后中国人的性生活中起着极为重要的作用。

当缠足习俗在宋代和元代已广为普及的时候，当时的资料中关于缠足历史的看法仍然十分谨慎。作家们断言在唐代和唐代以前，没有任何文献提到缠足，在过去的插图中也没有发现缠足的妇女。为了解释这一习俗的起源，他们引证了李煜和他的一个宠妃窅娘。据说李煜为她建造了一朵六尺高的大莲花，然后让她用布带缠足，使足尖状如新月的角，再在这朵莲花上跳舞。所以人们历来都把窅娘画成正在缠足的样子。正如图十一那样，她正在缠架在左膝上的右足。这种新发明受到普遍的赞赏，以至于所有的夫人都想模仿窅娘。

我们可以怀疑这种时尚是否出自窅娘本人，但是所有的文献和考古资料都证实，这种习俗正产生于她那个时代，即唐朝和宋朝之间的五十年左右。缠足在以后的时代里一直流行，直到最近几十年才被废弃。今天在中国还能看到缠足的老太太，但没有青年妇女和姑娘缠足：因此可以预料，若干年后便再也看不到缠足的妇女了。

宋代和元代的作家们对待历史十分谨慎，明代的情况便大不相同了。明代人乐于对一切习俗追根溯源，直至遥远的古代，因而缠足的历史也有了变化。作家们热衷于在古老的文献中寻找一切对妇女的脚、袜、鞋的影射，竭力证明缠足在周代和汉代就已经存在。

---

1 《南唐二主词校订》，第30页。

这些理论没有实际根据，是不能接受的。[1]

图十一　窅娘缠足（出处同图四）

所以缠足的历史本身不存在任何问题，难于确定的是，妇女的脚在缠足之后为什么会在中国人的性生活里起着如此重要的作用。

从宋朝以来，又窄又尖的脚已成为美女的必不可少的标志之一，为此形成了一整套关于脚和鞋的民俗学。这种民俗学把小脚看成是女性身体最隐秘的部分，是女性的象征，甚至是性感的中心。宋代和后来的春宫画上的妇女都完全裸体，连外阴都暴露无遗，但是我从未在画上见过妇女未包裹脚布的脚，据我所知也从未有过让人看到裸露的小脚的春宫画。女性身体的这一部分是绝对禁止观看的，艺术家充其量只能画一个正在裹上或解开裹脚布的妇女。依此类推，妇女未经缠过的光脚也看不得了，当然像观音这样的女神，或者某个婢女之类可以例外。

这样一来，女性的脚就成了她主要的性魅力。男人在性交前要抚摸它们，这种抚摸已经成了传统的调情动作。明代以来的色情小说，几乎千篇一律地都由此开始描写男女的勾搭。当求爱者得以和心上人促膝而谈时，他并不以动手动脚来表示感情，哪怕连衣袖都不碰一下，而是用言语来倾诉思慕之情。如果他的话没有遭到拒绝，他就把吃饭的筷子或手帕落在地上，弯腰去捡时就碰一碰女人的脚，这是关键性的试探。如果女子没有生气，他就可以为所欲为了：把她抱在怀里，亲吻她，等等。一个男人摸了女人的胸部或臀部，还可以借口不小心或没注意来为自己开脱，但是摸了女人的脚便无论如何也不会得到宽恕，而且通常会造成最难堪的场面。

一位现代作家把有关缠足、妇女的小鞋及其传说等一切资料编纂为五大卷，从用女鞋饮酒直到与缠足有关的名称、式样等许许多多的表达方式。[2] 这部著作集中了古今无数作家的见解，但是没有一个人能对性欲和缠足的关系、对有关缠足的严格禁忌做出令人满意的解释。

实际上，礼仪规范与习俗有关，而习俗又是随着风气的变化而改变的。在唐代，妇女裸露胸部不会引起非议，但在宋朝以后，袒胸露乳便被视为不成体统，所以高领的衣服就流行起来。不过这种风气的变化还不足以解释对妇女的脚和鞋的禁忌。

某些作者力图确定缠足和妇女阴部之间的关系，断言缠足之后的步伐会刺激阴蒂的发育，使阴道充满活力，然而医学家们断然否定了这一理论。也有人提出，儒家支持缠足是因为它可以限制妇女的活动，使她们不能离家；这样，缠足便成了女性卑微的象征。这种说法过于夸张，所以不能令人信服。

在我看来，也许要从对鞋的崇拜的角度，对这个问题进行精神分析的考察，不过这是一个要留待性学专家们去完成的任务。

缠足的技巧不属于本书的范围，读者可以参阅医学专家们的说明。[3]这里只需指出，人们在女孩很小的时候把她的脚用裹脚布紧紧缠住。大脚趾顶端弯曲，其他四个脚趾弯向脚掌。以后压得越来越紧，直到使跗骨和跖形成一个尖角。图十二显示了 X 光透视出来的脚的变形情况。脚变得像根钉子，以便穿上窄小的鞋。这些畸形的钉子被腿套盖住，腿套的式样在各个时代里大不相同：图十三使我们对腿套的式样有了一个概念，这些腿套在色情文艺中起着重要的作用。

第八章 五代和宋朝

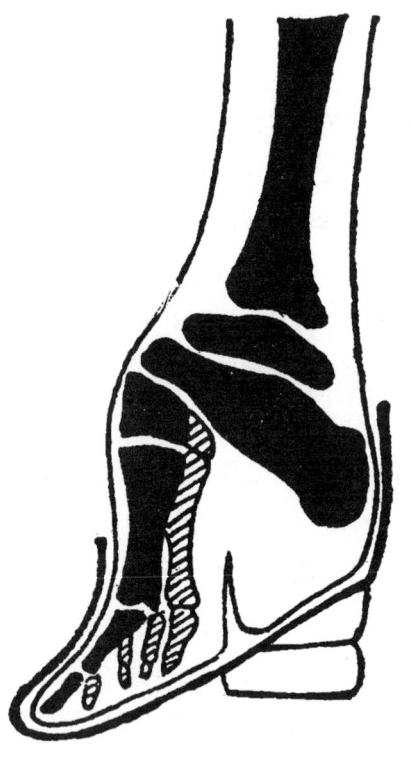

图十二　缠足透视图

如图十三所示，A是腿套和鞋：在春宫画集《胜蓬莱》（约1550年）上，一个女人全身赤裸，只有腿套和鞋还穿着。腿套是单色的绸子做的，镶的花边垂在裙子下面，这样就遮住了鞋子。花边由一根带子系在小腿肚的上面，带子的两端垂在地上。正如按明代一本书的插图复制的图十八（见295页）所描绘的那样，妇女们是把长裤束在腿套里的。

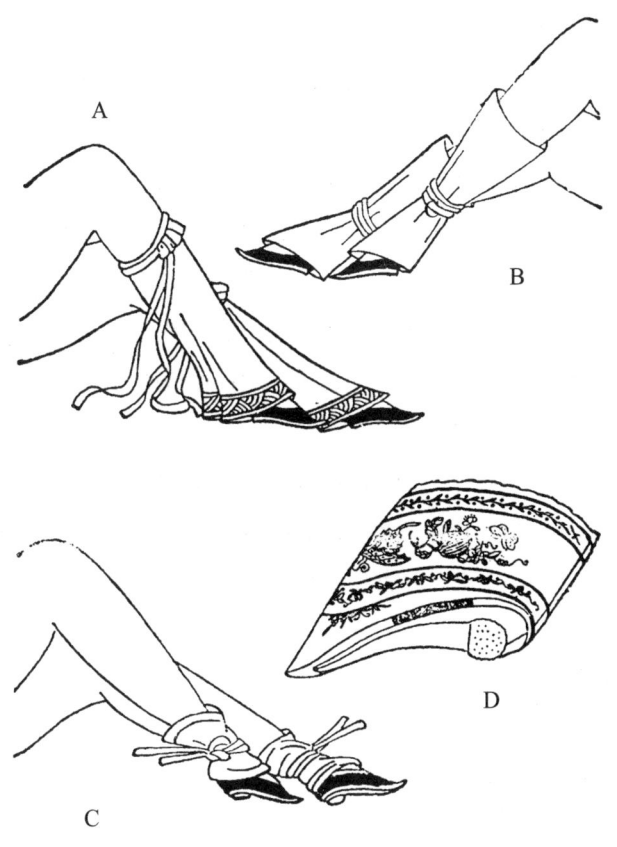

图十三　各种腿套样式，缠足穿的小鞋

B是在1600—1650年间出版的画册，例如《花营锦阵》和《江南销夏》上的其他腿套式样。显然，那是一种浆过的布料。布带绕在脚踝上部的小腿上，但是没有一幅画画出布带的末端，因而我们无法知道它是如何系住的。C是根据现代作品《采菲录》复制的1900年左右的样式，D是当时妇女的一只鞋，绣着蝴蝶和西瓜的图案。

在所有的春宫画册上都可以看出，凡是夫妇在一张席子上或丫鬟

第八章　五代和宋朝　213

们能看到的其他地方性交时，女人都是穿着鞋和腿套的。她们只是在挂着幔帐的床上才脱掉它们，裹脚布只有在浴后要更换时才解下来。

至于缠足对妇女健康的损害，人们往往都加以夸大。从中国妇女一般的健康状况来看，最严重的无疑是由此产生的其他后果：缠足使妇女对舞蹈、击剑和别的体育锻炼全都失去了兴趣，而过去她们对此却是何等地重视。其次是故意使人体变形。在这一点上，我们可以比19世纪西方观察家们看得更全面一些。他们其中有一位在1835年谈到缠足时说过："（中国人）不仅在精神上，而且在身体也由于一些违反自然的做法而变得畸形了。"[4]这位观察家之所以振振有词，是因为他忘记了在他的国家，几乎就在同一时期，他的妻子和女性亲属都由于拼命束腰而引起心肺疾病和其他严重的疾患。缠足造成了长期的、难忍的痛苦，然而应该承认，当风气盛行的时候，任何时代、任何种族的妇女通常都是甘心忍受痛苦的。1664年，当满族的妇女被禁止像汉族妇女那样缠足时，她们竟都为此怒不可遏。

在艺术方面，这种习俗造成了令人遗憾的后果，因为它致命地打击了中国古老而丰富的舞蹈传统。宋代以后，著名的美女和妓女都因她们在歌唱和乐器方面的才华而受到赞赏，然而出色的舞女却越来越少。在朝鲜和日本，从中国引进的舞蹈艺术仍在继续发展，在舞女之中始终兴盛不衰，而在中国本身却停滞不前，实际上不久便无人问津了。

宋朝最初几个皇帝都酷爱艺术，在他们的治理下，性生活和唐代差不多。但是儒家的复兴不久便影响到男女的自由结合，而经典作品中大量严格的规范，也很快就使性关系受到了限制。

儒家的复兴并非突如其来。唐朝一些儒家文人认为，要使儒家得到人民的支持，就必须扩大教义的范围。宋代哲学家周敦颐（1017—1073年）和邵雍（1011—1077年）从道教借用了一些概念，因而成了一种通常称为理学的混合体系的创始人。他们以古代《易经》阐述的体系为基础，提出了一种新的理论。他们认为宇宙的本原是太极，两种宇宙力阴和阳则是同一本原的两个方面。他们体系中的这个基本观念，是用阴和阳在一个表示太极的圆圈里相互交合和消长来表示的（参阅第二章）。从此以后，这个图案在中国哲学和应用艺术里都起着主要的作用。太极图和它四周的八卦，成了装饰艺术中使用最为普遍的图案之一。

其他一些儒家学者深化了这一体系，但是使它最终形成的则是真正的理学之父、著名的哲学家和政治家朱熹（1130—1200年）。

朱熹参照了道教的炼丹术，也参照了佛教，尤其是禅宗。这就使儒家思想有了从前没有的神秘因素，也就更能吸引大量的文人和艺术家。与此相反的是，他主张严格地按儒家教义来解释经典。比起汉代的独断论者来，有过之而无不及。他强调妇女的卑下地位，严格主张男女有别，禁止性爱的任何公开表示，只把它限于夫妇的床笫。这种狭隘的虔诚在他对《诗经》里爱情诗的评注中比比皆是，他把这些诗歌解释为政治隐喻。由朱熹奠定基础之后，理学便以官方唯一的正统思想自居了。

从此以后，理学便始终是中国官僚机构的信条。一方面，这种明确规定的意识形态使国家的政权有了一个可靠稳固的基础，从而有了统一性和效率；另一方面，它赞成实行绝对专制的统治，采取监督和检查思想及其他可疑的手段。在明清时期，对"异端"（不敬）的指控提供了官方所需要的方便借口，以便排除政敌和一切被认为是有害于国家安全的人。

宋代帝王本身并不实行他们公开支持的学派原则，像汉代皇帝们一样，他们就个人而言对道教的兴趣要大得多。他们寻求不死之药，大部分时间都在后宫取乐。研究宫廷的人提到当时有一些《秘戏图》，令人想到的是皇室成员在进行道家的性修炼。从那时开始，人们往往把通常的色情绘画称为春宫画，也可以简称为春画。

在宫廷内外，人们依然实践着性经的教育。不过已经有些作家起来大声疾呼，反对这些修炼。宋代作家王楙（1151—1213年）在他的《野客丛书》第二十九卷的第一部分里，对君主和贵族的性习惯进行了广泛的议论。他说皇帝们都和大量的女人有性关系，接着又说：

> 此今贵公子，多蓄姬媵，倚重于区区之药石，伐真气而助强阳。非徒无益，反以速祸。虽明理君子如韩退之有所不免，情欲之不可制如此。故士大夫以粉白黛绿，丧身殒命，何可胜数。前覆后继，曾不知悟。[1]

宋代的多产作家曾慥（号至游居士，活动于近1150年），在他的著作《道枢》中插进了一卷，名为《容成篇》，他在其中也对道教炼丹术士的性修炼进行了强烈的谴责。他的批判尤其指向他的同代人崔希范所写的《入药镜》。在1444—1447年间出版的道教经典里，有一篇被彻底删改过的《入药镜》，这篇文献曾在《道藏辑要》中再版，并有著名作家李攀龙（1514—1570年）和文人彭好古所写的注

---

[1] 《陈眉公重订野客丛书》卷十二，第4—5页。

释。这篇文献已被删得面目全非，只剩下八十行，每行三个字，几乎看不出是在说些什么。不过曾慥熟悉未经删改的原本。他的引文（在删本中已荡然无存）清楚地表明，《入药镜》是一篇关于道家炼丹术的性经。请看：

> 吾常得崔公药镜之书，言御女之战……红雪者，血海之真物。本所以成人者也，在于子宫。其为阳气，出则为血。若龟入时，俟其运出而情动。则龟转其颈，闭气饮之而用擂引焉。气定神合，则气入于关，以辘轳河车挽之，升于昆仑，朝于金阙，入于丹田，而复成丹矣。至游子闻而大叱曰："崔公果为是言哉？吾闻之古先至人盖未尝有也。昔张道陵黄赤之道、混气之法，盖为施化种子之一术耳，非真人之事也。然及陵之变举，则亦不复为此矣。清灵真人曰："吾见行此绝种而死，未见其生者也。[1]

从这篇文献中可以看出，宋代有一些道教派别仍在奉行3世纪时黄巾军实践过的教义。至于黄赤这个术语，在更早的有关黄巾军性修炼的文献里却没有出现过。

这里我们看到男性生殖器被取名龟。这个名称显然是指它的外形类似于这种动物的长颈和尖头。龟还曾引起过其他的性联想，然而这些联想在长时期里丝毫无损于它象征生命力和长寿的崇高地位。

---

[1]《容成篇》，见《正统道藏》，第35册，太玄部，新文丰出版公司发行，第199页。

第八章　五代和宋朝

只是到将近明代的时候，人们才对龟的性含义愤慨起来，以至于把它逐出了美术和应用艺术的范畴，在高雅的社交生活中连龟这个字都成了禁忌。回想一下这个象征的蜕变过程不是无益的，因为它间接地显示了儒家严格道德的演变。

正如我们在第一章里所看到的那样，殷朝的人已经在用龟甲进行占卜。人们认为这种动物身上汇集着生命力，因而是神圣的。在第二章里，我们附带了解到，龟在古代常常被艺术家们表现为北方的象征。用石头雕刻的龟通常被用作纪念碑的底座。印章上部也往往雕刻成龟形以作为长寿的标志。这种动物还经常作为花瓶、箱子和其他艺术品的装饰。更能说明问题的是，龟这个字经常出现在人名之中：例如唐朝的著名诗人、茶叶行家陆龟蒙（卒于881年），宋代作家彭龟年（1142—1206年）等。庆贺一个人的生日时便送他一幅书有龟龄的题字，在欢乐的时刻则更把这类题字张贴在墙上让大家看。可是在将近1300年时，这种动物忽然丧失了它崇高的地位。

清初作家王士禛（1634—1711年）完全承认这个事实，然而对这一变化无法做出解释。他在所著的《池北偶谈》第二十二卷的《名龟》中写道：

> 麟、凤、龟、龙，并称四灵。汉、唐、宋以来，取龟字命名者不可胜纪。至明遂以为讳，殊不可解。[1]

清代文人赵翼在《陔余丛考》的《龟禁》一节里，详细研究了

---

[1] 《池北偶谈》，下册，中华书局，1982年，第529页。

这个问题。他首先引证了宋代的一篇文献，说明浙江人之所以避免说鸭这个字，是因为他们相信鸭子是同性繁殖的。赵接着告诉我们，龟这个字在他生活的时代里是一种禁忌，因为它是指纵容妻子私通的男人。他开列了一张长长的名单，用元代以前的许多材料证明在此以前人们对龟并不避讳，而是乐于把它用作名字或称呼。他也引证了上文中王士祯的言论，而且也表示自己对这个字为什么受到禁忌一无所知。尽管如此，他还是引用了元代文献《辍耕录》中对一个败落的大家族所做的描绘："宅眷多为撑目兔，舍人总作缩头龟。"[1] 按民间信仰，母兔望月亮就会怀孕，所以前一句是指这个家族的少女都随意和人乱交。"缩头龟"是指由于怕看到眼前发生的事情而把头缩进身子里，正如我们西方所说的"驼鸟政策"，所以后一句是指这个家族的男人对他们妻子的丑行都视而不见。赵的结论是龟这个字在元朝便已经有了贬义。

清朝末年的一位作家俞樾（1821—1906年），在他的《茶香室四钞》第六卷里引用了王士祯的话，并加了一段引自明代文人徐㶿的《徐氏笔精》中的一段文字。徐断定龟在宋朝和宋朝以前并非禁忌，不过他也不清楚后来怎么发生了变化。他说明代人虽然已很少用龟起名，但还是有的，由此俞樾认为龟字在明代尚未完全成为禁忌。确实，明代的一些印章上部仍然雕刻成龟形，当时的一些木匾上也刻着包括龟或龟龄在内的题词。

在明代末期的小说里，龟这个字有一种侮辱性的庸俗含义。它在中国成了骂人的主要字眼，因为它暗示被骂者或其亲属热衷于违

---

[1] 《南村辍耕录》，第348页。

第八章　五代和宋朝　　219

反情理的恶习。龟，还有乌龟，通常是指拉皮条的人。翟理斯的《中英辞典》中龟公一词，意思是戴绿帽子的丈夫。所以龟的含义是"对妻子的私通视而不见（或从中渔利）的男人"，后来则泛指被妻子欺骗的男人。

讨论了龟之后，赵翼在下一节里又考察了王八这个词，它是和龟具有同样侮辱性的俗语。赵翼指出在古代文献里，"王八"已被用来指小偷和放荡鬼。不过他也提到了这个词的变种，即忘八，并断定其含义是指忘记了礼、义、廉、耻、仁、爱、忠、信这八种基本品德的人或动物。现在王八仍然通用，是骂犯有违反情理的恶习、道德败坏的混蛋。而当人们骂王八蛋时，是指被骂者的父母曾有过不正当的性关系。人们在房屋的墙上或走廊里常看到画有乌龟或写着王八的字样，其含义一目了然。翟理斯在他的辞典里认为这些画和字的意思是"禁止小便"，这似乎是一种派生出来的解释。

从我们所拥有的资料来看，我倾向于认为在元代以前，民间的信仰已有：一、把龟和男性生殖器联系在一起；二、认定这种动物是通过违反自然的性交来繁殖的；三、把它缩头的动作看成是一个对妻子的不轨行为视而不见的男人形象。我同样认为，这些贬义与对"灵物"龟的崇拜是共存的，所以并未把它从碑座上推翻。直到元朝，理学的道德日益严格，对有关性的题材统统加上一种禁忌，才把龟逐出了文明语言和艺术的范围。这种动物一旦被官方定为下流之物，便被普遍地用来骂人；人们只想到它与性的连带关系，而把它曾受崇拜的古老特征忘在脑后了。清朝时再也没有人想给孩子起个带龟的名字，或者在屋里张贴有这个字的题词了，也不再有人想用乌龟的形象来装饰印章或其他物品。不过应该补充一点，在南方各省，中国的古老风俗比在北方和中部保留得更为充分，所以龟作为长寿的象征仍有神圣的意义。例如在厦门，新年的第一周都要用糕饼祭天，糕饼中央都有龟的形象，这些糕饼同样也是生日礼物。日本的情况也是如此：陆龟和海龟始终像在元代以前的中国那样受到崇拜，它们一直是常见的艺术主题。

现在我们来谈宋朝时的性生活。

总的说来，宋代文献里没有多少关于性经的东西，似乎性经的影响在当时已经开始衰落，不过《宋史·艺文志》还是对此有所提及。在道经一栏（第二〇五卷）中有《五牙导引元精经》一卷。这篇文献未能流传下来，但内容显然是性炼丹术。书目后面是一位道教徒的传记，其中有关于性炼丹术的方法，这篇传记被收入了《道藏》。此外还有上文提到的《入药镜》三卷。最后是《养生要录》三卷，或许是《汉书》中已经提及的《养生要集》的摘要。医书一节（第二〇七卷）中有一篇《养性要录》，应该也是一部性经。

在宋代前期，人们依然在广泛的阶层里自由讨论关于性的问题，始终奉行性经的原则。宋代文官张耒（1054—1112年）在其著作《明道杂志》的续篇中，有两段可以作为这方面的例证。

在第一段里，张耒说有一天他结识了一个他认为是道教方士的人。那是一个名叫王江的游方僧人：嗜酒如命，疯疯颠颠，身材短粗，头发在头顶上盘成一个髻，上面插着几朵鲜花。有位高官隆重接待他，向他询问房中术，不过王拒不回答。[1]

---

[1]《续明道杂志》，第11—12页。见《学海类编》古本。

张耒也碰到过一个名叫刘几的军人。他七十岁了，看起来还是一个少年。张问他有何种法术时：

> 几挈余手曰："我有术欲授子，以是房中补导之术。"余应之曰："穷困小官，家惟一妇，何地施此？"遂不复授。[1]

在宋代前期，儒家的道德规范绝不涉及公共生活。清代文人俞樾在他的《茶香室续钞》第九卷里，引用了两份古代资料，表明在宋朝时有公开表演的妇人裸体相扑。在嘉祐年间（1056—1063年）有一种民间节日，各种艺人都到京城的宣德门附近献技。皇帝和后宫妃嫔都来看裸体女人相扑，并给胜者赏银子或绸缎。据说著名的政治家和历史学家司马光（1019—1086年）曾反对这种他认为是下流的风俗，并上书要求结束这种娱乐。

人们之所以反对男女裸体杂处或共浴，似乎是由于这种做法与儒家的体统规范互不相容。不过在后来的时代里倒有一些迹象，说明人们认为裸体，尤其是裸露生殖器具有驱邪的魔力。17世纪初，残酷的张献忠（1605—1647年）曾一度成为四川省的军事首领，他把被杀妇女的裸体堆放在要攻打的城墙前，以便产生使守城者无法开炮的魔力。清朝人大量使用的护身符，其实就是画有裸体男女交合的图片。不过没有迹象表明这类信仰从宋代起就已存在，它们可能是随着对性生活日益严厉的禁忌而产生的。

---

[1]《续明道杂志》，第17页。

在第七章里研究唐代的妓院时，我们谈到困难在于考察妓院的各个等级，以及确定它们在当时社会等级中各自的地位。关于宋朝的妓院，我们了解得比较详细。有三种关于南宋京城杭州生活的描述，是当时的见证者写的，因而为我们提供了可靠的资料。

学者周密（约1232—1308年）在他的《武林旧事》第六卷里，对三种妓院做了区别。他首先描述了下等的妓院，即供穷人和士兵用的妓院；其次是可能会见到妓女的酒馆；最后是提供一流娱乐的上等妓院。

关于下等妓院的文章名为《瓦子勾栏》。关于瓦子或瓦舍的含义我们所知甚少，不过它多少与瓦有关。勾栏意味着"栅栏"，在汉代文献里已有"职业妓院"的意思。显然，周密不认为这种下等场所值得多费笔墨，所以他仅限于记载这些场所的地点。要想了解关于瓦舍的详细情况，应该查阅当时一位号为"耐得翁"的文人在1235年编撰的《都城纪胜》。

> 瓦者，野合易散之意也。不知起于何时，但在京师甚为士庶放荡不羁之所，亦为子弟流连破坏之地。[1]

宋代文人吴自牧编撰的关于杭州的大型笔记集《梦粱录》，在第十七卷中说瓦舍是指妓院里男女之情的短暂，因为这种感情和瓦一样廉价、容易破裂，然而看来这还是次要的解释。瓦子是杭州一个市场的名称，那里最初可能有下等妓院。《梦粱录》还说当军队在杭

---

[1] 《都城纪胜》，第3页，见《武林掌故丛编》，光绪四年戊寅夏泉唐丁氏镌。

第八章　五代和宋朝

州和绍兴之间扎营时，也在城外造了一些瓦舍，让一些妓女和歌女住在里面，以便让休假的士兵玩乐。这篇文章接着重复了《都城纪胜》中的断言：贵族和平民一样经常光顾这些妓院。后来的资料表明，宋朝的军队从地方的下等妓院里招收妓女，按月付给她们一定的报酬。毫无疑问，瓦舍是官办妓院的一个具体等级，首先是为下级军官和士兵以及无钱去商业化妓院的平民服务的。但是，不久以后，有钱的放荡者便也到这儿来寻求新鲜的刺激了。上文所引证的文献也肯定了宋朝时官家曾对官妓的机构进行了改组。因犯罪而被判刑的男人的妻妾、战争中的女俘，都被分派到州、县去当妓女。凡是把妻妾留在家乡或京城里而自己外出任职的官员，都有权力租用这些妇女。如果调任到其他地方而又想留住她们，只要付一笔钱便可以了。

我们现在可以提前谈谈明朝的情况。小说里不时提到下等妓院，常去的人有士兵、海员和城里的无赖子弟。当时人们称这些妓院里的女子为表[1]，对这类下等妓女颇为蔑视，倒不是由于她们的职业，而是因为她们是罪犯或罪犯的家属，况且她们毕竟没有上等妓女的艺术才能。所以表就成了一种粗俗的辱骂了。

周密在《武林旧事》中描绘了瓦舍或下等妓院之后，接着便描述了较为高级的第二类机构，即酒楼。

周密把酒楼分为两类，一类由官府管理，称为官库，另一类则由私人经营。第一类属于户部点检所。最初只供应酒和冷盘，不供应正餐。周密例举了十一座这种酒楼的名称，每一座里都住有几十

---

[1] "表"与"里"相对，指外妇。后来加上女旁成为"婊"。

个官妓。这些女子服饰华丽,因为人们常在这里大肆炫耀地庆祝季节性的节日。这类妓院或多或少是为官员保留的,一般人不能轻易染指。

周密列举了十八座私营妓院,它们是有妇女陪酒的真正的饭馆:

> 已上皆市楼之表表者。每楼各分小阁十余,酒器悉用银,以竞华侈。每处各有私名妓数十辈,皆时妆袨服,巧笑争妍。夏月茉莉盈头,香满绮陌,凭槛招邀,谓之卖客。又有小鬟,不呼自至,歌吟强聒,以求支分,谓之"擦坐"。[1]

然后周密又一一列举了这些场所供应的菜肴,品种之多令人吃惊。没有固定的菜单,但是有许多卖者在各桌之间穿梭来往,每人手里都托着一盘特殊的美味,由客人随意选购。周密对这些过卖[2]的惊人记忆力赞叹不已,他们可以记住客人点的数百种菜肴而不出任何差错。现在广州的某些餐馆里仍有这类服务,应该说广州仍然保留着一些在中国中部和北方已经过时的风俗。最后周密得出了简单的结论:

> 歌管欢笑之声,每夕达旦,往往与朝天车马相接。虽风雨暑雪,不少减也。[3]

---

1 《前武林旧事》,卷六,见明代陈继儒辑《宝颜堂秘笈·广集第三》。
2 即后来的堂倌。
3 《前武林旧事》,卷六。

第八章 五代和宋朝

上面提到的另一篇宋代文献《都城纪胜》,提供了这类酒馆的一些细节:

> 庵酒店谓有娼妓在内,可以就欢,而于酒阁内暗藏卧床也。门首红栀子灯上,不以晴雨,必以箬䉳盖之,以为记认。其他大酒店娼妓只伴坐而已,欲买欢则多往其居。[1]

总的说来,常去这些酒馆的是中产阶级的商人和下级官员。

周密所谈的第三类妓院即上等妓院,名为歌馆。它们的所在地和唐朝京城著名的妓院区一样叫作平康里。这些歌馆似乎还有一个名称,即茶坊,今天这个名称在中国是指卖茶的店铺,但是在日本却仍然保留着约会场所的意义,以便与女郎屋或普通的妓院相区别。

住在歌馆里的妓女多才多艺,通晓诗词和歌舞,光顾者都是高级官员、富商巨贾、有钱的作家和艺术家,以及出钱资助文艺事业的富翁。周密清楚地说明了进这种地方所要付出的代价。进门喝第一杯茶,客人就要付几千文铜钱,称为点花茶。然后有人把他引进楼里送上一杯酒,他又要花几贯钱,称为支酒。这时候女子才露面供客人选择,并有人送来酒食,宴会才开始进行。除了宴会费之外,还有各种各样的费用,换一种花样就要付一次钱。例如客人想要另一家妓院的某位女子作伴,即使她就在对面的妓院里,客人也要付轿子费,外加护送人员的费用。作为补偿,客人享用的一切皆是精品,妓院也布置得富丽堂皇。家具质量精美,内部装饰着精

---

1 《都城纪胜》,第 3 页。

巧的古玩。为客人的舒适而采取的措施可谓无微不至：冬天房内有大的铜火盆取暖，夏天则由装满冰块的盆来降温。周密还做了进一步的描绘：

> 自酒器首饰被卧衣服之属，各有赁者。故凡佳客之至，则供具为之一新，非习于游者不察也。[1]

宋代的这些文献使我们对这一时期的三种妓院有了清楚的概念。它们描述的虽然只是南宋京城杭州及其附近地区，但是也适用于其他地方，只是各地还有一些地方特色而已。

和唐代一样，上等妓女是和社会结合在一起的，并且参加私人的接待仪式。上文所引的《梦粱录》，在第二十卷里详细描述了杭州的婚姻和风俗，尤其突出了妓女在婚礼上的地位。下面是这篇描述的概要，因为它对了解中国的婚姻习俗史也会有所帮助。

一个媒人在两家之间非正式地交流一些情况，这两家于是就联姻问题求神降示。如果神谕有利，两家便交换庚帖，上面写明了两家的详细情况：三代以来家长的姓名、地位和职务，男女双方的生辰、家庭成员名单和财产清单。女方还要开出嫁妆并提出要多少彩礼。如果双方都满意了，便安排让两位新人见面的宴会，谓之相亲。两位新人互敬一杯酒，如果男方喜欢未来的妻子，便在她发髻上插一根金簪；如果不合自己的意，他便送她两块锦缎。若是一切顺利，两家便交换礼品，并选择吉日成婚。几次交换礼物之后（每次都有

---

[1]《前武林旧事》，卷六。

象征性的意义，例如一对金鱼是多子女的象征），新郎便在包括聘用的妓女和歌手在内的队伍陪同下去迎接新娘。来到新娘家里，新郎要请新娘一家享用他带来的酒食。然后新娘坐上花轿，被大吹大擂地迎到新郎家里，陪同她的许多妓女都带着鲜花和红烛。妓女们陪新娘走进新房，新郎则由司仪领进新房。新人互饮交杯酒，有人把他们分绺的头发盘在一起。这时婚礼结束，新人被引至客厅，新娘被正式介绍给男方的一家并敬拜供有牌位的祖先。

后来这种礼仪有了一些根本性的变化。新人事先相亲的仪式似乎在明朝时被放弃了。从此以后，他们只有当新娘在祖先牌位前被揭去头盖时才初次相见。相反，日本至今在婚姻中仍然保留着古代新人事先相亲的方式。

中国的住宅内部在宋代发生了很大的变化。唐朝时市民的住宅是一些宽敞的厅堂，由活动隔板分成小的房间。宋代的房屋则用坚实的墙壁隔成各种居室。这样墙壁就增大了使用面积，所以挂在墙上的字画便成了室内装饰的重要部分。地面砌上石板，冬天再铺上地毯。人们进屋时不再脱鞋，也不再席地而坐，而是开始使用由木头雕刻成的椅子和高大的桌子了。

床架比从前更像是隔开的房间了。它和安置它的房间一样高，用结实的木头制成，还有格状的"窗户"。这个房间的最里面是带帏帐的床，旁边足以放一张梳妆台和一张茶几。房间的正面还有帏帐遮住。有两样东西使睡眠者更为舒适：一是竹夫人，即用竹篾编成的圆柱形笼子，长三尺，在炎热的夏夜把它夹在两腿之间，可以减轻由于呼吸急促而造成的不适。华侨以前曾把它出口到从前由荷兰人统治的印度，以及东南亚的其他地区，当地人给它起了个英语名称"荷兰妻子"。二是汤婆子，即冬天灌满热水用来暖床的扁圆形铜壶，还有更小的热水瓶，专门用来暖脚，称为脚婆子。据清代文人赵翼所说，这两种平民的、然而实用的东西产生于宋朝。

像唐朝末期一样，北宋（960—1127年）时男女的穿着似乎是相同的。图版十一画的是一位穿着礼服的夫人。这是一幅表现地藏菩萨的佛教巨画中的一个局部，是在敦煌发现的，上面的日期是983年。这一布局画的是一位"供养人"，画在原画的右下角，原画见W.科恩的著作《中国绘画》（菲登出版社，伦敦，1984年）的第三十一幅插图。她的双手举至胸部，手中拿着一个圣水瓶。长袍拖曳，衣袖宽大，肩上披一条长披帛，两端垂地。发式讲究，垂在两鬓的发辫上插有小花——或许是珍珠。这两个发辫名为鬟，或称蝉鬟，对中国人很有吸引力，情诗中经常提到它，通常把它比作轻云。她的头发前面插着一把弯曲的梳子，两边各有三枚钗，钗的尾部突起并有饰物。发髻上饰有金制的凤凰，尾部竖起，还有一些金花。这些首饰在图版十三上可以看得更加清楚。她的面颊上有两块起自眼底的、又大又清楚的红色，眉间还点了三颗痣。

把这幅画和图版十二比较一下不无益处。图版十二是东京鹤屋妓院的艺妓立花，约1840年由著名艺术家英山绘制而成，比图版十一晚了近一千年。两幅画有惊人的相似之处：拖曳的长袍、宽大的衣袖，尤其是两鬓有发辫的精致发式；额头上的梳子、尾部突起而有饰物的钗。这又一次证明日本是多么忠实地保存了中国古代的某些习俗。

图版十三画的是一男一女两位供养人，这也是在敦煌发现的一

幅画的局部。原画表现的是伴有两个女童的观世音，画在彩绸上，968年，正是北宋初年。这幅画表明，男子的服装实际上也和唐代末期一样。我们看到帽翅上浆的官帽，扣至颈部的长袍，镶有一块玉牌的腰带，和他手里拿着的一个长把的手提香炉。

看来北宋时的男女仍然穿着大致相仿的服饰，但是到南宋（1127—1279年）时期，服装式样便大不相同了。这种变化毫不奇怪，因为朝廷从汴梁迁至南方城市杭州，使社会气氛和文化气氛都大为改观。不过我们几乎无法笼统地谈论这些服饰的改革，因为中国的服饰史是个被完全忽视的题目，目前我们对此所知甚少。保存至今的宋代绘画大多是复制品，所以应该想到复制者往往会改动某些细节。至于那些罕见的、被公认是宋代的人物画，它们所表现的并非必然是作者绘画时流行的服饰式样。其实大部分画家都更喜爱用古风的服装和姿势来表现他们的模特。即使在今天，中国的肖像画家也乐于给当代人画上明代的服装。因而可以理解，下面的评述只能作为参考。

在南宋时代，外罩的长袍普遍加宽了，无论男女，长袍都宽大并拖在身后。裸露胸部已经不成体统，所以流行的式样要求妇女在长袍里面穿一件短上衣，前面扣纽扣，并有贴近颈部的高领。唐代流行的围裙式的衣服似乎已经过时，我们看到妇女们在长袍外面加上了一件罩衣，前面开口，由两根极长的、拖在地上的带子系住（参阅图四和图八）。有时这种罩衣类似一件短上衣，如图七所示。图八和图十一还画出了一种金制的坚硬项圈，搭扣很宽而且装饰精美。可以认为这些称为长命锁的项圈是在南宋时期流行起来的。这是一种护身符，长寿和幸运之神像被锁住一样保险，会永远给戴它的人带来幸福。现在人们通常给新生儿送这类"幸运锁",有银的或金的,让他们在佛陀的生日,即农历二月十九用一根细绳挂在脖子上。在明朝,成年妇女仍然戴项圈,即使在脱衣性交时也不取下来。

南宋时期,妇女的妆容更为精致。她们只在脸上稍微涂点玫瑰红,唐代和北宋时流行的从眼底开始的大块红色妆容已看不到了。作为猎奇,我想谈一下(约公元1000年)辽朝时北方妇女流行的一种习俗。清代文人俞正燮在他的《癸巳存稿》第四卷里,引用古代资料说,当时的妇女在脸上涂满一种黄色的香脂,然后再点上红痣并把眉描黑。这种化妆方式名为佛妆,因为它显然令人想起金身佛像没有表情的面孔。不难想见这种特殊的化妆也有性的含义,使人感到妇女是密宗的萨克蒂[1],或者是女性化的男人,这样的妇女能在性交过程中增强男子的元气。

宋朝时雕版印刷术有了很大的发展。过去只能用手抄写,但从此以后每本书都可以大量印刷了,这一革新极大地推动了知识的传播。

妇女们同样也能比较容易地学到文学知识。在富裕的家庭里,女孩所受的教育不再限于传统的女红,而还包括读书写字。从这时起,通晓文学的妇女越来越多,女诗人不再仅限于妓女和歌女的范围。不少妇女首先以工于书画著称。应该看到,在唐代和唐代以前,人们总是把书法看得高于绘画,因为书法是只有学者和高官才适于从事的艺术。绘画则是一种职业技能,是手艺人而不是艺术家的劳

---

[1] 梵文,意为"女性能力",亦可译为"性力"。

作。然而在宋代却出现了印象派式的水墨画，只用着意的几笔勾勒出画的基本特征。由于这种画法的原理和书法一样，人们便认为它应由文学阶层的人来实践，因而它很快就成了男女都跃跃欲试的消遣方式。宋代之前，我们只听说有以文学作品而闻名的妇女；而从宋代开始，便有不少女画家了。

有些文官的妻子非常关心丈夫的文艺事业。和现代一样，共同的爱好是夫妇生活能够幸福的牢固基础，所以从这时起，中国历史上出现了许多以对文学的共同爱好为纽带的幸运结合。

当时有一位自己撰写婚后回忆录的夫人，就是女词人李清照，号易安（1081—约1140年）。

李清照生长于一个贫穷但著名的文人家庭。父亲是著名诗人李格非，母亲是文官王拱辰（1012—1085年）之女[1]。十九岁时嫁与太学生、金石考据家赵明诚为妻。赵雄心勃勃，想把当时重要的金石铭文全部整理成册，所以在任职后便和妻子李清照一起全力以赴地进行研究。

当时正值政治动乱，北方的金国日益强大，几次南下并击败宋军。1127年，金兵攻占宋朝京城汴梁（现在的开封）。皇帝逃到南方，迁都临安（现在的杭州）。南宋即由此开始，直到1279年蒙古人占领整个中国为止。

李清照的丈夫在宋都南迁时去世，留下了收藏的金石书画，以及一生的著作手稿，即三十卷的《金石录》。李清照长途跋涉、历尽

---

[1] 据中文资料，李清照之母是王拱辰的孙女。也有人认为是王准的孙女。说法不一。

艰险，极力保全丈夫的遗物，总是将手稿随身携带。她定居杭州后将手稿校正，并加了一篇后记，说明该书经历的沧桑。因而后记便成了一篇简短而动人的自传，文笔谦逊朴素，表现了她对丈夫的真挚爱情。我在这里列举几段，以便读者了解他们的生活，以及她对丈夫及其著作的感情：

侯年二十一，在大学作学生。赵、李族寒，素贫俭。每朔望谒告出，质衣，取半千钱，步入相国寺，市碑文果实归。相对展玩咀嚼，自谓葛天氏之民也。后二年，出仕宦，便有饭蔬衣练，穷遐方绝域，尽天下古文奇字之志。日就月将，渐益堆积。丞相居政府，亲旧或在馆阁，多有亡诗、逸史，鲁壁、汲冢所未见之书，遂尽力传写，浸觉有味，不能自已。后或见古今名人书画，一代奇器，亦复脱衣市易。尝记崇宁年间，有人持徐熙《牡丹图》，求钱二十万。当时虽贵家子弟，求二十万钱，岂易得耶？留宿间，计无所出而还之。夫妇相向惋怅者数日。[1]

后来赵明诚升迁，有能力购买更多书画，于是夫妇俩便逐渐扩充藏书。

竭其俸入，以事铅椠。每获一书，即同共勘校，整集签题。得书、画、彝、鼎，亦摩玩舒卷，指摘疵病，夜尽一烛为率。故能纸札精致，字画完整，冠诸收书家。余性偶强记，每饭罢，

---

[1]《李清照集校注》，王学初校注，人民文学出版社，1979年，第177页。

坐归来堂，烹茶，指堆积书史，言某事在某书、某卷、第几页、第几行，以中否角胜负，为饮茶先后。中即举杯大笑，至茶倾覆怀中，反不得饮而起，甘心老是乡矣。故虽处忧患困穷，而志不屈。[1]

然而军事形势日益恶化，赵明诚在山东任职，离前线不远。

闻金寇犯京师，四顾茫然，盈箱溢箧，且恋恋，且怅怅，知其必不为己物矣！[2]

从1127至1129年，宋军向南方退却，赵家一再搬迁，不得不屡次抛弃或卖掉一部分如此珍贵的金石书画。1129年夏天，偏安杭州的皇帝接见了赵明诚，任命他为浙江吴兴知州。由于形势仍在恶化，他决定先安置妻子，然后独自赴任。他们一起坐了一程船。

六月十三日，始负担，舍舟坐岸上，葛衣岸巾，精神如虎，目光烂烂射人，望舟中告别。余意甚恶，呼曰："如传闻城中缓急，奈何？"戟手遥应曰："从众。必不得已，先弃辎重，次衣被，次书册卷轴，次古器，独所谓宗器者，可自负抱，与身俱存亡，勿忘之。"遂驰马去。[3]

---

1 《李清照集校注》，第178页。
2 同上书，第178—179页。
3 同上书，第179—180页。

此后，她再也没有见到他。一到军营，他就患病去世了，所留遗产只能供妻妾勉强糊口。她在三年内四处奔波，投亲靠友。下面这首词或许就是在此时所作，调寄《采桑子》：

> 窗前谁种芭蕉树？阴满中庭。
> 阴满中庭，叶叶心心，舒卷有余情。
>
> 伤心枕上三更雨，点滴霖霪。
> 点滴霖霪，愁损北人，不惯起来听。[1]

她不得不把东西一件件卖掉，余下的古物又被贼偷走。然而她始终小心翼翼地保存着手稿。1132年她五十二岁时终于定居杭州，校正手稿并写了后记。最后她加上了这几句听天由命的话："然有有必有无，有聚必有散，乃理之常。"

后记写于1234年。为出版丈夫的手稿做好准备之后，她便离开了杭州，没有人知道她死于何时何地。

---

[1] 《宋词鉴赏辞典》，贺新辉主编，北京燕山出版社，1987年，第590页。

第四部分

蒙古人的统治和明朝的复兴

元朝和明朝(1280—1644年)。

文学和艺术中的性。

第九章 元 朝

（1279—1367年）

当可怕的征服者成吉思汗的继承者们注视宋朝的时候，他们只有一个目标：尽可能在最短的时间内掠夺最多的战利品。蒙古人在中国北方强制推行极其严酷的占领制度，当1279年宋朝最后一个皇帝在南方失败时，他们的军事统治便遍及整个中国，直至1367年。忽必烈汗在北京建都，谋士中有蒙古人和色目人，包括著名的威尼斯旅行家马可·波罗。也有的异族人被派作各省的军事长官，例如统治云南省的阿拉伯人赛典赤，他在中国西南部为宣传伊斯兰教做了许多工作。

当时的中国人民经受着史无前例的苦难。中国在历史上曾有过部分地区被异族人统治，但至少其他地区仍在中国人手里，是由中国君主统治的。何况这些异族政体都赞赏中国的文化，不久便采用了当地的语言和风俗。然而蒙古人的统治似乎预示着中国和中国文化的末日。蒙古人蔑视宋人的一切，只想无情地夺走他们的财富，把中国作为在军事上对付满洲、朝鲜、日本和印度支那等邻国的基地。

中国人因而面临着很多问题。南方汉人组织了抵抗运动，例如白莲会；有人则出于个人利益而对蒙古人俯首称臣；更有人与他们合作，说这是缓和铁腕统治的唯一手段。许多人为了逃避在城里会受到的剥夺和屈辱而隐居于荒无人烟的深山，其他文官和知识分子则各谋生路。

人们最忧虑的问题之一，是不让妻妾们受到征服者的纠缠。因为蒙古人有投宿证[1]，所以必须不惜一切把妇女幽禁在她们的内室里。这时人们都深感儒家隔离妇女的规则合乎情理。我们可以有根据地认为，正是在这一时期中国人才开始变得一本正经，极力保守他们性生活的秘密。

有两部道学著作生动地反映了当时劝人积德行善的风气。这两篇文献都属于《功过格》，即把善行和恶行放在一起对照。这些表格中的每一项都附有一个分数，即道德评价，用数字表示，例如"救人一命五百功""杀人一命一千过"，等等。经常参考这些善恶的对照标准，一家之主们就可以确定他们的道德水准了。

无论在身体力行的儒家还是在道教徒或佛教徒之中，这些对照都同样普及。实际上，尽管儒家精神在其中占着优势，这两部著作仍然被收入了《道藏辑要》。传说这两篇文献的作者是吕岩，即吕洞宾，他生活在870年左右，据说得到了不死之药而成仙升天，这种传说当然纯系虚构。吕一旦作为"八仙"之一，做稳了道教之神，人们便毫无顾忌地把许多玄妙的和色情的文献归功于他（参阅本书第十章）。从文笔和内容来看，这两篇文献似乎写于元朝，肯定不是出于唐代。出版这些文献的是明代文人，尤其是在1589年成为进士的著名诗人陶望龄。

第一部，也是最详细的著作名为《十戒功过格》。它分为十节，

---

[1] 即有在任何民房投宿的权利。

每节考察一些由佛僧奉行的十戒的功过，如"戒杀""戒盗"等。我们现在考察一下第三节，内容是"戒淫"。它列举了在性生活方面的一些具有普遍性的罪过，这是道德决疑论的一个有趣例子。我把它的内容概括在下面的表格里。

罪行性质	犯罪对象			
	已婚妇女	寡妇/处女	僧尼	妓女
"暴淫"，指毫无爱情，只是为了炫耀财势而强占一名女子。	五百过。若是仆妇为二百过。	一千过。若是仆人遗孀或婢女为五百过。	无量过。	五十过。指夺人所爱，即她原有一个合法的保护人或另有所爱。
"痴淫"，指出于一种盲目的激情。	二百过。若是仆妇为一百过。	五百过。若是仆人遗孀或婢女为二百过。	一千过。	一百过。
"冤业淫"，指男女命中注定相逢并自愿成淫。	一百过。若是仆妇为五十过。	二百过。若是仆人遗孀或婢女为一百过。	五百过。	二十过。
"宣淫"，指对他人言说自己的淫行。	五十过。	一百过。	二百过。	五过。
"妄淫"，指未犯淫戒对他人宣淫。	五十过。	二百过。	二百过。	十过。

第九章 元朝 241

对这张表格的背景进行分析，必然要用大量篇幅进行社会学方面的讨论，因此这里我仅限于回顾它的主要观点。

毫无深情、纯粹出于肉欲而犯的罪行最为恶劣，但妓女的情况是个例外，因为社会赋予她们的职能正是满足这类欲望。如果是出于真正的激情，犯罪的严重程度便可减轻，然而疯狂地爱上一个妓女却比较严重，因为这证明他是一个生性放荡的人。此外，男女前世有缘，才命中注定要相遇和相爱，其罪过也可减轻。

对僧尼犯罪特别严重，应该看到这是对佛教徒和道教徒读者的一种让步，这种看法或多或少是人为的，并不反映普通中国人的真正的好恶。相反，侵犯寡妇和处女非同小可，则非常真实。这一点应该这样解释：中国人把对死者的崇拜和每个女人延续香火的神圣职责看得至高无上；诱奸一个寡妇，就是冒犯了她亡夫的灵魂；诱奸一个处女，就使她无法履行今后作为妻子的责任。此外，寡妇和处女不像已婚妇女那样受到较多的保护，所以恶意中伤她们要比中伤已婚妇女更为严重。

从表格中可以看到，毫无根据地自吹与妓女有淫行（十过），比真正犯有这种淫行（五过）要严重一倍：这是因为在前一种情况下他可以在洁身自好的同时怂恿别人去犯这种罪过。

下面这张表可以使我们了解儒家在调节一家之主与其妻妾的性关系时多么严格：

广置姬妾	五十过
爱妾弃嫡	十过
——致妾失礼于嫡	二十过

谈及妇女容貌妍媸	一过
遇美色流连顾盼	一过
无故作淫邪想	五过
夜起裸露小遗不避人	一过
淫梦一次	一过
——不自刻责，反追忆模拟	五过
习学吹弹歌唱	二过
——学成	二十过
看传奇小说	五过
善戏笑	二过
——若无妇女在场	一过
——若有心调笑	十过
家藏春官册页	十过
行立不端，倾侧取态	五过
——若无妇女在场	一过
——若有心献媚	二十过
坐或倾侧，视或邪睨	二过
——若无妇女在场	一过
——若有意送情	二十过
非亲姊妹，手相授受	一过
——有意接手，心地淫淫者	十过
——有危险时扶持者	非过
——扶持时生一邪思	五过
途遇妇人不侧避	一过

第九章 元朝

——正视妇人	二过
——侧视妇人	五过
——起奸婬意	十过
焚佩淫香	一过
擅入人家内室及嬬尼之门	一过
交一嫖赌损友	五十过
早眠迟起（有多淫之意）	一过
纵妇女艳装	一过
看淫戏	一过
——倡演者	五十过
对妇女作调笑话，虽非有意	五过
——若有意者	二十过
见妇女作调笑语，不以正色对之	一过
——因其调笑而起私邪之念者	十过
对妇女极口称赞其德行者	非过
——极口称赞其才能者	一过
——极口称赞其女工者	二过
——极口称赞其智慧恩德者	五过
在妇女前传述邪淫事者	十过
——有心挑动者	二十过
秽亵不堪者，即使无意	二十过
——辞涉劝戒，起人羞恶之心者	非过
在妇女前吟咏情诗艳语者	五过
——若有心挑动	二十过

——赞叹情深语艳者	十过
——语关劝诫者	非过
在妇女前谈及巧妆、艳饰、花翠裙袄者	一过
于妇女前多作揖逊谦恭者	一过[1]

最后一条以及所有不许男人称赞妻妾的条款,表明不能做任何事情来影响妇女甘居卑贱的地位。这些条款也预示着明朝时传播开来的、虚伪透顶的箴言:女子无才便是德。归根结底,这张表雄辩地证明了儒家的狭隘信念,与妻妾性交是对家庭和国家履行神圣的义务,从中取乐则是下流行为。

第二篇文献更为简短,也更为苛刻,名为《警世功过格》,下面是其中的一些条目。

轻亵祖宗先灵	一千过
败一良家妇女节	一千过
致一人死	一千过
卖婢作娼	一千过
溺女一次	一千过
造淫书艳曲淫画(刊刻印刷者同)	一千过
造言谤污一妇女节	五百过
谑及闺阁子女	五十过
戏语谩及圣贤佛仙	三十过

---

1 《十戒功过格》,见《道藏辑要》,张集三,第20—23页。

第九章 元 朝 245

谈淫亵语	十过
放火烧人房屋	五百过
用谋图娶寡妇尼姑为妻妾	五百过
宠妾弃妻	五百过
堕胎一次	三百过
——因邪色而堕胎	六百过
诱一人嫖	三百过
诱一人赌	三百过
致一人卖妻	三百过
妻虐婢妾不能检制	一百至三百过
——虐待致死者	一千过
锢婢不嫁	二百过
嫖妓及男淫一次	五十过
演淫戏一场	二十过
饮酒至醉	一过
男女混杂无别	三过
弃字纸一片	五过
以不净手翻书	三过
以书籍字扇置枕席间	三过[1]

拿神灵开玩笑不如拿妇女开玩笑严重：或许是由于神灵有办法报复，而妇女则不能。令人吃惊的是，人们对色情产品的惩罚如此

---

[1]《警世功过格》，见《道藏辑要》，张集三，第70—81页。

严厉,看来人们认为对于毁灭一个人的精神就和杀死这个人一样应予严惩。我们也看到一家之主对其婢女行使作父母的权利,他的责任要求他在家中的婢女达到婚龄时为她找到一个合适的丈夫。人们还细心地加上了最后三条,它们表明中国人对书上的话是何等崇敬。在中国的许多城市里,街道上有用石头砌成的集纸箱,上写"敬惜字纸"。这些石箱的虔诚的建造者们,定期地把行人放在里面的废纸拿去埋掉。

这两张表都仔细地提醒读者禁止轻佻的歌曲和戏剧。这种严肃态度值得注意,因为它很能显示元代的特点:这正是轻佻文学获得声誉的时代。我们接下来会对这种严肃态度的前景稍加分析。

许多宋朝遗老讨厌在往往是文盲的蒙古人或色目人手下任职,因而辞去了自己的职务。将被予官职的中国文人不愿行使候选人的权利,而科举的考生们则不得不放弃学习:因为在1284年和1313年之间,蒙古人废除了科举制度。在这种不正常的形势下,文人们都转而追求轻佻的娱乐,青年书生更是如此。戏剧一向被看作是愚民的下里巴人,现在却成了文人最喜爱的消遣方式。一些学者把古老的爱情故事搬上舞台,才华横溢的诗人则用精美典雅的诗句来写剧本。于是由词演变而来的曲便大放异彩,并在中国舞台上占据着主要的地位,使元代成为中国戏剧的黄金时代。

当时有两出以爱情为主题的戏最为著名:《西厢记》和《琵琶记》。《西厢记》借鉴了唐代诗人元稹的一次爱情奇遇。主人公是一位年轻书生,他租了庙里的一间房子读书。庙的隔壁住着一位寡妇和她美貌的女儿。适有强盗来犯,书生设法保护了寡妇。他爱上了她的女儿,这位小姐开始时不免犹疑,经过一段策划安排,他们终于幽会，戏也就在他们的幸福结合时结束。

《琵琶记》的独特之处，在于它表现了一个男子同时爱着两个妻子时的内心冲突。主人公是汉代著名文人蔡邕（133—192年），他在家乡娶了一位美貌博学的女子赵五娘。他上京赶考，把年迈的父母留给妻子照顾。得中状元之后，他被迫娶了宰相的女儿，但是她聪明可爱，使他也恋恋不舍。别人告诉他家乡一切都好，但其真实情况却是连年灾荒。尽管妻子变卖一切，两老还是饿死了。于是赵五娘决定去京城找丈夫。她历尽艰辛，靠弹琵琶为生。偶然的机会使蔡的两个妻子碰在一起，成了好朋友，不过她们都不知道对方的身份。有一天，人们发现赵五娘是蔡的妻子，于是有了圆满的结局：宰相女儿被赵五娘的孝心和忠贞所感动，让丈夫和她团圆，皇帝也颁旨特准他有两个妻子。

剧中妇女的角色大都由妓女扮演。从此以后，演戏就成了妓女学艺的一部分。元代一位不知名的文人写了一部书，名为《青楼集》[1]，它描绘了当时七十位妓女的生涯，其中大部分都以歌舞和演戏的才华而闻名。

《青楼集》里妓女们的简短传记，反映了当时不稳定的生活环境。某些歌女被富人买去作妾，被抛弃后到到私人剧团里去，最后嫁给老板或重操旧业。另一些人成了道姑，在各大城市流浪，或者演戏，或当妓女，最后穷困潦倒，或者被朝廷官员收进后房。书中也谈到了男演员，由于职业卑微，报酬极低，他们的妻女往往要靠卖淫来糊口。

---

[1] 《青楼集》的作者系元代夏庭芝，字伯和，号雪蓑钓隐。

男女艺人也善于在街头说书。这种艺术大受欢迎，因为它不仅是简单的消遣，而且也是不加多少掩饰的讽刺，从而使人民有了一个对占领者发泄怒气的机会。这种没有雄心的艺术却在中国文学里起到巨大的作用，使一种近于口语的新的文学手法繁荣起来。在此以前，任何书面的东西都要使用传统的文言，而蒙古官员及其色目助手既没有时间，也没有兴趣去熟悉这种难得要命的语言，于是从主人到仆从，无论是口头或书面，都使用一种以熟语为基础的lingua franca[1]。继剧作家之后，说书人又使这种新颖生动的语言更为完善。同样，这些粗俗的故事又为后来的中国小说奠定了基础。直到19世纪，小说家在文风上都保持着说书人的传统。每一章的结束语都是"欲知后事如何，且听下回分解"，或其他吊人胃口的套话。

这一时期妓女的生活十分动人，因而西方的翻译家对这种从唐代直到20世纪头十年都十分繁荣的中国文学体裁，应该予以更多的重视。下面是《青楼集》中妓女樊事真的故事。

樊事真是京城的名妓，美貌聪慧。有位姓周的官员非常爱她，是她的靠山。有一次他要去南方，她发誓说宁肯戳瞎一只眼睛也不会对他不忠。然而他离京以后，她就被迫失身于一个有权势的大官。当周回到京城来看她时，她拔下头发上的一根金簪，戳瞎了自己的左眼。这种真情使他深受感动，他收留了她，和她永不分离。[2]

马可·波罗说京城各郊区的妓女不下两万余名，既为中国人也为外国观光者服务。

---

1 拉丁文：自由语言。
2 《青楼集》，第6页，见《双梅景闇丛书》。

第九章 元朝

从这时开始,文献里便常常提到女子的缠足。元代作家陶宗仪,在他的《辍耕录》第十卷里有一段对缠足的说明。他断言在宋朝熙宁(1068—1077年)和元丰(1078—1085年)以前这一习俗尚未普及,而在他的时代便以不缠足者为耻了。

在第二十三卷里,陶宗仪还谈到了由于欣赏缠足而产生的莲癖。他举了一个好声色的富人为例,此人在宴会上常用舞女的小鞋向客人行酒,谓之金莲杯。

人们对房中术始终十分重视,但是对其原则的争论比以前更为公开和自由了。陶宗仪在《辍耕录》第十四卷里对房中术提出了指责:

> 今人以邪僻不经之术,如运气、逆流、采战之类曰房中术。[1]

他接着列举了《汉书·艺文志》中有关性经的说明,最后得出了完全错误的解释:房中,妇人也。

在同一卷里,陶宗仪对青春期和月经提出一些看法。他说女子进入婚龄前举行的仪式,即我们在第二章里提到的"及笄",也叫作上头,不过这个术语同样是指娼妓的初次接客。

此外,他还提醒一家之主要当心九种行业的女人,这些人若进入内宅便会带来数不清的麻烦和倒霉事。这一段名为三姑六婆:

> 三姑者,尼姑、道姑、卦姑也。六婆者,牙婆、媒婆、师婆、

---

[1] 《南村辍耕录》,第174页。

虔婆、药婆、稳婆也。盖与三刑六害同也。人家有一于此，而不致奸盗者，几希矣。若能谨而远之，如避蛇蝎庶乎净宅之法。[1]

对于尼姑和道姑，人们通常怀疑她们会败坏妇女的道德，会引诱妇女通奸。我们在第十章里还要谈到这一点。

牙婆，按上文提到的宋代《梦粱录》的记载，是为高官富豪寻找年轻妇女作妾或丫鬟的女人。媒婆与促成正当婚姻所必需的官方媒史毫无共同之处，她更是帮助好色者拉皮条的老手。在小说里，这类人大都贩卖梳子、胭脂香粉和别的首饰，以便借此进入内宅。我还不太清楚为什么稳婆也和这些不受欢迎的人同属一类。

《辍耕录》第二十八卷还有对阉人的一段重要说明。

世有男子，虽娶妇而终身无嗣育者，谓之天阉。世俗则命之曰黄门……按《黄帝针经》曰："人有具伤于阴，阴气绝而不起，阴不能用。然其须不去。宦者之独去何也？愿闻其故。"岐伯曰："宦者去其宗筋，伤其冲脉，血写不复，皮肤内结，唇口不荣，故须不生。"黄帝曰：'其有天宦者，未尝被伤，然其须不生，其故何也？'岐伯曰：'此天之所不足。其任冲不盛，宗筋不成，有气无血，唇口不荣，故须不生。'"[2]

和古代的许多医学与性学著作一样，这里所引的文献也采用黄

---

[1] 《南村辍耕录》，第126页。
[2] 同上书，第350页。

第九章 元朝 251

帝和他的一位教师或同伴对话的形式。这里的岐伯是传说中医术的发明者。宦官所受的手术是最野蛮的，手术者用一把快刀一下子割掉他的阴茎和阴囊。马蒂尼翁医生详细地描绘过一次手术，那是一个专家在将近1890年时按规矩做的。此人住在故宫附近，职业世袭；他索取高额的手术费，让宦官在皇宫里任职后分几次还清。读者如果想了解更多的情况，特别是术后的照料，可以参阅马蒂尼翁医生的著作，其中还有伤疤的照片。我们完全有理由认为，古代的方法与他描绘的方法没有多少区别。马蒂尼翁医生还指出，手术致死的例子比较罕见，约占百分之三到六。但是另一方面，许多宦官都苦于慢性膀胱炎和其他疾病。

这些慢性的功能障碍，加上生理上的自卑感，可以部分地说明宦官们的乖僻性格，正如我们在中国历史和文学中所看到的那样。一般来说，他们必然显得傲慢，极为多疑，急躁易怒，脾气多变。他们尽管看起来不善饮酒，但大都讲究吃喝，往往是声名狼藉的饕餮。他们的残疾自会得到各式各样的补偿，所以总而言之他们对自己的命运似乎比较达观。宦官们大都在幼年被父母阉割后送进宫里，但成年人自愿致残者也并不罕见。因为宦官必定可在皇宫或皇族家中获得一个有利可图的舒适职位。一旦安家，他们通常都娶一个妻子来照料自己，而且收养一些义子来接续香火。此外，宦官们都形成一个统一的集团，他们组织严密，互相帮助，以维护他们的利益。

宦官在中国历史上始终起着重要的作用。他们在皇宫内部组成一个单独的小天地，常常对国事产生巨大的影响。由于能自由地进入宫廷，他们对妃嫔们的说长道短和阴谋诡计了如指掌，因而可以准确地了解皇帝的心情、弱点和癖好。官员只能在被接见时或重要的仪式上才能见到皇帝，所以相比之下，可以说宦官倒和皇帝更为接近。皇帝也常派他们执行公务，让他们看重要的政治文件。宦官善于利用这种特权地位来谋取自己的利益。如果不能直接对皇帝施加影响，他们就通过皇后和妃嫔们来达到目的。宦官常有足够的权力来干预政事，从而给国家，归根结底也给自己带来了灾难。因为他们虽然对宫内事务了如指掌，但是却只能间接地了解各省和边境以外的情况。在各个朝代里，他们都在宫廷内部形成一个狭隘而反动的沙文主义核心。当然，个别宦官有指挥才能，能为国家的事业做出贡献，例如1405年，明代一位太监曾率领船队到过南洋。但是宦官作为一种制度，总的来说是灾难的根源，可以认为宦官对中国的政治和经济造成了严重的危害。

蒙古人的统治在强盛时期似乎不可一世，然而不久便出现了衰落的征兆。当政权只能用军事手段维持而不依靠一种文化时，它就无法缓冲因失败而受到的打击。蒙古人在最初的成功之后，接下来便遭到许多挫折。他们在中亚和亚洲北部的草原上、在中国北方的平原上作战时几乎是不可战胜的，但是却无法忍受南方湿热的气候，而且他们对海战一窍不通。他们的军队在安南和印度支那吃了败仗，远征日本的庞大船队遭到挫折，对印度尼西亚的远征也同样如此。蒙古人从挫折中懂得了要向中国人学许多东西，于是逐渐采取了较为温和的态度，向中国文官提供较好的职位。于是一些有才华的中国人开始为他们效劳，其中有的人以文学和艺术闻名，尽管中国的历史学家指责他们不爱祖国。

当时一流的文人和艺术家首推赵孟頫（1254—1322年），他是

第九章 元 朝 253

杰出的书画家和收藏家。他的妻子管道升（1262—1319年）也同样著名。她是独女，父亲对她十分疼爱，使她受到了出色的文学教育。她二十七岁时出嫁，当时赵孟頫已在京城做了大官。据说他们婚姻美满，夫妻都备受蒙古宫廷的敬重，并且被封为贵族。管夫人的作品留传甚少，令人难忘的是她的《我侬词》，那是她在丈夫执意娶妾而和他争吵之后写的：

> 尔侬我侬，忒杀情多。
> 情多处，热似火。
> 把一块泥，捻一个尔，塑一个我。
> 将咱两个一齐打破，用水调和。
> 再捻一个你，再塑一个我。
> 我泥中有尔，尔泥中有我。
> 我与你，生同一个衾，死同一个椁。

按照后来的一种说法，赵孟頫艳遇颇多，而且善于画春宫图。在下一章里谈到明代的一部色情小说时，我们还要提到他所描绘的三十六种姿势。

在元代后半期，也有一些蒙古人学习中国文化并从事文献的研究。留传至今的一本关于保健的医学小册子，就是宫廷医生忽思慧编撰并于1330年献给皇帝的。书的名字是《饮膳正要》，著名文官虞集（1272—1348年）曾为之写了一篇序。该书文笔明快简练，由于对荤素食物的营养特性有详细的叙述，因而成了非常通俗的袖珍指南。1456年该书重版，明代第七个皇帝代宗为它写了序。

下面是这本书导言部分的内容:

夫上古之人,其知道者,法于阴阳,和于术数。食饮有节,起居有常,不妄作劳,故能而寿。今时之人不然也,起居无常,饮食不知忌避,亦不慎节,多嗜欲,厚滋味。不能守中,不知持满,故半百衰者多矣。夫安乐之道,在乎保养。保养之道,莫若守中。守中则无过与不及之病。春秋冬夏,四时阴阳,生病起于过与,盖不适其性而强。故养生者,既无过耗之弊,又能保守真元,何患乎外邪所中也。[1]

忽思慧在后文还劝人不要在两眼充血时,尤其是不要在酒醉时性交。人们应该像躲避箭矢一样避免纵欲,像怕吃官司一样惧怕醉酒。

这本书还包括对产前护理的详细指导。这些嘱咐大体上来自古老的性经:怀孕妇女应避免过分操劳、争吵和一切过度的刺激。她应该节制饮食、只看美景等。作者还提出了一些合乎情理的小建议,如吐痰要离人远一点,最好是不要咳痰,晚上刷牙比早晨刷牙好,这样可以防止一切牙病。

忽必烈汗和他在中国的继位者是虔诚的喇嘛教徒。这种北传佛教(大乘)的金刚乘从印度传入西藏,从西藏传到蒙古。在那个时代,"金刚乘"在蒙古人中享有盛誉,对"女性能力"的信仰则更是如

---

[1]《饮膳正要》,上海涵芬楼影印中华学艺社借照日本岩崎氏静嘉堂文库藏明刊本,第14页。

第九章 元朝 255

此。忽必烈身边有密宗的信徒，著名的八思巴祖师[1]向他传授了"时轮曼荼罗"，被人们按密宗仪式尊为"法王"。

在喇嘛教的图像中，大部分神都正在和同类的女神交合，这种姿势藏文名为雅雍，即"生育"之意。为了拯救灵魂，密宗信徒们也要实践这种神的交配，即和女信徒们性交。以上所说足以表明蒙古人宫廷中的性礼仪，以及中国人对它们的反应。

宋代忠君的文人郑思肖（生活于近1290年）在《心史》里说，北京镇国寺里有一座"佛母殿"，里面有一些喇嘛教神祇的巨大塑像，姿势都是在和女神拥抱。郑生动地描绘了令人恐怖的性狂欢，以及拿妇女做祭品的血腥景象。然而在读这个故事的时候，人们不会忘记郑思肖对蒙古征服者只有仇恨和蔑视，所以他也许过分渲染了这类行为的丑恶。此外，由于他对整个喇嘛教一无所知，所以他在看到牛头神和其他拥抱裸体女伴的兽神时，只会产生一个想法，即人们在举行这些仪式的过程中发泄兽性。他的故事就是这样清楚地证明，密宗是在蒙古人统治下繁荣起来的。

关于宫内的密宗仪式有一段描绘证实了郑思肖的看法，这就是《元史》第二百〇五卷里皇帝庞臣哈麻的传记。文中说：

（哈麻）亦荐西蕃僧伽璘真于帝。其僧善秘密法，谓帝曰："陛下虽尊居万乘，富有四海，不过保有见世而已。人生能几何，当受此秘密大喜乐禅定。"帝又习之，其法亦名双修法。曰

---

1 八思巴（1235—1280年），藏传佛教萨迦派第五代祖师，又译"帕克思巴"，1260年被忽必烈尊为国师，1270年升号"帝师"，进封"大宝法王"。

演揲儿，曰秘密，皆房中术也。帝乃诏以西天僧为司徒，西蕃僧为大元国师。其徒皆取良家女，或四人、或三人奉之，谓之供养。于是帝日从事于其法，广取女妇，惟淫戏是乐。又选采女为十六天魔舞。八郎者[1]，帝诸弟，与其所谓倚纳者，皆在帝前，相与亵狎，甚至男女裸处，号所处室曰皆即兀该，华言事事无碍也。君臣宣淫，而群僧出入禁中，无所禁止。[2]

联系到明代的情况，我们可以说中国人出于自己的利益而恢复了对密宗的"双神"崇拜，并在元朝灭亡之后保持了几个世纪。明代文人田艺蘅（生活于近1570年），在他内容丰富的笔记集《留青日札》中插进了一篇名为《双修法》的文章，引用了上述哈麻传的主要内容。他还补充说，明代夫妇们淫邪的性修炼即由此而来。当然这种断言是完全站不住脚的。在前面各章中，我们已经看到房中术纯粹是中国人的概念，我们还将在附录一中试图证明中国的房中术不但不是对印度的模仿，反而导致了密宗性修炼的产生。

在《留青日札》第二十七卷的《佛牙》一节里，田艺蘅描述了明代故宫大善殿里的密宗塑像。他说在1536年，文人夏言（1482—

---

1 "十六天魔"。密宗神道里有许多数目是十六，不过其中并未提到十六天魔。我也没有发现"八郎"这一术语。我姑且认为"十六"是代表密宗的女魔，她们在与男魔交配，即两个女人对一个男人。

文人陶宗仪（14世纪）的著作《元氏掖庭记》对此做了补充说明：十六个跳这种舞蹈的女子把头发梳成一些长辫，头戴象牙佛冠，身穿有饰带和流苏的红色长裙，手持用人的头盖骨做成的杯子。这段描写突出了舞蹈的密宗特征，然而并未提到八郎（作者对中文的理解有误，译成了"十六天魔和八郎舞"，故曰两女对一男。其实"八郎"并非术语，而是元顺帝的弟辈。

2 《元史》第15册，中华书局，第4583页。

第九章 元朝

1548年）曾上书皇帝，要求拆毁这些塑像。田还说这些猥亵的男女塑像被称为"欢喜佛"，据说是用来教育太子的。因为太子长在深宫，也许对性事一无所知。看来夏言的上书毫无结果，因为直到明朝灭亡前夕，这些塑像在宫廷仪式中仍然起着重要的作用。明代文人沈德符（1578—1642年）在他的《敝帚斋余谈》里证实了这一点。

> 余见内庭有欢喜佛，云自外国进者，又有云故元之所遗者。两佛各璎珞严妆，互相抱持。两根凑合，有机可动，凡见数处。大珰云："帝王大婚时，必先导入此殿，礼拜毕，令抚揣隐处，默会交接之法。然后行合卺。盖虑睿禀之纯朴也。"[1]

由此我们看到，密宗塑像的用途和古代性经的插图完全一样：教授性交的方法。

当元代皇帝在北京皇宫里研究密宗性神秘主义的奥秘时，中国的南部和东部已经爆发了起义。起初是由一些爱国志士和士兵发起的零星反抗，没有统一的领导。由于蒙古统治者未能及时制止，义军便在各路将领的指挥下迅速发展起来。元朝政府内部矛盾重重，似乎已失去统治下去的信心，它的士兵们已经在奢侈淫逸的生活中丧失了战斗力。民众在各地杀死或驱逐蒙古官员及他们的色目人同事，朱元璋的军队向北推进并占领了北京，元朝最后一个皇帝逃之夭夭。1368年，义军将领朱元璋建立了明朝，定都南京。

---

1 《敝帚斋余谈》，第11页。

第十章 明 朝

（1368—1644年）

朱元璋是明朝的开国皇帝，他取年号为"洪武"，即军威强盛之意。他在位期间致力于统一全国，并迫使蒙古、满洲、朝鲜等四夷归附。他在位期间一步步地实现了这些军事计划，终于在晚年使中国的版图超过了唐朝的规模。

这位皇帝按照唐朝和汉朝的体制改组了政府，恢复了因蒙古人的统治而中断的科举制度，以此来招收治理这个庞大帝国所必需的人才。由此产生的政府组织极为严密，权力非常集中，成员大都为儒家的文官。这个强大的官僚机构，是井然有序地进行有效治理的保证。

不过在许多方面，这种官僚体制与唐、宋时代也有所区别。长期的军事占领留下了不少野蛮影响，蒙古官员的严厉和傲慢深刻地影响了中国的年轻文人：正是这些优秀学生今后要执政了。皇帝本人首先是一个士兵，一个出身贫贱、不通文墨、几乎只会打仗的人。所以他惯于发号施令，推行严酷而简单的法律，毫不限制官僚机构向人民行使的权力。政府每一级官员都对下属大耍威风，当时访问中国的外国人对此都深感震惊。

皇帝自己对佛教虽然颇有好感，但还是采用宋代的理学作为唯一的正统思想。正统的儒家在蒙古人促使佛教繁荣时强压怒火，这时都挺胸抬头了。有个叫吴海的还向朝廷呈交了他的著作《书祸》，建议朝廷销毁杨朱和墨翟[1]等古代非儒家哲学家的著作，以及佛教和道教的一切书籍。朝廷虽未采纳这种极端主义的意见，不过对一切非儒家的思想也确实大为怀疑，并且曾多次进行审查以控制思想。这种控制起初只是适度的监督，以后愈来愈严厉，到明朝末年时已经成为无法忍受的压迫。

蒙古人对中国文化的蔑视，使明初的国土上吹起了一股民族主义之风，从而造成了对民族遗产的过分崇拜。各种艺术都兴盛起来，与此同时则是扼杀一切独立思想和批判精神。如果怀疑朱熹规定的经典是否真实，或者儒家的习俗和伦理规范是不是源自古代，就是犯了数典忘祖的罪行。一种模糊的（往往是不严肃的）热情，推动着文人去研究古代文献、考古和金石，对其余一切则贴上"非我族类"的标签，抨击之风也超过了以前的各个时代。

明朝时中国文化达到了空前的繁荣，然而已经孕育着孤立主义和停滞的萌芽，这种情况在清朝时日益严重，从而逐渐妨碍了中国文化的发展。

但是明人的出色文化毕竟在数百年里占据着优势的地位，这是形成杰出风格的时代。这时的中国人是出色的建筑师，他们建造了壮观的宫殿、住宅和别墅，里面布置着坚固的、轮廓分明的家具。天才的艺术家们革新了绘画和书法的风格，他们的作品装饰着富人的壮丽宅第，以及寒士的简朴而又情趣盎然的书房。优雅生活已逐步成为一种真正的信仰，因而出现了大量的书籍来论述生活的舒适和消遣的方式。

儒家原则在官方支持下终于渗入了人民的日常生活，人们开始真正把妇女隔离开来。

这种从明代的中国文献里获得的印象,得到了西方来访者的证实。葡萄牙传教士加斯帕尔·达·克鲁兹在1556年游览过广州,他对在街上看不到一个良家妇女而大为惊讶:"她们通常都关在家里,所以除了一些轻佻的妓女和下层妇女之外,广州全城看不到一个女人。她们出门时坐在有门帘的轿子里,别人看不见。到中国人家里去也看不到她们,除非当她们出于好奇而卷起帘子,想看看进来的外国人是什么模样的时候。"[2]另一位传教士马丁·德·拉达几年后游览中国南方,他是这样描述的:"妇女们深藏于闺阁,而且非常贞洁。我们在城市和大的镇子里很难看到一个女人,除非是个老太婆。在风气淳朴的村庄里可以经常看到妇女,有时她们就在田野上劳动。她们从童年起就习惯于缠足,使脚变形;除了大脚趾之外,其余几个脚趾都扭曲在脚掌下面。"[3]这段描述告诉我们,明代后期的缠足习俗已经普及到何等程度。

听听著名传教士利玛窦(1583—1610年)对中国人的妻妾颇有意思的看法:"订婚的礼仪也有许多。这些人通常结婚很早,而且不赞成新人的年龄相差太大。婚约由双方的父母缔结,有时和新人商量,但不一定征得他们的同意。上层社会的人与本阶层的人结婚,因为婚姻要求门当户对。男人都自由娶亲,而且只要喜欢即可不受门第和财产的任何限制。用一百两银子可以买一个妾,有时还要便宜得多。在下层社会里,男人可以随意买卖妻子。皇帝和皇子们选妃嫔时只看她们的容貌,而不考虑她们是否有贵族血统。贵族妇女并不渴望和皇室联姻,因为皇帝的妃嫔没有特殊的社会地位,往往幽居深宫,不能见人。此外,要由某些官员为皇帝在妃嫔之中选择适于履行夫妇义务的人，而由于妃嫔人数很多，故中选的人极少。"[4]这里所说的"皇帝的妃嫔"没有社会地位，当然只是指宫中地位很低、没有任何名分的妇女。

人们对女性的贞洁敬仰备至，对再婚的寡妇冷若冰霜；无论离婚是由于什么原因，人们总是归咎于女方。所以与从前双方同意的离婚相比，明代离婚人数大为减少。丈夫有权根据"七出"的一条或几条而单方面地休妻：一、无子；二、淫泆；三、不事舅姑；四、口舌；五、盗窃；六、妒忌；七、恶疾。这些理由适用于各个阶层，但并不适用于君主和诸侯。[1]此外也有关于不准休妻的规定：第一，当她正在为公婆守孝三年时；第二，丈夫在婚后由穷变富时；第三，当她没有其他亲属收留时。

男人们对儒家、道教和佛教都有兴趣，妇女们却几乎只倾向于佛教。大慈大悲、普度众生的话语适应了妇女们的精神需求，奇妙的仪式为单调的生活增添了色彩。她们的崇拜集中在"观音"这样美丽、慈悲的女神身上，她救苦救难，救那些没有孩子的女人。净土宗深受妇女们的欢迎，它的教义是任何人只要虔诚地念无量光佛的名字，便能够进入这位佛陀所在的天堂。"阿弥陀佛"就是佛陀的中国名字，妇女们最爱用它来表示自己的惊讶或赞叹。对于日常生活中的为人处世，男人喜欢听道士的看法，在建造房屋或为大小事情选择吉日时征求他们的意见。主妇们则爱去问尼姑，因为尼姑由于性别关系可以自由出入内室。她们主持一些不公开的仪式，例如让主妇们为病孩的康复或自己能生育而向菩萨许愿。她们向妇女提

---

1 《仪礼·丧服》："天子诸侯之妻，无子不出，唯有六出耳。"

供各种解决难题的办法，在治疗妇科病时又是无师自通的江湖医生，而最经常性的任务则是应邀教授女孩子读写和女红。

舆论对尼姑和尼姑庵十分不利。明代小说以丰富多彩的画面表现了她们所谓的伤风败俗。人们疑心尼姑信教只是为了干违反情理的勾当，而尼姑庵则是秘密荒淫的隐蔽所。人们还普遍认为，尼姑向妇女们提供春药和其他麻醉品，并为男女通奸牵线搭桥。在上一章我们已看到，元代一位作家曾建议人们不要让尼姑进门。还有更难听的说法：妇女们到尼姑庵去不是为了许愿或上香，而是乘浓妆艳抹的外出之机去勾引男子。

在出家当尼姑的女人中，真正为了虔诚的生活而信教的人的确不多。尼姑们的命运在她们自己并不知道时，甚至在出生之前便由她们的父母决定了。她们的出家通常是为了还愿：为了免除灾难，做父母的许愿献出将要降生的女儿；或者是女儿病危，为了使她痊愈而让她出家为尼。对于因为要嫁给一个未曾谋面的男子而担惊受怕的姑娘，或者决心躲开凶恶的丈夫、婆婆的妻或妾来说，尼姑庵也是她们的避难所。最后，寺庵也为有同性恋倾向的妇女，以及想和男人通奸而不愿登记为妓女的荡妇敞开着大门。由于尼姑的来源如此复杂，所以庵主若不是一个坚定的人，庵里便自然很可能出现伤风败俗的事情。

另一方面，应该看到在中国古代是男人操纵舆论，他们根据的是双重的道德标准。一个女人背弃在家庭里延续香火的神圣义务，而去过一种不受男性监督的自主生活，儒家想到这一点便会惊恐不安。而明代小说家大都是儒家文人，对与佛教沾边的一切都抱有成见，他们乐于给和尚、尼姑加上一切罪名。因而我们在阅读这类文

第十章 明朝 263

学作品时，切不可以此类推。它们尖刻地揭露了寺庵里的丑行，但其中有不少肆意夸张的成分。

人们在卧室里仍然实践着性经的原则，然而性经本身已不能再像从前一样自由流行。这类文献虽然有益，但已被认为不宜公开讨论。我们在上文看到《宋史·艺文志》中对性经还有所提及，而《明史·艺文志》中的道经（数量极少）或医书栏里都对此一字不提。当然，我们不能把这些书目看成是当时实际流传的文献，但是却可以从中看出哪一类书已被官方禁止，即已被排斥在"艺文志"之外。从此以后，性经，尤其是属于道教范畴的性经，都已被打入另册了。

明代文献中有许多内容可以证明，性经虽然不像从前那样风行，它的原则却仍然渗透在性生活之中。下文所引的章节里便有对性经段落的引证。首先应该注意的是一份强调房中术的重要性的资料，即写于1550年左右的一篇《家训》。

按照中国的一种古老习俗，一家之主在进入晚年时，常常要把自己成年时的经验写下来，以指导和教育他的孩子。这些通常名为"家训"的资料虽然是给自己家里人看的，但有一些却成了中国文献的名篇。我要提一下颜之推（531—591年）的《颜氏家训》，儒家文人朱用纯（1617—1689年）的《治家格言》，以及著名政治家和将领曾国藩（1811—1872年）的《家训》。这些都是正统的家训，但是家长们有时也秘密地记下自己对家庭性生活的观点，而且只在儿子们成婚时才给他们看。下面是侥幸保存下来的这样一份资料。

从平庸的文笔看来，作者是一个没有受过多少文化教育的大地主或富商,然而这似乎无损于微妙的心理描绘。他大概是一个目光敏锐、特别关注妇女利益和安全的独特的思想家。以下就是保存下来的四段文字:

(一)(上脱四字,或许是"妻妾日劳")督米盐细务,首饰粉妆,弦素牙牌以外,所乐止有房事欢心。是以世有贤主,务达其理,每御妻妾,必候彼快……(下文脱漏)。

(二)街东有人,少壮魁岸,而妻妾晨夕横争不顺也。街西黄发伛偻一叟,妻妾自竭以奉之,何也?此谙房中微旨,而彼不知也。

(三)近闻某官内妾,坚扃重门,三日不出,妻妾反目,非也。不如节欲,姑离新近旧,每御妻妾,令新人侍立象床。五六日如此,始御新人。令妻妾侍侧,此乃闺阁和乐之大端也。

(四)人不能无过,况婢妾乎!有过必教,不改必策,而策有度有数也。俯榻解裈,笞尻五下六下,下不过胯后,上不过尾闾是也。间有责妾,每必褪裸束缚挂柱,上鞭下捶,甚至肉烂血流,是乃害彼害我,以闺门为刑房,不可不慎也!

(《秘戏图考》卷二,第九十页)

这份资料值得略加评述。第一段着重指出,妇女们由于绝大部分时间都在家里度过,所以她们的生活是单调的。她们仅有的娱乐便是明代极为普遍的弹琴、下棋、打麻将和各种纸牌。因而可以想见,性生活对于她们要比对她们的主人重要得多,因为主人可以从户外的工作、交友等活动中得到消遣。据我所知,这在当时是一种

第十章 明朝 265

新颖的观点。其他作家通常都认为，女人关在家里过单调的生活乃是理所当然的事情。

第二段指出，对妇女来说，男人的性技巧要比他的年龄或魅力更为重要，同样，妇女们是由于性方面不能得到满足才变得好斗和粗暴。作者的这类观点或许来自性经，但是性经中没有这样明确的表达。

第三段反映了作者在心理方面的洞察力。男人应该防止妻妾们怀疑新娶的妾有足以夺宠的隐秘魅力。所以从头几天开始，一家之主就要让新来的妾懂得其他妻妾有优先权，而且初次和这个妾性交时要有其他妻妾在场，以便让她们亲眼看到这个女人没有什么和她们不同的特别之处。

最后一段表明作者非常关心妇女的健康。体罚应有节制，而且只能让女人脱掉部分衣服，打在不会引起剧痛的部位。痛打一个全裸的女人，这对男人和被打者同样有害：几乎可以说这一段是告诫读者小心变成性虐狂，当然这是夸张的说法。这段话的意思是：一个男人在家里大打出手，以至于使人想起公堂、讯问和拷打罪犯，这种做法会损害他的名声。此外，他虽然并未清楚地意识到，但却可以强烈地感觉到这样做有唤起潜在的性虐狂本能的危险。

对于想研究明代中国人的道德风尚的人来说，这是一份很有价值的资料，希望有朝一日能发现这篇文献的全文。

有人编撰了一些新的性经，明朝时它们可以发行，不过要受到限制；清朝时则被无情地禁止了。这次又是日本保存了部分的明代文献。

我们首先来考察《素女妙论》。它有两个版本。第一个出版于文禄时代（1592—1596年），有两个副标题：《人之欢乐》和《黄帝素女妙论》。这个日文本是根据中文原本编译的，正文前有一些小幅的春宫画，是在明代色情小说插图的影响下绘制出来的。第二个版本是日文手抄本，是1880年左右所抄的一篇中国文献，只有42页，每页10行，每行21个字。

这篇文献由古代性经的片段组成，例如《素女经》《洞玄子》等。这些片段被安排成一场讨论，不时加进一些编者的看法。它从头至尾都采取黄帝和素女对话的传统形式。文笔平庸、冗长、烦琐，看得出是写于明代，不过毕竟很容易读。这是一篇实用的性经，没有儒家或道教的色彩。它虽然像古代的性经一样强调养精的必要性和性行为的治疗作用，却不涉及道教的性炼丹术及与此有关的问题。据我所知，这是明代保存下来的最完整的、严肃的性经。

序言写于1566年，作者所署的名号是"摘红楼主人"。他说我们不知道这部著作的作者是谁，不过有些人把它归于"茅山道士"。这座山位于江苏省，早在汉代时就已经成为道教徒们著名的避难之处。出版者自称"洪都全天真"。最后有一个版本记录，日期是1556年农历十一月。署名是"西园居士书于暖香阁"。这个记录是以"集句"的文体编撰的，这是用分散在著名文献中的句子组成一篇评论的中国特有方式。[5]

我们来考察一下它的内容，尤其是那些在古代性经里没有出现过的段落。

前五节讨论的是下列问题：一是《原始篇》，即性交的意义和益处。二是《九势篇》，是《医心方》引文第十二节的另版，内容增加并有所变化。三是《浅深篇》，大多取自古代性经有关这种技巧的论述,并有与女子生殖器各部位相应的术语。四是《五欲五伤篇》,同《医心方》引文的第七、八和十七节。五是《大伦篇》,与性经中的有关段落相同。

第六节名为《大小长短篇》,其中有新的内容:

> 帝问曰:"男子宝物,有大小长短硬软之别者,何也?"素女答曰:"赋形不同,各如人面,其大小长短硬软之别共在禀赋,故人短而物雄,人壮而物短,瘦弱而肥硬,胖大而软缩,或有专车者,有抱负者,有肉怒筋胀者,而无害交会之要也。"
>
> 帝问曰:"郎中有大小长短硬软之不同,而取交接快美之道,亦不同乎?"素女答曰:"赋形不同,大小长短异形者,外观也;取交接快美者,内情也。先以爱敬系之,以真情按之,何论大小长短哉?"
>
> 帝问曰:"硬软亦有别乎?"素女答曰:"长大而萎软,不及短小而坚硬也。坚硬而粗暴,不如软弱而温藉也。能得中庸者,可谓尽美尽善焉矣。"
>
> (《秘戏图考》卷二,第一三二页)

下面是使过于短小的阴茎变长的药方。素女告诫药物不可滥用:"两情相合,气运贯通,则短小者自长大,软弱者自坚硬也。"最后一段谈女阴的位置:

> 帝问曰,"女子玉门有上中下之异,何也?"素女答曰:"牝户之美,非在位而在用也。上中下者各有其异,要之顺利而用

之耳。中者四时均宜，百势无防，以不偏为贵是也。上者宜冬，匡床绣被，男伏其上是也。下者宜夏，竹荫石榻，隔山取火是也。斯乃御女器使也。"[6]

第七节名为《养生篇》，讨论养精之要，并以一张表说明各种年龄的男子每周和每月可以泄精的次数。

第八节也是最后一节，名为《四至九到篇》，类似于《医心方》引文中的第十和十一节。全文到此为止。与古代性经不同，它并未提供一些药方。

应该指出，这部论著对两种不同的性交方式做了明显的区分：一种是为了增强男子的元气，并以激起妇女的阴气来有益于她的健康而进行的性交；另一种是使妇女怀孕的性交。前一种是为了获得性的快感，应该以各种方式来使之充满魅力；后一种则相反地需要庄重和虔诚。为了表明作者如何对待这两种不同的性交，我在这里各引述第二节和第五节里的一个段落。第一段是描述"九势"中的第八种，第二段是描述为了获得孩子而应有的性交方式。第一段与《洞玄子》所列举的第十五法有些类似，它的特殊之处在于：性经也同样传授一个男子同时和两个女子性交的方法。色情画册中有时也有这类姿势。

八、鱼唼式。令二女子一仰一俯，互搂抱以为交接之状。牝户相合，自摩擦，则其鱼口自开，犹游鱼唼萍之形。男子箕坐其则，俟红潮喘发，先以手探两口相合处，将茎安其中间，上下乘便，插入两方交欢。大坚筋骨，倍气力，温中补五劳七伤。其法如游鱼戏藻之状，只以咂清吐浊为要。

（《秘戏图考》）卷二，第一二三页）

这一段令人感到家中妇女们的同性恋不仅得到了谅解，有时还得到鼓励。下面是关于为了怀孕而性交的段落：

帝问曰："夫妇之道，为子孙之计。而今无子孙者何乎？"素女答曰："三妇无子，三男无子。男子精冷滑者，多淫虚惫者，临敌畏缩者，无子也。妇人性淫，见物动情者，子藏虚寒，藏门不开者，夫妇不和，妒忌火壮者，无子也。"

帝问曰："若人无子，取之以何术乎？"素女答曰："求子之法，按阴合阳合之数，用黄纱黄绫黄绢之属，造衣被帐褥之类，以黄道吉日，取桃枝书年庚，放之卧内。又九月三日，取东引桃枝书姓名，插之床上。须察妇人月经已止过三四日。各沐浴炷香，祈天地鬼神，入帐中而为交合。其时子宫未合闭，故有子也。御法，进退如法，洗心涤虑，勿戏调戏弄，勿借春药，勿见春宫册。若犯之损父母，不利生子。"

（《秘戏图考》卷二，第一三〇页）

黄色是沃土的颜色，日月交合的日子也是"黄"的，即黄道。自古以来，人们都把桃视为女性生殖器的象征。王母娘娘在西天种的桃树上长有仙桃。人们也认为桃木和生殖之间有密切的关系，因而相信它有驱邪的能力。人们把赎罪的字句刻在桃木做成的符牌上，新年伊始挂在大门口，后来的"门神"便起源于此。门神有两个，专门吞吃魔鬼，它们的形象一直被贴在中国房屋的大门上。可以说梅也是生殖和创造力的一种象征，因为一到春天，它多节而似乎干枯的树枝又开出了花朵，从而令人想到它在严冬之后复苏的生命力。床架的天盖上和靠墙的幕布上，通常都像图十四那样绣着梅的图案。梅后来表示性的乐趣和年轻的女子。最后人们把性病也称为梅毒。不过与桃不同，梅不是指女性的生殖器。除桃之外，还有一种水果常被比作外阴：这就是石榴，它也有繁殖的意思。两种含义都来自包裹种子的红色果肉，因为它能引起人的某种联想。上述含义对瓜同样适用，破瓜一词即指女子刚刚成年。中国注释者都乐于用"瓜字破之为二八"的说法，因为瓜字是由两个"八"字组成的。所以二八是指十六岁，即女子适于结婚的年龄。出于同样的理由，人们也用破瓜这个词来表示六十四岁的男人，因为八乘八等于六十四，不过我认为这些都是次要的解释。在我看来，破瓜最初的含义只是"破开的红色的瓜"，是指女子的第一次月经或处女失去童贞。

还可以补充的是，芍药和莲花也象征外阴，但与生殖毫无关系。

对于我们刚才讨论的这一段落，应该注意要在帐顶放桃木块的日期有"阳"数三和九。至于向东方生长的桃枝，很可能是指位于"东"面的一家之主而言。

下面是《素女妙论》的最后一段：

第十章 明朝 271

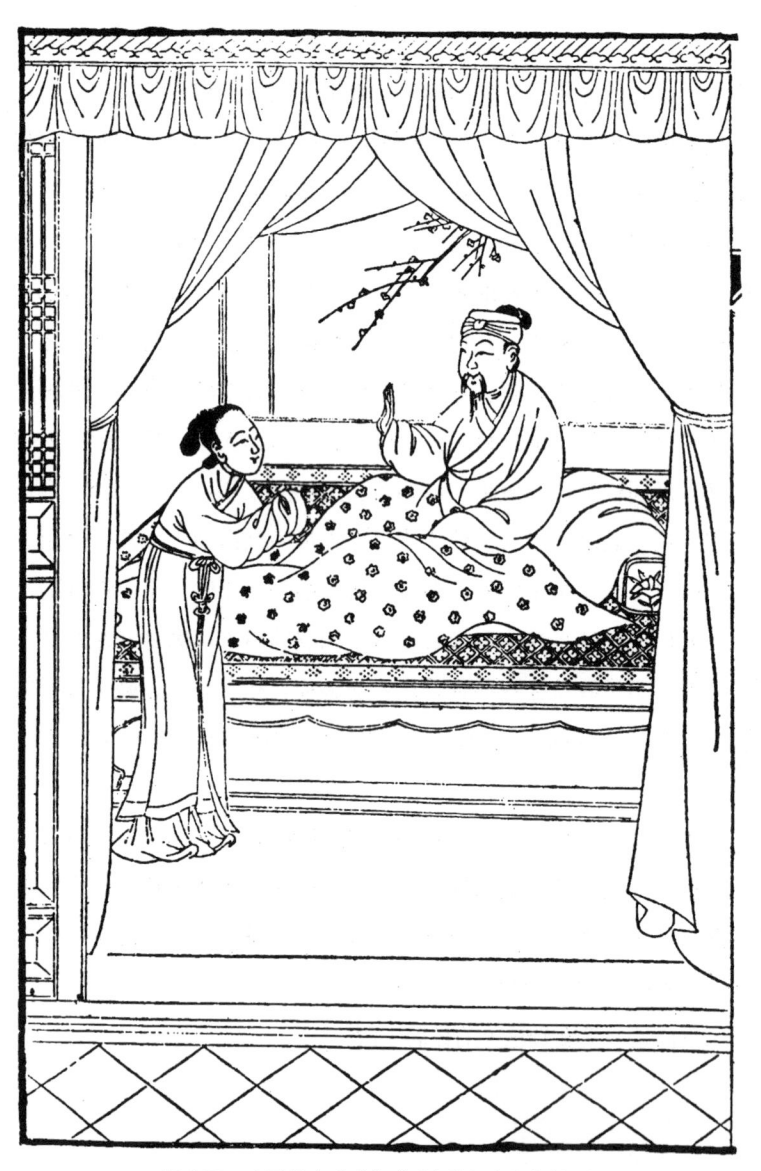

图十四 中国的床（明代《列女传》中的木版画）

帝斋戒沐浴。以其法炼内丹八十一日。寿至一百二十岁。而丹药已成，铸鼎于湖边，神龙迎降，共素女白日升天。

（《秘戏图考》，第一三九页）

日本保存的明代第二部关于道教性炼丹术的论著，全名为《纯阳演政孚祐帝君既济真经》。"纯阳"是指道教神仙吕洞宾。据说他生活在宋朝[1]，后来人们把他列为道教的八仙之一。他在这本书中被描绘成长着胡须，戴着一顶高高的官帽，还佩着一把长剑。既济在这里的意思是"完美的结合"，它是《易经》里第六十三卦的名称，我们在本书第二章已经有所提及。为了方便叙述，我们把这篇文献简称为《既济真经》。正文后的注者署名是邓希贤，即"紫金光耀大仙"。

《既济真经》在日本用木刻印刷出版，与下文将谈到的另一部类似的著作《修真演义》合成一卷，卷名《百战必胜》。书中没有注明出版日期和出版者的姓名，不过从文笔来看是写于约1880年。封面之后是一幅木刻风景画，接着是六幅带有色情意味的木刻画，每幅画都配有一首平庸的中文诗。在上述由日本出版商所加的插页之后，便是《既济真经》的正文和评述，还有供阅读用的日文索引。这本书极为罕见，但在日本市场上碰巧还能看到。1910年有人将该书用活字印刷重版。我把它和万历年间（1573—1619年）的小开本的中文木刻印刷版做了比较，没有发现什么不同之处。

正文很短，只有九段，用半格律的简洁文笔写成，令人想起唐

---

[1] 吕洞宾生于公元796年，是唐朝人。

代或更早的时代。由于它从头至尾都运用了许多军事术语，所以很容易被误认为是一部兵法。书中的片段可能来自《玄女战经》或古代另一篇把性交描绘成"战斗"的性经。正文看起来颇有古风，但是评述却带有后来的道教性学痕迹，似乎是写于明代初期。

这部论著是道教某些教派性炼丹的典型例子。男人在性"战"中应该"却敌"而又完全自制，即既不泄精又能使妇女达到性欲高潮，以吸取她溢出的阴气。书中的这些教导可以方便地用军事术语来表示，因为在中国古代，兵法和性炼丹术有两个共同的基本原则。第一个原则是在利用对方力量的同时保存自己的实力；第二个原则是先向对方让步，然后再进行突然袭击。这些原则在中国的拳术和剑术中十分重要，后来日本人又把它们作为防身术柔道的基础。

论著开头是一篇导言，紫金光耀大仙说这本书得自神仙吕洞宾，吕洞宾对书中的内容做了一些口头解释，他只是如实记录。导言之后便是第一段：

　　上将御敌，工挹吮吸，游心委形，瞑目丧失。
　　〔注〕上将，喻修真人也。御，行事也。敌者，女人也。初入房时，男以手挹女阴户，舌吮女舌，手挹女乳，鼻吸女鼻中清气，以动彼心。我宜强制而游心太清之上，委形无有之乡。瞑目勿视，自丧自失，不动其心。

　　　　　　　　　　　（《秘戏图考》，卷二，第九十一页）

正文的稍后部分有"龟蟠龙翕，蛇吞虎怕"之句，评述指出它包含着"御敌"之术，因为它表明了为了不泄精和"回精"而应该完成的四种动作。

> 瞑目闭口，缩手蜷足，撮住谷道，凝定心志，龟之蟠也。逆吸真水，自尾闾上流，连络不已，直入泥丸，龙之禽也。蛇之吞物，微微衔噬，候物之困，复吞而入，必不肯放。虎之捕兽，怕先知觉，潜身默视，必持必得。
>
> （《秘戏图考》，卷二，第九十三页）

倒数第二段描绘了"战斗"的结束。

> 我缓彼急，势复大起。兵亦既接，入而复退。又吮其食，挹其粒，龟虎蛇龙，蟠怕吞禽，彼必弃兵。我收风雨，是曰既济。延寿一纪，收战罢兵。空悬仰息，还之武库，升上极。
>
> 〔注〕大起，兴浓也。彼兴既济，我当复入，深浅如法，间复少退。又必吮其舌，挹其乳，依行前番功夫，则彼真精尽泄，而我收禽之矣。既济者，既得真阳也。一纪，十二年也。一御既得真阳，则可延寿一纪。武库，髓海也。上极，泥丸也。战罢下马，当仰身平息，悬腰动摇，上升泥丸，以还本元，则不生疾病，可得长生。

现在我们来考察明代的第三部论著《紫金光耀大仙修真演义》，简称《修真演义》。换句话说，这部论著的作者邓希贤就是《既济真经》的注者。

这篇文献现有四种版本：一、1598年的明代原版，字体为蓝色,现在由东京的一个名涩井清的人收藏;二、收入日文再版的《百战百胜》;三、与上文分析过的《素女妙论》合成一卷的日文手抄本;四、1910年的活体字再版本,该本也包括《既济真经》。

文献开头是紫金光耀大仙写的序言,其中说:

> 汉元封三年,巫咸进《修真语录》于武帝,帝不能用,惜哉。书传后世,微谙其术者,亦得支体强健,益寿延年,施之种子,聪明易养。然有当弃有当忌,先知弃忌,方可次第行动。余演其义,为二十章,分功定序,因序定功。序固不可紊,功亦不可阙也。修真之士,当自得之。

"巫咸"是一个传说人物,这里显然是与巫炎混为一谈了。《素女经》告诉我们,汉武帝曾要求巫炎传授房中术。

第一、二卷叙述了应该避免和禁止的事情,即不宜和哪些妇女性交,以及在哪些情况下不宜性交,例如男人酒醉、感到疲倦时等。第三卷说明了对内行者有益的房中术,为什么可能使外行者受害甚至丧身。第四卷形象地描绘了最适于性交的理想女子,并称之为道士们的"宝鼎"。

第五、六、七卷列举了各种表明男女已经动情并准备性交的迹象,类似于《医心方》引文的第十和十一节。

第八卷叙述了各种激起妇女情欲的方法以及她们的反应。这一段描写了妇女的感受:

> 妇人之情,沈潜隐伏,何以使之动,何以知其动?欲使

之动者，如嗜酒则饮以香醪，多情则恬以甜语，贪财赠以钱帛，好淫则欢以伟物。妇人之心，终无所主，能见景生情，无不动也。

(《秘戏图考》，卷二，第一〇〇页)

第九卷详细叙述了各种使男子阳具坚挺的方法，归根结底是一种复杂的按摩。这一段最后提出了这样的看法："男子将交合时，需先以一根绸带紧缠阳具根部。"明代的色情小说常常提到这种或其他类似的方法。《金瓶梅》中主人公西门庆总是带在身上的淫器包里就有一根药煮白带子（第三十八回）：无疑也是为了使阳具坚挺，"药"可能是某种刺激性欲的药。他的包里还有一个悬玉环。当时的一幅彩色版画表明，这是一种安放在勃起的阳具根部的玉环，用一根系在腰上的绸带加以固定。图版十五就是这类环的一个样品，它用象牙制成，并有一对龙的浮雕作为装饰。龙的舌头相互缠绕，形成一个突起的螺旋体。一方面这个螺旋形会使人想到二龙戏珠，即夜明珠（通常是太阳、生殖力和魔力的象征）；但另一方面，螺旋体无疑也起着刺激妇女阴蒂的作用。系的绸带是从龙尾之间的空隙中穿过去的。

第十卷告诫男人在性交时要避免泄精。它尤其指出，男子性交时从一开始就应尽力摒除一切欲念，把妇女当作一只具有宽大阴道的"鼎"，或把她当成一个丑妇，以免她刺激自己的情欲，从而毫无困难地控制自己。

凡得真美之鼎，心必爱恋。然交合时，须强为憎恶，按定心神，以玉茎于炉中缓缓往来，或一局，或二三局。歇气定心，少顷，依法再行，俟彼欢浓，依觉难禁，更加温存，女必先泄也。其时可如法攻取，若自觉欲泄，速将玉茎擎退，行后锁闭之法，其势自息。气定调匀，依法再攻，战不厌缓，采不厌迟，谨而行之可也。

(《秘戏图考》，卷二，第一〇三页)

第十二卷像古代性经一样探讨了防止泻精的方法，主要是把精神控制和压迫尿道的具体方法结合起来。

有趣的是，几乎一切性经都仔细研究过"还精"的方法，但是对性交开始后精气的"下降"却只字不提。为了填补这一空白，请允许我在这里引述明代的一本篇幅很短的著作，名为《听心斋客问》，系著名文人万尚父所作。商务印书馆于1936年重版该书，收入大规模的《丛书集成》的第五七五卷。该书第三十段是：

客问：元精与交感之精何以异？曰：非有二物。未交之时，身中五脏六腑之精，并无停泊处，却在元炁中，未成形质，此为元精。及男女交媾，精自泥丸顺脊而下，至膀光外肾施泻，遂成渣滓，则为交感之精矣。

现在我们再来看《修真演义》。第十三卷特别值得注意，因为它表明妇女的各种分泌液所具有的医疗特性，已经被归纳为一种与众不同的理论。下面这一段在明代末期大概是众所周知的，因为海淫小说《怡情阵》里曾引用了这一段的全文，而色情的诗歌散文中也常常提到。[7]

> 三峰大药。上曰红莲峰，药名玉泉，又曰玉液，曰醴泉，在女人舌下两窍中出，其色碧，为唾精，男子以舌舐之，其泉涌出华池，咽之咽下重楼，纳于丹田，能灌溉玉藏，左填玄关，右补丹田，生气生血也。
>
> 中曰双荠峰，药名蟠桃，又曰白雪，曰琼浆，在女人两乳中出，其色白，其味甘美，男子咂而饮之，纳于丹田，能养脾胃，益精神，吸之能令女经脉相通，身心舒畅，上透华池，下应玄关，使津气盈溢。三采之中，此为先务，若未生产女人，无乳汁者，采之更有补益。
>
> 下曰紫芝峰，号白虎洞，又曰玄关，药名黑铅[8]，又名月华，在女人阴官，其津滑，其关常闭而不开，凡媾合会，女情姹媚，面赤声颤，其关始开，气乃泄，津乃溢，男子以玉茎掣退寸许，作交接之势，受气吸津，以益元阳，养精神。
>
> 此乃三峰大药矣。
>
> （《秘戏图考》，卷二，第一〇四页）

第十四卷强调男子技巧的重要方面——"回精"。共分五节，每节解释一个特殊的字。所以该卷名为《五字真言》，这是密宗特有的表达方式。

第十五卷再次描绘了性交的各个阶段，从性交前的调情到男子吸取妇女的阴气。它最后断言这种技巧"在彼不甚损，在我大有益。阴阳相得，水火既济"。

第十章 明朝 279

最后几卷是对上述内容的重复和发挥。第十六卷重新提到"回精"技巧。其中用了一个新的技术术语表示这种方法，即黄河逆流。第十七卷泛论性行为的意义。第十八卷细致地探讨了男人可以从性交中获得的益处，为了证明这一点，作者还把性交和嫩枝在老树上移植成活做了比较。凡是男人能自制的性交都赋予他新的生命力。第十九卷则叙述了使精气逆流的益处。

最后，第二十卷介绍了可以使妇女怀孕的方法，例如要在月经以后性交，男女应同时达到性高潮，等等，这和古代性经所指明的方法是一样的。

这部论著的末尾是一篇版本记录，它同时参照了《既济真经》和《修真演义》，其中说：

> 世宗朝，余受廪燕京。于时陶真人以术见幸，迹其所为，皆幻怪不经，独采补为有实际，故朝庙之享有遐龄，皆由于此。余慕其术，赂近侍，购所藏秘诀，得纯阳子帅徒经义二书，遵而行之，初若难制，久出自然。六十年间，御女百余，育儿十七，身历五朝，眼见五代，今虽告老，房中不厌。间一媾合，必敌数人。虽天逸我以年，而采补之功，亦不可掩。语云：擅巧者不祥。且人生不满百，倘一旦先朝露，不忍二书失传，爰付梓人，用广大仙之德。愿与斯世，同跻彭老之年也。如曰此荒唐无稽，是自弃其寿也。其于余也何尤？
>
> 万历甲午春壬正月，越人九十五岁翁书于天台之紫芝室

涩井清收藏的明刊本有同样的跋文，但落款是"庚戌孟夏月陵人

百岁翁书于天香阁"。

除了以上三部性经之外，看来道教经典中起初这类作品为数不少。有些书名便很能说明问题：《黄帝授三子玄女经》或《吕纯阳真人沁园春丹词注解》等。毫无疑问，这些书最初是研究性炼丹术的，不过在1444年至1447年出版道教经典时都被全文删去了。当时佛教基本上还只是平民百姓的宗教信仰。因而正统儒家认为对它无须制止。道教则始终对许多文人有着深刻的影响，所以儒家官僚对这种教义都怀有戒心。如果能够指责道教的教派推行了不道德的信仰，即淫祀的话，那么总是可以加罪于它们并予以严厉惩罚的。所以在出版道家经典的时候，人们仔细地删去了一切有关性炼丹术的段落。至于佛教经典，一切含有性内容的密宗经文早就已经被删去了。

正因为如此，道教的性神秘主义在明代后期逐渐成了神秘的传统。古代的性经已被人遗忘，明代前期所写的性经发行数量有限，所以一般文人对此都不甚了了。唯一精通道教性修炼的只有道教方士，以及南京的一个文学团体，其成员对色情的东西有着共同的爱好。我们在下面要介绍一下他们的情况。

性经的一般原则无疑仍然被人们奉行，然而修炼的细节和术语已不大为人所知。当时写作这方面论著的文人大都是道听途说，许多人还对这些方法的效果表示怀疑。例如生活在约1640年，即明朝末年，以学问渊博和趣味高雅而著称的文人汪价便是如此。他在《广自序》[9]中说：

先祖遇一异人，授以龙虎吐纳之法，习练四十年，道成。夏月盖重衾，卧炽日中，无纤汗。冬以大桶满贮凉水，没顶而坐，竟日不知寒。余以骨顽无仙分，不之向学，然于玄牝要诀，颇熟闻之，大要以宝神啬精为主。世之愚伧，纵情雕伐，以致阳弱不起，乃求助于禽虫之末。蛤蚧[10]，偶虫也，采之以为媚药。山獭，淫毒之兽，取其势以壮阳道。海狗以一牡管百牝，鬻之助房中之术。何其戕真败道，贵兽而贱人也。且方士挟采阴之说，谓御女可得长生，则吾未见蛤蚧成丹，山獭尸解，海狗之白日冲举也。

值得指出的是，汪价承认自己只是听说而已，所以并未提到任何一本这方面的书籍。

明代后期出现的大量通俗的小说、故事和剧本，都没有显示出性经的影响。其中不时有些色情的段落，但是一描写性交便都是陈词滥调，毫无古代性经中的术语。这些通俗文学对于性生活的研究来说，其价值不如我们下文将要看到的色情小说和诲淫小说，但是却适用于社会学的研究。特别值得提出的是《今古奇观》里的一则故事：《卖油郎独占花魁》。一个贫穷的卖油郎爱上一个著名的美貌妓女，他的一片忠诚最后在他们的婚姻中得到了报偿。这个故事详细叙述了一个妓院的生活，人物的对话风趣而又实在。显然，妓院里鸨母的形象比其他人更接近于现实生活。这个故事被说成是宋朝时发生的事情，实际上是反映了作者生活的时代，即明代末年的风俗和道德观念。

即使是明代末期杰出的色情小说——应与诲淫小说加以区别，其作者似乎对性经和道教的性炼丹术也只有相当模糊的了解。从头至尾读一读中国文学史上最著名的色情小说《金瓶梅》及其续集《隔帘花影》，人们便会得出这个结论。

《金瓶梅》详细地叙述了中国一个大家庭成员之间的男女关系，用散文和诗词对房中之事做了最赤裸裸的描绘。然而这些段落的词汇却来自当时的行话而不是来自性经。《金瓶梅》的主人公和许多妇女发生过性关系，无论在家里还是在外面，无论是良家妇女还是普通妓女，小说都从未提到这些性关系可以增强元气或延长寿命。《隔帘花影》同样如此。这部小说有一次在描写性交时使用了九浅一深这个词组，这个词在性经中也经常出现，然而小说只是说这种技巧借自所谓的嫖经。而这两部小说的作者——尽管人们对谁是作者的看法还有分歧——却毫无疑问是知识渊博的人。既然这些才子对古代的性学著作还一无所知，就足以证明在明朝末年，作家和文人对性经都已经茫然不解了。

　　这部小说以有力而通俗的语言，叙述了开药铺的富商西门庆及其六个妻妾的生活。故事发生在宋朝徽宗（1101—1126年）年间，正是奸臣蔡京当权之时。实际上，小说反映的是作者生活的时代，即明代的生活方式和习俗。

　　作者在第一回就告诉我们，他写这部小说是为了劝诫世人不要追逐名利，尤其是不要纵欲过度。财富权力犹如浮云，而色欲则是：

　　二八佳人体如酥，腰间仗剑斩愚夫。
　　虽然不见人头落，暗里教君骨髓枯。

　　接着他又说"懂得来时，便是阎罗殿前鬼判夜叉增恶态。罗袜一弯，金莲三寸，是砌坟时破土的锹锄"。（见明天启《原本金瓶梅》）
　　这类道德警句是色情小说惯用的开场白，然则在本书中作者说这些话无疑是极为严肃的。当时的海淫小说都对猥亵的言行津津乐道。

第十章　明　朝　283

这一点在《金瓶梅》里并不明显，作者即使在写作色彩最强烈的段落时也毫无对情欲的迷恋。而且在书的结尾，我们看到放荡的主人公和促使他家庭败落的淫妇潘金莲都遭到了厄运。潘金莲让西门庆服用了过量的春药而丧生，而她自己也死在武松手里，武松是被她毒死的丈夫武大的兄弟。情节的安排十分仔细，人物和环境的勾勒着墨不多，然而非常准确；对话合情合理，也符合众多人物的性格。总而言之，这是一部伟大的小说，在世界的同类作品中是一流的杰作。

这里当然要谈一下小说的内容，我们仅限于对其中的性关系发表一些笼统的看法。

首先要指出的是病态现象十分罕见。西门庆无疑被描绘成一个放荡的人，他强烈的情欲毫无节制，他的酒肉朋友与他也相差无几。但值得注意的是，小说里并未出现性虐狂和类似的现象。到处都表现出玩笑般的堕落，拉伯雷式的幽默、愚弄、欺骗。然而这与其说是堕落的本能，不如说是对新鲜刺激的需要。西门庆和书童的同性性行为也同样如此。小说采用非现实主义的或不真实的描写，是因为像西门庆这样一个地位很高的富翁，是可以干出性虐狂的行为而不受惩罚的，所以书里毫无病态现象的描写就更加令人注目了。这是因为作者根本没有这类概念，理由很明显，他在他生活的时代里和他周围的人当中从未看到过这些怪癖。作者是一个目光锐利的人，并且对他所了解的其他一切恶习和坏事都能揭露无遗。

关于小说里所描写的反常行为，人们注意到多次提及的口淫，即妇女的"吹箫"，但是并未提到男子口淫女阴，似乎它只是道教阶层中才有的特殊做法。相反对妇女进行鸡奸则屡见不鲜。甚至有一个女人（名叫王六儿）对鸡奸和手淫比对通常的性交还要喜欢："原来妇人有一件毛病。但凡交姤，只要教汉子干她后庭花，在下边揉着心子才过"。[1]后面还有："先令妇人马伏在下，那话放入后庭花内。极力搧硼了约二三百度，搧硼的屁股连声响亮。妇人用手在下，操着毬心子。"[2]同样，其他色情小说和诲淫小说也常常描写和妇女的鸡奸。人们常用散文或诗歌赞美女人的臀部，通常把它比作明月。在清代以前的文献里，当描绘一根"花枝"或一棵"玉树"靠近明月时，大体上就是指这种行为。在清代，人们忘记了这些含义，不过对通常的表达方式如后庭花和翰林风还总是明白的。西方作者有时把这种倾向解释成热带地区的一种特色，因为炎热的气候会使阴道松弛，从而使正常的性交失去对男人的吸引力。不过据我所知，这种行为在古罗马曾经有过，但梵语文献和古希腊文献对此都没有提及。这个问题可以留待性学家们去研究。

《金瓶梅》还提供了其他方面的情况，例如利用器具增强性能力，一些妇女对另一些妇女的虐待，女子同性恋等，这些在前面的章节里已经谈到了。

另一位作者写了《金瓶梅》的续集，名为《隔帘花影》。这部小说虽然是后来写作的，却仍然反映了明代的风俗和习惯。《金瓶梅》里的主要人物，在这部小说里都有了各自的结局，西门庆的正妻积德行善，终获善报，她周围的好人也同样如此；而坏人则受到了惩罚。这部小说虽然在文学性上不如《金瓶梅》，但仍然是一本极为有益的书。

不过，读者不要忘记这部小说描写的是一个没有文化的暴发户

---

[1] 《金瓶梅词话》，第3册，第984页。
[2] 同上书，第5册，第2408页。

第十章 明朝 285

阶层，人物都属于一个在明朝末年的动荡岁月里风云一时的阶级。西门庆的文墨刚够用他的买卖票据来获利，没人帮忙就连一封公函也看不懂。他和他的朋友们对艺术、文学和其他动脑筋的事情都一窍不通，他们的妻妾和他们半斤八两。作者所讲的男女之情大都是纯粹的肉欲，因而并不动人。西门庆对妇女有一种充满活力的温存，然而小说里没有深厚的感情，更不用说具有精神之爱的激情了。

读者要对当时的性关系有更完整的了解，也应该参考《影梅庵忆语》这样的著作。[11]这是明代文人冒襄（1611—1693年）在他的爱妾董小宛死后写的真诚传记。他们共同生活的时期正值改朝换代、动荡不安之际。所以这本书不仅表现了他们的动人爱情，而且也是一个高尚的家庭在变幻不定的时代里的现实主义编年史。

冒襄遇见她时已是趣味高雅的作家和艺术家中的明星，他的俊美和博学有口皆碑。董小宛是南京秦淮艺妓，她的美貌和才华也是远近闻名。年轻俊雅的书生博得了她的好感，然而他已有妻室而且生活幸福，她则为一个有权势的人所占有。费了整整一年时间，她才到他家里，成了他的妾。在他这个阶层，娶妾不像《金瓶梅》描绘的那个阶层里那样简单：西门庆看上了一个歌女，替她还了债务，让她收拾东西跟自己走就行了。而在冒襄笔下，她到他家去却是另一番情景：

> 虞山宗伯送姬抵吾皋时，余侍家君饮于家园。仓卒不敢告严君，又侍饮至四鼓不得散。荆人不待余归，先为洁治别室，帏帐灯火，器具饮食，无一不顷刻具。酒阑见姬，姬云："始至止不知何故不见君，但见婢妇簇我登岸，心窃怀疑，且深恫骇。

抵斯室见无所不备，旁询之，始感叹主母之贤，而益快经岁之矢，相从不误也。"

自此姬屏别室，却管弦，洗铅华，精学女红，恒月余不启户，耽寂享恬。谓骤出万顷火云，得憩清凉界，回视五载风尘，如梦如狱。居数月，于女红无不妍巧，锦绣工鲜，刺巾裙如虮无痕，日可六幅。剪采织字，缕金回文，各厌其技。针神针绝，前无古人已。

姬在别室四月，荆人携之归入门。吾母太恭人与荆人见而爱异之，加以殊眷。幼姑长姊，尤珍重相亲，谓其德性举止，均非常人。而姬之侍左右，服劳承旨，较婢妇有加无已。烹茗剥果必手进，开眉解意，爬背喻痒。当大寒暑，折胶铄金时，必拱立座隅。强之坐饮食，旋坐，旋饮食，旋起执役，拱立如初。余每课两儿文，不称意，加夏楚。姬必督之改削成章，庄书以进，至夜不懈。[1]

不久她就参与了丈夫的文学研究，抄写文章和整理他的书籍手稿。她具有诗歌方面的天赋，所以他们往往整个晚上都在一起注释唐代诗人的作品，反复斟酌难懂的段落。她乐于收集古代文献中一切有关妇女服装、首饰及歌舞的词句，并以此编撰了一本小册子。

这种幸福生活为时不久，军事形势的恶化使冒家不得不四处逃难。董小宛在逆境中显得坚强果断，她精心安排行程，成月地照料在途中病倒的冒襄。严冬中有一天，他们在一间空屋里藏身，这里

---

1 《影梅庵忆语》第7—8页，见《如皋冒氏丛书》。

第十章　明　朝　287

是一座荒僻的城市，不时有战斗发生。由于冒病情严重，他们已经无法再赶路了。

> 更忆病剧时，长夜不寐，莽风飘瓦，盐官城中日杀数十百人。夜半鬼声啾啸，来我破窗前，如蛮如箭。举室饥寒之人，皆辛苦鼾睡，余背贴姬心而坐，姬以手固握余手，倾耳静听，凄激荒惨，欷歔流涕。姬谓余曰："我入君门整四岁，早夜见君所为，慷慨多风义，毫发几微，不邻薄恶。凡君受过之处，惟余知之亮之。敬君之心实逾于爱君之身，鬼神赞叹，畏避之身也。冥漠有知，定加默佑。但人生身当此境，奇惨异险，动静备历，苟非金石，鲜不销亡。异日幸生还，当与君散屣万有，逍遥物外，慎毋忘此际此语。噫吁嚱，余何以报姬于生死哉！"[1]

他们在一起生活了九年。她身体娇弱，可能有肺病，二十六岁时就去世了。既然她在十七岁时成为冒襄的妾，而据她自述在妓院区过了五年，那么可知她十二岁时就进妓院学艺了。一般来说，妓女都在十五或十六岁时失去童贞。冒襄虽然长寿，却永远也忘不了她。他以完美的文笔写下了对她的回忆，使这部作品成为明代文学中的杰作。

董小宛已经消失了，然而由于明代末期文学的塑造和普及，恹恹成病、多愁善感、年轻温柔、文雅娇弱的形象，已足以预示着清代理想的女性美。

当时的画家主张体态丰腴、面颊丰满、充分发育的健壮美。明

---

[1]《影梅庵忆语》，第19—20页。

代著名画家、专画仕女和裸女的唐寅（字伯虎）便是如此，图十五是明人根据唐寅的一幅画制作的木刻，它出色地表现了他喜爱的那一类成熟而自信的妇女形象。色情画册中的裸体女人则全都肌肉丰满，胸脯高耸而坚挺，腹部隆起，大腿结实。

没有多久人们便不知不觉地以苗条为美了。最能证实这一点的是备受推崇的仇英的作品，他在约1550年时声誉几乎不亚于唐寅。清代宫廷曾收藏了他的一本描绘风雅生活的画册，图版十六和十七就是其中的两幅，这些画原来都是画在绸子上的。画上的妇女都身材纤细，长着瓜子脸。

这种风格也传入了日本。元禄年间（1688—1703年）的木刻家，特别是色情版画家，都按照中国古典主义的风格，把妇女画得面孔圆胖、体态丰满。到18世纪，浮世绘的版画使我们清楚地了解到，日本画家们开始喜爱柔软苗条、长着瓜子脸的妇女了。

图版十六和十七同样表明，对男性美的理想模式也在改变。唐宋时代人们喜欢蓄着胡须的中年男子，现在则开始乐于把热烈的情人描绘成什么胡须都没有的年轻人了。当时人们还喜爱田径运动，书生们会拳术、击剑、射箭和骑马打猎。体力是英俊男子的品质之一。从色情画册上的裸体男子来看，他们都高大魁梧、肩膀宽阔、四肢发达。

作为对比，我在这里选用了两幅木刻，它们分别体现了下一个朝代即清代时人们理想的女性美和男性美。这两幅画出自以画人物和花卉著称的艺术家改琦（1774—1825年）之手。图十六上的宝玉是小说《红楼梦》的主人公，他是瘦弱的青年，整天忧思忡忡。图十七上的少女也是这部小说的人物，是小说里无数过分敏感的女性

第十章 明朝

图十五　倚书坐着的夫人（《唐六如画谱》中的木刻画，本书作者藏）

图十六 少年。画于约1800年（清代《红楼梦图咏》中的木刻画）

第十章 明朝 291

图十七　少女。画于约1800年（出处同图十六）

之一。应该说在满族人入主后,军事艺术被其垄断,而汉人,尤其是文人的反应则是把体育视为只有"满清鞑子"才从事的庸俗活动。毫无疑问,这种新的精神状态是中国人越来越忽视爱情的肉欲方面,而强调其感情上的、"矫揉造作的"依恋的原因之一。在当时的小说里,年轻人读了一位从未谋面的小姐的诗便热情如火;爱情关系只靠书信往来或诗词唱和便能建立起来。理想的男性是一个面色苍白、肩膀瘦削的文弱书生,整天在书堆里或鲜花丛中想入非非,稍遇挫折就马上病倒。与之相配的女性则是一个孩子般的弱女子,瘦长的脸上永远露出惊讶的神态;她平胸削肩、腰肢细软,双臂单薄但双手灵巧。我们知道这类情侣情绪亢奋、脾气多变,充满了各种各样真实的或想象的感情,一般来说都活不长久。

所以对情人的理想和从前不一样了。我们将要以清代一部关于性生活的著作来详细考察这一变化。这里只要让读者参阅现有的珍贵资料就够了:上文已经提到的《红楼梦》,还有《玉娇梨》,这部小说虽然篇幅较短而且声誉稍低,但是对当时人们醉心的"矫揉造作的爱情"的描绘却十分丰富。[12]

关于当时人们的梳妆打扮,明代的小说、绘画、书里的插图和色情木刻等提供了所有的情况,我们将在本章的末尾对色情画略加考察。

男子的贴身衣服是一条宽大的衣裤,与当代中国人穿的长裤颇为相像。冬天人们把裤管在脚踝处扎紧,外面再加上腿套;夏天则任其飘动。此外,男人穿一件袖子宽大的短上衣,外罩一件轻便的长袍,用一根皮腰带束住。官员们穿着锦缎罩袍,腰带上嵌有玉牌或宝石,袍子的颜色和剪裁方式是他们地位的标志。和从前一样,男人的头发在头顶上绾成发髻，用发针别住。他们在家里和外面都戴着薄纱帽，只有上床时才取下来。

妇女们也穿宽大的长裤，不过她们的贴身内衣似乎是抹胸，即一种宽大的乳罩，在前面扣住或用四根角上的带子系在背部。色情木刻表明，妇女性交时若不完全裸体，那么唯一穿在身上的便是腿套和抹胸。图十八是仇英为《列女传》所作的插图之一，画的是一些正在脱衣的妇女。我们注意到长裤是用一根带子系在腰部的，小腿则穿过腿套，此外还有她们的乳罩。

在长裤和乳罩外面，妇女穿一件由前面扣住的短上衣，上衣的高领紧贴颈部。上衣外面还有几件长袖的袍子，其数量和料子随季节和社会地位而变化。它们由一根腰带束紧，腰带的两端垂在前面。最后她们还要穿一件更短的上衣，前面由用带子打成的一个复杂的结来系住。她们腰带上挂着一些小的锦缎口袋，里面装满了乳香。至于手帕等小的梳妆品，她们都放在内层长袍的非常宽大的衣袖里。

现在我们该来谈一谈海淫小说了，这种文学体裁在明朝末年曾得到某些阶层的高度赞赏。

当时出现了大量的海淫小说，但是清朝的无情查禁使它们大都已经在中国消失。不过有许多在日本保存了下来，有的是明朝的原版，也有的是手抄本。另一方面，清代有些私人收藏家也偷偷地保存了一部分：清朝末年，即清皇室开始衰落、查禁有所放松的时候，有人重版了这些书；民国初年也有重版，特别是在上海。

有一部海淫小说在整个清代都声名不衰，而且几次再版，这就是《肉蒲团》。作者李渔（号笠翁）是明代末年最杰出的作家之一，

图十八　正在脱衣的妇女（出处同图十四）

同时也是剧作家、诗人和评论家。他熟悉妇女,对风雅的生活了如指掌。

李渔出生于一个文人家庭,受到过良好的教育。父母要他当官,但他却连秀才都考不上。这也许是由于他讨厌迎合当时文人的时尚;因为他博览群书,的确是个卓越的作家。他留下了卷帙浩繁的作品:其中有一部分为二十八卷的大型文集《李氏一家言》;十部戏剧,有几种至今仍是中国剧团的保留剧目;此外还有两部著名的小说集。他为人放荡不羁,满人在1644年入主中原,使他完全失去了求取功名的雄心。他决心靠自己的笔谋生,带着由一大群美女组成的私人剧团到各地去演出。他们在高官和资助艺术的富翁家里受到热情的欢迎,一住就是几个星期,演戏之余还和主人联合从事文艺活动。他有过各种遭遇:曾经成为富翁,后来又穷得到了把几个宠爱的女演员卖掉的地步。然而他始终充满了独特的思想,在他的强烈影响下,艺术,尤其是室内装饰和园艺都有了巨大的进步。在这些方面,不仅中国,而且日本都接受了他的理论原则,日本的住房建筑至今仍能显示出这些原则的痕迹。

他是个好色的人,而且从不隐瞒这一点。他一生中有过无数的艳遇,女演员、女乐师、妓女和四处浪游时的其他女伴。他的作品表明,他对自己喜爱的妇女有一种发自内心的深刻关切——当然往往也是转瞬即逝。他力求理解她们的心理,对她们精神上和物质上的舒适极为关心。他对妇女的内心清楚到什么程度,有一个以女子同性恋为主题的剧本《怜香伴》可以说明。新娘崔笺云去游览一座寺院,遇见了同样美丽的才女语花。她们彼此倾心相爱,崔答应尽力让丈夫娶语花为妾。经过许多磨难和考验，崔笺云的计划终于实现，三个人都皆大欢喜。这个剧本里有许多极为动人的诗句和对白，尤其是两位年轻女子之间的对白更是如此，不愧是大家手笔。

在《闲情偶寄》第三卷《声容部》里，李渔细致地描绘了理想的妇女，她的魅力、梳妆打扮和她的才华。这些是李渔作品中最优秀的篇章，文笔流畅，妙趣横生，其中有大量关于妇女闺室生活的细节。而《闲情偶寄》的第六卷对于我们的研究特别重要，因为那是一篇对于性关系的论述。李渔告诫男人在和一个女子初次性交时，一定要万分谨慎，绝对不能触犯她的感情。这一点适用于任何妇女、处女、寡妇、贵夫人或妓女都无一例外：因为与男人相比，初次拥抱对于女子来说总是更为重要。关系可以长期维持，男人也可以常常和她交合，但是始终应该尽力避免在第一夜发生什么不愉快的事情。[1]

这种细腻的感情并未妨碍李渔写作一部诲淫小说，即17、18、19世纪时在中国和日本都受到公众欣赏的《肉蒲团》。它细致入微地描绘了青年书生未央生在色情方面的尝试，以及与他相好的六名女子的艳史。书生在情欲方面的良师赛昆仑是一个窃贼：他的职业使他常常躲在别人房间里过夜，因此对有关性交的一切无所不知、了如指掌。未央生照窃贼的指教去做，并通过自己的各种试验而成了内行。这部小说几乎叙述了一切惯用的性交方式，而且叙述

---

[1] 此处作者对中文恐有误解，原文如下："新婚燕尔，不必定在初娶，凡妇人未经御而乍御者，即是新婚。无论是妻是妾，是婢是妓，其为燕尔之情则一也。乐莫乐于新相知，但观此一夕之为欢，可抵寻常之数夕，即知此一夕所耗，亦可抵寻常之数夕。能保此夕不受燕尔之伤，始可以道新婚之乐。"李渔所述，乃是男子节欲养生之道。见《闲情偶寄》卷六《节新婚乍御之欲》，浙江古籍出版社，1985年，第321页。

第十章 明朝

得无所不至、毫无省略。我们在下文将会看到某些百无聊赖的阶层里，有修养的人都乐于看淫书淫画。李渔和这些阶层都有着直接或间接的联系，幸而他的卓越才华使他把这部本来只是诲淫的小说写成了一个故事，甚至还是一个寓有道德观念的故事，因为它表明沉湎肉欲最终可以使人大彻大悟。所以有人还给这部小说起了另一个名称：《觉后禅》。这种微妙的道德观念，以及运用自如的优美文笔，说明了这本书为什么会在中国和日本大受欢迎，两国都曾多次再版。

《肉蒲团》里有大量的段落显示出作者的敏感和心理直觉，对当时的男女和性行为进行了细致而饶有兴味的概述。下面是该书第三回的一部分。

未央生娶了一个宿儒的女儿玉香为妻。玉香受到过良好的教育，但是由于父亲的严格管教而不谙世事。她长得极美，然而对性事却一无所知，热情的未央生为此深感失望。

> 对她说一句调情的话，就满面通红起来，走了开去。未央生极喜日间干事，好看女人的阴物，以助淫兴。有几次拉她脱裤，她就高声大叫，却像强奸她一样，只得罢了。夜间干事，虽然也委曲承当，只是察她的意思，都是无可奈何的光景，但见其苦不见其乐。与她行房的套数，只好行些中庸之道，不肯标新取异。要做隔山取火，就说犯了背夫之嫌。要她倒浇蜡烛，又说倒了夫纲之体。就是勉强要抬她两脚上肩，也费许多拔山扛鼎之力。至于快活上头，休说不肯叫死叫活，助男子的军威，就叫她几声心肝乖肉，也像哑妇一般不肯答应。

未央生至以为苦，心上思量道：可惜一个绝色女子，没有一毫生动之趣，犹如泥塑木雕睡在身边，有何乐处。我如今没奈何，只得用些陶养的工夫变化她。明日就走到春画铺中，买一幅绝精绝巧的春宫册子，是本朝学士赵子昂的手笔，共有三十六套，唐诗上三十六宫都是春色的意思。拿回去放在绣阁之中，好与玉香小姐共同翻阅，使她知道男女交媾之事不是一端，其中有千变万化发生出来，以备闺房之乐。可见往常那一套数，不是我创造出来的。古之人先有行之者，现在程文墨卷在此来证验。起初接到之时，玉香不知里面怎么说，不是山水，定是花卉。接到手中，就打开细看。只见开首两页写着四个大字道：汉官遗照。玉香思量汉官中有多少贤妃淑媛，一定是此遗像。且看是怎生一般相貌，就做得那样好事出来。及至揭到第三页上，见一个男子，搂着一妇人，精赤条条的，在假山石上干事，就不觉面红耳赤，发起性来道：

"这种不祥之物，是从哪里取来的？放在这边玷污闺阁，快叫丫鬟拿去烧了。"

未央生一把拉住道："这是一件古董，价值百金，我向朋友借来看的。你若赔得百金起，只管拿去烧。若赔不起，好好放在这边，待我把玩一两日，拿去还他。"

玉香道："看些名书法画，以陶养性情，这样没正经的东西看他何用？"

未央生道："若是没正经的事，哪个画工还去画它。那个收藏的人，也不肯出重价去买它了。只因开天辟地以来第一种正经事，所以文人学士拿来绘以丹青，裱以绫绢，赘于书中之肆，藏于翰墨之林，使后来的人知所取法。不然阴阳交感之理，渐渐沦没。将来必致夫弃其妻，妻背其夫，生生之道尽绝。我今日借来，不但自己翻阅，也要使娘子知道这种道理。才好受胎怀孕，生儿育女，不致为道德观念所误，使我夫妻两口，后来没有结果的意思，娘子怎么发起恼来？"

玉香道："我不信这种勾当是正经事。当初立法的古人，何不教人明明白白在日间对着人做？为何定在更深夜静之时，暗室避漏之处，瞒了众人，就像做贼一般才行这种勾当。即此观之，就可见不是正经事了。"

未央生道："这样说来，怪不得娘子，都是你令尊的不是。把你关在家中，不见天日，没有一个在行女伴对你说说风情，所以孤陋寡闻，不晓人事。"

他们又争论了一会儿，玉香同意看画册了。未央生扯她坐怀中，一起看了起来。

那幅册子又与别的春意不同。每幅的上半页是春宫，后半页是跋的话。前几句解释上面的情形，后几句是赞叹画工的好处，都是名人笔迹。未央生教她设身处地，细想里面的精神，将来才好模仿，就一面看一面念与她听。

作者记录了五幅画。我只引用第五幅：

第五幅乃双龙斗倦之势。

跋云：妇人之头倚于枕侧，两手贴伏，其软如绵。男子之头倚于妇人耳侧，全身贴伏亦软如绵。乃已丢之后香魂欲去，好梦将来，动极还静之状。但妇人双足未下，尚在男子臂肩之间，犹有一线生动之意。不然竟像一对已死之人，使观者臻其妙境，有同棺共穴之思也。

玉香看到此处，不觉淫兴矜持不住。未央生又翻过一页，正要翻与她看，玉香就把册子一推立起身来道："甚么好看，看得人不自在起来。你自己看，我去睡了。"[1]

从此以后玉香就成了一个不知羞耻的女人。未央生则开始他的风流艳遇，最后大祸临头。他看破红尘，到寺庙里做了虔诚的佛门信徒。长老指点他说，他必须经过从前的荒淫才能觉悟皈依，所以他是在"肉蒲团"上拯救了自己的灵魂。

现在我们应该介绍一下产生于明代的其他海淫小说，以及制作彩色色情版画的环境了。为了清楚起见，需要对当时的事件作简单的回顾。

在二百年左右的有效治理之后，巨大的明王朝显示出了衰落的征兆。明朝强盛的顶点是永乐皇帝（1403—1424年）时代，当时明军推进到了蒙古和中亚腹地，并且保持着对南部邻国的控制，强大的船队沿着爪哇和锡兰的海岸前进。1421年，永乐从南京迁都北京，并在北京建造了至今犹存的壮丽宫殿。

---

[1] 《玉蒲团》，香港天大出版社，第18—23页。

永乐的继承者们既没有他的坚强个性，又没有他的军事天才。宫廷中的小集团，特别是宦官们对他们的影响越来越大。我们从以前朝代的历史中已经知道这种影响的后果，即普遍的徇私枉法和腐败。从外表看起来，明朝始终保持着它的威严，因为组织完善的统治机器仍在不受阻碍地运转，但实际上中央的集权正在日益削弱。各种机构相互脱节，而机构的数目越来越多，宫廷集团里的庸碌之辈纷纷窃居要职。经济形势逐渐恶化。边境已遭遇数次军事挫折：帝国的疆界在不知不觉中变得不稳了。正德皇帝（1506—1521年）打击了宦官们的权力，但是他的继承者嘉靖（1522—1566年）和万历（1573—1619年）却又使朝廷被宦官们掐住了脖子。有能力的宰相在下级官员的支持下延缓了巨大的灾难，却无法挽回衰落的局面。这时起源于通古斯人的满族，这个生气勃勃的民族，在沈阳确立了军事制度。他们感到自己已经强大，而明朝又很富裕，于是就在都城盛京虎视眈眈地注视着南方。

明朝迁都北京，有一些艺术家和手艺人追随朝廷北上，但是大多数人宁愿留在南京及其附近的美丽城市里，如杭州、苏州和扬州。作家和艺术家很少愿意离开这一地区，这个传统可以追溯到宋朝皇室南迁的1127年，他们感到这里的气氛比充满阴谋诡计的北京更为亲切。手艺人同样愿意待在有用武之地的地区，因为这里既有各种手艺的传统，又有良好的自然条件。正因为如此，南方不仅拥有大部分杰出的作家和画家，而且也有著名的能印刷书籍和版画的木刻家，以及制造墨汁、纸张、绸子和毛笔的生产者。

在这个人们通常称为江南的地区里，有一个靠专卖盐和在大运河上做生意致富的、极为兴盛的乡村贵族阶层。这条运河把帝国的北方和南方连接起来，是官家和民间大部分贸易的通道。那里还有许多富商，由于与日本的贸易迅速发展，港口城市里有大量的批发商。此外还有许多退休的北京官员，他们因为想过太平日子而在这里安了家。这些命运的宠儿对作家、艺术家和手艺人都予以赞助。他们过着追欢逐乐、歌舞升平的生活，所以妓女的人数也空前增多。

南京著名的妓院区称为"秦淮"，这是城畔的一条河流。妓女们大部分时间都待在画舫里，即"装饰华丽的船只"，是奢侈的水上流动妓院。客人在船上举行豪华的宴会，以歌舞助兴，也可以在船上过夜。明代作家余怀（1616—1696年）曾写了一本回忆该区美貌才女的集子，名为《板桥杂记》，他在文中把该区称为"欲界之仙都，升平之乐国"。其他的记述还有明代潘之恒的《曲里志》、曹大章的《秦淮士女表》，他还写了一本描述北京妓院的书，名为《燕都妓品》。无名氏的《吴门画舫录》[1]中所记的苏州画舫，以及清代作家李斗的长篇论著《扬州画舫录》中所记的扬州画舫也同样闻名。[13]

这些书籍充分证明妓院区在江南的文化生活中占有极为重要的地位。所有的文人、作家和艺术家对这些地方都很熟悉：他们要求很高，喜欢才貌双全的妓女。在这里形成的一些新的歌曲和乐曲体裁都曾广为流传。

不过这种欢乐生活也有阴暗的一面。

直到那时为止，嫖妓宿娼都没有生命之虞。正如我们在第七章

---

1 该书由西溪山人编，见《双梅景闇丛书》。

里所看到的那样,从古代起就存在着各种各样的淋病,不过直到明代末年,这些疾病的传染从未达到引起人们警惕的程度。中国人注重性交的卫生,因此更减少了传染的机会。明代的色情小说告诉我们,无论男女,在性交前后都要洗净阴部,他们使用的润滑剂,例如琼脂霖,也能保护小伤口和破损的黏膜不受病菌的侵袭。男人有时在阳具头部戴上一个套子,这与其说是为了防止受孕,不如说是出于卫生方面的原因。尽管如此,从16世纪初开始,梅毒的传染终于给这种无忧无虑的生活投下了阴影。

我们可以从当时的某些医学著作中了解这种祸患的起源和蔓延。医师俞弁在他的《续医说》(1545年出版)的补遗中叙述了萆薢的特性,然后指出在弘治末年,民众为一种来自广州的皮肤病所苦。中原人从未见过这种病,所以称之为广疮或杨梅疮,因为这种疮的形状像梅花。

《续医说》准确地描述了梅毒下疳和伴随这种疾病的症状,并指出萆薢或水银通常能缓解病情。这种看法可以在当时的其他医学著作中得到印证,某些医书还提供了临床病例的细节。

约1630年暴发了第二次性病大流行,1632年刊行的医师陈司成的《霉疮秘录》对此做了详细的记述。在所有这些资料中,这种病都称作广疮或杨梅疮。中国医生完全正确地把性接触看成是传染的主要原因,由此我以为"梅"这个字最初不仅是由于它在形状和颜色上类似这种疾病,而且也与梅引起的性联想有关,这一点我们在前面已经提到。应该指出,梅也可以写成另一个音同义不同的字,即"霉"。在当代,梅毒这一术语始终用来指这种流行于中国和日本的性病。[14]

只有医学界对这种情况有清醒的认识。对广大民众来说，梅毒和天花、鼠疫等一样，只是定期肆虐全国的许多危险的传染病之一。

我们在前面已经看到明代小说所提到的下等妓院，这些妓女被轻蔑地称呼为"娼"。西方评论家对此也有一些看法。葡萄牙传教士加斯巴尔·达·克鲁兹1556年游览过广州，他是这样评述的："娼妓绝对不准住在城里，在郊区也只能住在专门的街道上，不得越雷池一步，这种规定与西方恰恰相反。所有的娼妓都是奴隶，她们的命运早在童年时就决定了。有人把她们从母亲那里买走，教她们唱歌弹琴，以及别的乐器。学得好的身价就高，不会歌舞奏乐的身价就低。男主人使她们失去童贞，或者卖掉她们。她们在娼妓街定居时，一个由皇帝委派的官员将她们登记在册，主人每年要向这个官员交一次税，她们则要保证每月向主人交费。她们上了岁数就要涂脂抹粉，打扮得看起来像年轻姑娘。当她们年老珠黄、不能再操皮肉生涯时便完全自由了，不再对主人或任何人承担责任，这时她们就靠以往积攒的钱财生活。"达·克鲁兹还提到了娼妓中的盲女："失明的妇女都是娼妓，有女佣为她们穿衣打扮，并收取酬金。"我在中国文献里没有发现这方面的资料，或许克鲁兹是把一个特殊例子当成普遍的习俗了。至于他所说的妓院名声不好，位于城外，这种说法只适用于下等妓院。一切比较高级的妓院，包括有女人陪客的餐馆和酒馆都在城里，唐代京城的平康坊甚至就在皇宫旁边。

图十九　明代妓院景象（出处同图十四）

图二十　明代妓院景象（《风月争奇》中的木刻画，本书作者藏）

要想了解性病和娼妓的卖淫，必须参考中国的医书和西方观察家留下的笔记，因为江南的文人雅士对这种"风花雪月"生活的阴暗面都视而不见，都在极力崇拜风雅的生活。无可否认，江南的艺术文化能发展到如此灿烂的程度，与他们不倦的努力是分不开的。

对风雅生活的崇拜终于到达了无法超越的顶点。一些文人雅士已倦于推敲诗词，失去了和色艺俱佳的妓女玩乐的兴趣，美酒佳肴对于他们都变得淡而无味。此外，从北方来的消息逐渐传开，使人感到大明王朝的末日即将来临：这正是适于对人生几何、欢乐无常进行深思的时机。有些人不愿意迁就这种末世的气氛，因而隐居深山，致力于研究佛教和道教的玄妙概念。另一些人则相反地醉心于追求新的刺激，沉湎于放荡的生活。

这些百无聊赖的人便在污秽中找到了邪恶的乐趣。他们写出了最猥亵的小说，用从市井学来的俚语毫无忌讳地写男女之情。不过在这些粗俗的散文里，他们仔细地插入了一些极其雅致的诗词。由于他们详细描写最卑污的场面，所以这些故事里有些篇章纯属不堪入目的垃圾。除了诗词的精致，这些书唯一的可取之处是它们从未涉及下流的暴行或其他过分的病态行为。即使是这些沉湎于肉欲享受的令人作呕的人，也从未想过以鞭打女性来增强他们的欲念。

我们在这里介绍三部小说，每一部代表一种特定的体裁。

首先是集海淫之大成的《绣榻野史》，作者吕天成（1580—1620年），是南京诗派中富有才华的青年诗人。明朝末年此书曾三次再版。后来因主张异端而被处死的著名文人李贽（1527—1602年）为此书写了一篇评论，同样著名的小说家冯梦龙（卒于1644年）对这篇小说的文字进行了校订。小说的情节非常简单。考生姚同心有一个极美的妻子，但却和比他年轻的同学赵大里保持着同性恋关系。姚的妻子死后，他又娶了一个年轻的荡妇金氏，她很快就和赵有了关系。赵的母亲麻氏是个年轻的寡妇，姚同心对她有了好感。至于小说的内容，则纯粹是对这四个人合伙进行的性狂欢的细致描绘，这类狂欢采取各种各样可能想象到的方式，有时姚家的丫鬟也来助兴。最后金氏、麻氏和赵大里都先后早逝，姚同心悔恨不已，出家为僧。这部小说仅有的价值在于文笔通俗有力，以及作为每一回结尾的词和曲，同时大量的俚语表达方式也可以供语言学家们研究。这是只以猥亵为内容的小说的典型。

第二部小说是《株林野史》。这部小说也完全是海淫的，但是情节安排细致，并且以古代性经的教诲为依据。由此可见在产生这些小说的特定阶层里，人们对性经始终是了解的，从前人们自由地谈论性经的教诲，是因为把它们看作一种健康的性生活的规则；现在人们开始把它们当成禁果，因而更能使追求刺激的人为之入迷。

人们对《株林野史》的作者一无所知，不过从小说本身来看，可以认为他是属于刚才所说的吕天成那一派的人。这部小说在清朝曾两次被列入禁书目录，但民国初年又在上海再版了。

小说分为三十二回。故事发生在遥远的过去，即人们所说的周朝时的"春秋时代"（公元前600年左右）。美女素娥是郑国穆公的女儿，她成年后在梦中见到一位方士，向她传授了性交的奥秘。[15] 他对素娥说："我姓花名月，在终南山修炼一千五百年成仙，道号普化真人，风流生成此事，不成阳亦不泄，我还有一术，能吸精导气，与人交媾，曲尽其欢，又能采阴补阳，却老还少，名'素女采战之法'。"素娥梦后即开始了她的放荡生涯。她首先引诱了一个年轻的表

第十章　明　朝　309

弟，并且让他也占有了自己的丫鬟荷花。她向荷花传授了道教的奥秘，表弟不久便力竭而死，这两个女子却因吸取了他的元气而变得越来越美，后来素娥嫁与邻近陈国的灵公之子为妻。她家有一片株林，素娥和她年轻的丈夫就在里面戏耍。她生了一个儿子，丈夫又力竭而死，他在临终前托朋友孔宁大夫照顾母子俩人。素娥和孔及孔的朋友仪行父都发生了性关系。为了保全自己的地位，孔安排素娥和她的公公、年迈的灵公相会。所以灵公也来参加株林里的性狂欢，最起劲的就是丫鬟荷花。二十年以后，素娥和荷花始终面目姣好，犹如妙龄女子，而她们的情人却衰老力竭了。素娥的儿子已长大成人，准备建功立业，一天他忽然撞见灵公和两个大夫正在戏谑，议论哪个大夫是他的父亲。他扑过去杀死了灵公，两个大夫逃到了敌对的楚国。楚王早就想攻打陈国。灵公被杀，成了一个合适的借口。素娥之子战死，素娥成了俘虏。孔宁和仪行父想让她去勾引楚王，可是素娥儿子的鬼魂缠住他们不放。他们的计划还未实行，孔就发了疯，在杀死自己的妻儿后自杀了。仪行父则绝望地投河自尽。

楚王宫里有一个大夫叫巫臣，精通以性交增强元气的技巧。他一看到素娥便认出她是个同行，他想娶他，但是楚王把她许配给一个普通的士兵，而且荷花也不得不离开了她。经过一番精心策划，巫臣背叛了楚王，成了秦国的大夫。素娥和荷花也经历了一连串奇遇，最后都嫁给了巫臣。这三个性修炼行家需要年轻人向他们提供元气，巫臣就说服了秦国一对年轻的贵族夫妇来参加他们的性狂欢。两男三女在秦国过起了株林的生活。一个丫鬟去向国君告密，国君派兵包围了巫臣的家，抓住了那对年轻的贵族夫妇，而素娥、荷花和巫臣却因吸取了大量的元气而修炼成仙，驾云升天了。

所以这是一部把古代性经的教诲贬低成一种性榨取的小说。

这种特色在第三部小说《昭阳趣史》中表现得更为明显。前两部小说没有插图。《昭阳趣史》却有四十八幅整页的插图,大都描绘色情场面。作者只署了笔名,不过从内容来看可以说他也属于我们刚刚说过的那个文学派别。这本书是1621年出版的。

这部小说的主要人物是生活在山洞里的一只雌狐,它是一切狐狸的王。它为了获得不死之药而修炼了无数年,但始终没有"元阳"来补自己的阴,所以它变成美女来到世上,寻找合适的男性。她遇到一个青年男子,其实他是一只燕子变成的,而且也精通性修炼,不过总是没有"元阴"。他们进行交合,狐狸吸去了燕子的元气。燕子发觉美女原来是狐狸,大怒之下召集所有的燕子来开战。燕群密集,狐狸无数,杀得天昏地暗。玉皇大帝传旨严惩,把这两个好事之徒打下凡去过普通人的生活。他们在汉朝时来到世上,成了一位夫人和她丈夫的男宠通奸而生的双胞胎。燕子精和狐狸精都长成了美女,经过许多周折进了皇宫。成帝娶了她们。这两个荡妇怂恿皇帝纵欲,使他为之病倒,并在服用了飞燕(即燕子精)调制的过量春药后死去。最后玉皇大帝又把它们召回并予以儆戒性的惩罚。

这部小说有三个不同的要素。主要情节是把古代的道教修炼描绘成反常的吸血鬼式的性交。同时也有关于狐狸的传说。正如我们在第七章结尾时所说明的那样,这类传说在唐朝时大量出现,在明代和清代则更加发展。[16] 第三个要素是历史上的,即汉朝成帝(公元前32—前7年)和赵飞燕、赵合德姐妹的爱情。她们两人都是歌女,选入后宫不久便成为皇帝的宠妃。唐代有本历史小说《赵飞燕外传》,详细地叙述了这个浪漫的爱情故事。

我在其他地方曾搜集了一些资料，以证实这三部小说都出自同一个阶层，即南京的一些百无聊赖的文人。我同样证明了这个阶层也创作过大开本的春宫画册。

在谈论这些特殊的画册之前，应该提一下中国色情艺术的历史背景。

我们在第七章里已经提到了唐宋时代的秘戏图，还有专门创作这类绘画的画家赵孟頫。另外我们也看到，明代末年的小说《肉蒲团》里也提到了这位艺术家创作的春宫画册。

关于明代以前的色情绘画我们所知甚少。就我而言，我从未见过比明代复制品更早的春宫画摹本。还应该指出的是，即使这些绘画上注明它们出自唐朝或宋朝，但显示出来的却是明代色情艺术的特色。不过，像张丑在周昉的画上所题的词，却表明这些色情绘画在唐代便已经和性经无关，而性经中的插图则似乎在唐代前后失传了。后来春宫画便不仅用于教育，而且也用于娱乐。

既然没有一个可靠的样本，我们就很难评论明代以前色情艺术的风格和特点。现存的一本出版于1630年左右的画册《繁华丽锦》，与古代的性经仍有密切的关系，其中有一些画得很拙劣的裸体人像，而且身材矮小。如果这本画册确是对明代以前的样品的复制，应该说古代的色情艺术是相当幼稚的，而且从解剖学的观点来看也错误百出。

因而我们缺乏进行比较的标准。现代著作《骨董琐记》断言，汉墓中曾出土过绘有性交场面的瓦片和贝壳，不过我从未见到。这本著作还谈到明代的瓷酒杯上也饰有性交的绘画。中国一些研究瓷器的著作认为，这类瓷器在隆庆（1567—1572年）和万历（1573—

1619年）年间最受欢迎。1936年，我在北平曾得到一些宣德（1426—1435年）年间的样品。这些杯子的直径只有六厘米，外壁上正在性交的裸体男女都画得很拙劣。

在明代中期，优秀的画家都不画裸体。当时有些画家创作的画尺寸很大，但画上的人物都穿着衣服，后来明代的仇英也继承了这种风格。毫无疑问，图版十六和十七仍然体现了明代初期的风格。当这些艺术家想使他们的画更富于刺激性时，他们就在画上增添猥亵的、然而不失分寸的一笔。例如一对夫妇站在窗前看着花园，艺术家就在树叶之间画上两只正在交尾的昆虫，或者画两只在草丛中交配的小动物。他也可以画一个女人正在刺绣，而情人就坐在她的身边；或者画一个男子用毛笔蘸墨汁，旁边坐着他心爱的人。因为绣（对一个女人来说）也意味着"开始性关系"，而书（对男人来说）也意味着"有了性关系"，这些书里含有一种极为放荡的暗示。同样，在清代的色情散文和诗词里，爱绣可以指一个淫妇，而贪书则能表示一个渴求性交的男人。

如同我们下面将要看到的，晚明版画中裸体画的发展表明，直到明朝末年，裸体画始终是极为简陋的。

如果说这种艺术很早以前曾有过较高水平的话，那就必须认为所有的作品都在明朝建立之前失传了。

唯一在表现女性裸体方面有些技巧的是象牙雕刻家。我们知道男女有别的规矩十分严格，连医生也不能面对面地看他的女患者。他至多只能在女病人从床帏里伸出来的手上按脉。按照中国古代的医学理论，只要知道脉搏便可以诊断几乎所有的疾病，医生没有必要知道更多的情况。然而他往往必须确定女病人身体疼痛的部位，所以他总是随身带着一个裸体女人的象牙模型，以便让病人的丈夫或家里的其他女子指明何处疼痛。这些医用象牙模型通常长约十厘米，刻的是一个双手放在脑后的仰卧的女人（见图版十八）。这些明代的小雕像有些相当精巧，表明制作者对女性解剖学已有了实际的认识。[17]

一般来说，明代的春宫画或者画在横向的画轴上（图版十四、十九），或者收在折叠式的画册里。画轴长三至六米，宽约二十五厘米，大都只是一幅连续的画，即男人和女人在进行各种姿势的性交。收入画册的画以二十四幅、三十六幅或其他有文学含义的数量为一套，每张画后面都附有一页写在纸上或绸子上的色情诗词。无论艺术价值如何，这些画轴或画册的拥有者都不惜工本来装饰它们。画轴上饰有绸边，端部接上一条保护带，是用古代的锦缎做成的，上面有一根用玉石或象牙雕刻的扣针。画册则有用木头雕刻的，或者用由硬纸板加固的古代锦缎做成的封面。小说《金瓶梅》在第十三回的结尾简略地描绘了西门庆的一件春宫手卷，上面的题词表明它是宫中的收藏品：

　　内府镶花绫裱，牙签锦带妆成。大青小绿细描金，镶嵌十分干净。女赛巫山神女，男如宋玉郎君。双双帐内惯交锋，解名二十四，春意动关情。[1]

明代初期和中期的这些画轴和画册，已经不能满足明代末年江南文艺界百无聊赖之人的需要。在其诲淫小说里，他们完全是赤裸

---

1 《金瓶梅词话》，第354页。

裸地描述女性之美，所以他们要求把女人画得一丝不挂，而且要毫无保留地呈现出她最隐秘的魅力。她们的裸体应该被画成各种姿势，应该画得比这些画轴和画册里的人更大、更逼真。然而过去根本没有这样淋漓尽致的作品。千百年来，中国的绘画都出自画室，除了肖像之外，艺术家都不是如实描绘的。当然裸体模特就更谈不上了，据我所知这方面只有一个例子（参阅本书第三章）。

然而，在江南却有一位独辟蹊径的艺术家，就是我们已经提及的著名画家唐寅。他以爱好醇酒和妇人著称，而且从不知足。我们从许多轶事中知道，他为了得到一个中意的女人可以不顾一切，并且很会耍花招和恶作剧。作为江南著名妓院区的常客，他还在名为《风流遁》的著作里叙述了和妓女调情的技巧。

这篇著作似乎已经失传，不过还有一本唐寅编撰的海淫故事集却传了下来，名为《僧尼孽海》[18]。它包括二十六个长短不等的故事，内容是寺庙里的秽行，其间充满了色情的艳词，全书的开头词是：

漫说僧家快乐，僧家真个强梁，
披缁削发下光光，妆出怎般模样。

上秃连着下秃，下光赛过上光，
秃光光秃秃光光，才是两头和尚。

两眼偷油老鼠，双拳叮血蚂蟥，
钻头觅缝唤娇娘，露出佛牙本相。

净土变成欲海，袈裟伴着霓裳，

第十章 明朝 315

> 狂言地狱狠难当，不怕阎王算账。

书中使用了取自古代性经和道教性炼丹术经典中的术语，这表明在唐寅及其朋友所属的阶层里，这些著作始终都在流传。我特别要指出其中的第七个故事《西天僧》，唐寅在这篇故事里叙述了哈麻向元帝推荐的番僧们的行为。在描述他们的性狂欢时，他逐字地引证了《玄女经》中的"九法"（见第六章）。

由于艺术家的才干和本人的爱好，唐寅在色情绘画方面的成就是绝无仅有的。毫无疑问，他说服了一些女友作为他的模特，因而绘出了一些观察细致、手法灵巧的大幅裸体画。后来杰出的艺术家仇英也如法炮制，除了画衣冠整齐的情侣之外，也画裸体的男女。

南京那些爱好色情的人就这样在唐寅、仇英和他们弟子的作品里找到了他们需要的裸体形象。不过这些爱好者过于苛求，所以通常的裸体画对他们来说仍然不够。为了长久地保存被暴露出来的女性魅力，他们选择了彩色版画这种最有效的表现手法。

早在明代以前就有了彩色印刷技术。从唐朝开始，便有人在木头上雕刻装饰图案，以便印在小开本的纸页上供人写诗，纸商也用同样的方法在纸上印简陋的还愿图，人们在过节时把它们贴在墙上。明朝的出版商也用彩色印刷，往往文字用黑色，书页边缘的注释用红色或蓝色。不过直到明代末年人们才充分利用这种称为套版的技术。在明朝的最后三十年里，这种技术在北方的北京周围、南方的江南地区（南京周边）都大为发展。在北方，这种行业的中心是天津附近的村镇杨柳青。那里制造宗教性质的彩色版画、节日时送给朋友和亲人的图片，以及作为装饰而贴在墙上的寓意吉祥的版画。

这本来只是一种不求发展的通俗艺术,但是由于有经常性的需求,所以在整个清朝和民国时期,杨柳青的这一行业都在不断地繁荣。

江南也有同样的彩色通俗版画。不过除了这些手艺人的劳作之外,还有杰出的艺术家和著名文人创作的更为精致的版画。正是他们使中国的彩色版画趋于完美。

如果必须归功于一个人的话,那就是南京的胡正言(1582—1672年),他也是刻印的爱好者。他出版的两本彩色版画集,至今仍被认为是精美的艺术品。一本名为《十竹斋画谱》,收集了以花卉、水果和山岸为内容的版画,每幅画配有一首诗;另一本名为《十竹斋笺谱》,收集了诗人所用的纸样。[19]在这两部作品里,胡正言充分利用了彩色版画丰富的表现力,线条完美清晰,色彩柔和细腻。

这正是色情艺术爱好者们梦寐以求的表现手法。既然这个派别的某些成员为胡正言的《画谱》题了诗,不用说这位杰出的艺术家和这类爱好者是有联系的,那么我们也不会怀疑他们会利用他的技巧。他们有了模仿对象,有了技术,就可以创作出满足其苛求的、前所未有的精美画册了。这类画册最早在1570年左右出版,最后一本出版于1650年。这种特殊的艺术形式只存在了八十年,但却达到了使后人望尘莫及的水平。

这些画册的形状大致相同,都是折叠的长纸带,每页约宽25厘米。通常第一页是花体字的标题,第二页是序,然后是一系列彩色版画。每幅版画后面的一页配有一首诗词,字体往往十分优美。

这种印刷方法比普通彩色版画的难度要大。我们知道,无论是印书还是印版画,中国古代的方法都和西方相反。人们把木块的雕刻面朝上,用棉花团或排笔上墨,然后把纸放木块上,在上墨的表面上铺平。木块上墨的多少，铺纸时按压的轻重，这些是中国印刷者的秘密，只有在长期实践中通过不断的试验才能掌握。在彩色印刷时，一张纸要轮流铺在几个木块上，因为一个木块只有一种颜色。最大的困难在于各种颜色区域要准确地接合；无论人们多么小心，总是难免会有一点误差。对于普通的版画，颜色之间的微小间隙不至于损害美观。因为彩色版画实际上是一张单色的"草图"，包括了所表现主题的主要特征。这张单色画先被印出来，然而再根据需要补上几片颜色。即使这几块颜色不能十分准确地覆盖草图，版画的统一性也不会因此而丧失。

春宫画册的出版者则想取消分次上色而一次成形，也就是说不再有草图来确保画面的一致了。几套线条组合在一起，每一套都有各自的颜色，因此微小的误差就会使图形解体而损害画面。不过，在木块上雕刻整个线条网固然需要付出巨大的劳动，然而是完全值得的。纯净的线条赋予这些版画以不可言传的魅力，这是通常的线条和色彩组合所无法获得的。这种魅力使裸体画不落俗套，优雅的曲线更衬托出女性的美：出版者无疑都懂得个中奥妙。这种技术刚刚起步，人们似乎便考虑到了色彩的合理分布，很快就形成了一种传统：通常用黑色来表现裸体者的面孔、头发、男人的帽子和鞋，以及他们身体的轮廓。其次是蓝色，用来表示画面的框，衣服及皱褶和某些家具的外形。再其次是红色和绿色：红色主要用于桌椅；红、绿两种颜色都用来表现长袍的装饰品，席子和屏风的边，鲜花，等等。最后人们用黄色来画零碎物品：茶杯、香炉、花瓶等。

第一批春宫画册约在1570—1580年出版，印有四种颜色。主要是黑色和蓝色，红色和绿色用得很节省，黄色则根本没有。最优秀的作品出版于1606—1624年，都印有五种颜色。彩色春宫画册经过这二十年左右的极盛时期之后，人们又用黑色或蓝色印刷便宜的单色版本。后来人们就只用一种颜色来绘制和印刷画册了，大都是黑色或红色。最后在1644年清军入关以后，这种艺术便完全消失，因此春宫画册的原版已成了罕见的珍品。

下面我们简单地叙述一下五本画册的情况，其中每一本都代表着这种技术发展的一个阶段。

首先是第一批画册中的《胜蓬莱》。它包括十五幅四色版画，即蓝色、黑色、红色和绿色，出版于隆庆年间（1567—1572年）。画上的男女大多并非全裸，仍然穿着衣服，只露出腰部和生殖器。全裸者画得也不成比例，上身太大。诗词的书法和文笔都平庸无奇。

画册《风流绝畅》表明其质量在数十年里大有提高，它共有二十四幅画，出版于1606年。裸体都画得非常巧妙，而且姿势也很复杂。序言中说这些版画以唐寅的绘画为范本，从风格上来看的确不难识别。这本画册的序中还说：

不佞非登徒子流，何敢语好色事？丙午春，读书万花楼中，云间友人持唐伯虎先生《竞春图卷》来，把弄无倦。时华南美荫主人至，谓不佞曰："《春意》一书，坊刊不下数十种，未有如是之精异入神者，俊丽盛满，亦曲尽矣。"因觅名绘手临之，仍广为二十四势。中原词人墨客，争相咏次于左，易其名曰《风流绝畅》，付之美剞劂。中秋始落成，苦心烦思，殆非一日也。不佞强之印行于世，以公海内好事君子。至若工拙，或与寻常

第十章 明朝

稍有所差别耳，惟赏鉴者自辨云。

东海病鹤居士书

新安黄一明镌

(《秘戏图考》，卷二，第一四一页)

  对于序中提及的文人以及序的作者，我对他们的情况都一无所知。黄一明则是安徽省歙县著名的木刻家族黄家的成员。

  图版二十复制了这本画册里的第十七幅画。画上的年轻书生晚上在书房的窗边看着书，昏昏欲睡。他的情人站在他的身后，把手放在他肩上。左边有一个铜制的大烛台，桌边有一个小香炉、一个花瓶和一杯茶。背景是一架折叠式的屏风，饰有一幅山水画。画页反面的诗是：

  唤庄生
  花暖香销夜，书窗睡足时。
  独来应有意，未去岂无私。
  俯皆情知重，推身事亦奇。
  唤醒蝴蝶梦，山头乘彩凤。
  恨杀那人儿，魂飞身不动！

(《秘戏图考》，卷二，第一四四页)

  这首诗的题目和第七行诗出自周代哲学家庄子的著名典故。《庄子》第三篇末说："昔者庄周梦为蝴蝶，栩栩然蝴蝶也，自喻适志与！不知周也。俄然觉，则蘧蘧然周也。不知周之梦为蝴蝶与，蝴蝶之梦为周与？"(见《庄子·齐物论》)第八行诗是音乐家萧史的典故,见本书第五章。诗的意思很明显:女子是怀疑她的情人在梦中想着另一个女人。

图版二十一是画册中的第二十幅画,表现了交欢之后的心态。男女都刚刚起床,正在穿衣。女人在系裙带,裙子是淡黄色的,以至于在版画上难以看清。男子拿着她的上衣,准备给她穿上。床席织成卍字形,这是传统的图案。右面桌上有一个老式的铜花瓶和一把七弦琴。请注意床帏是用锦缎制成的。附词云:

春睡起
云收巫峡中,雨过香闺里。
无限娇痴若个知?浑宜初浴温泉渚。
漫结绣裙儿,似嗔人唤起。
轻盈倦体不胜衣,杏子单衫懒自提。
春山低翠悄窥郎,朦胧犹自忆佳期。

(《秘戏图考》,卷二,第一四八页)

上文已谈过关于"云雨"和"巫山"的含义,见本书第二章;第四行诗指杨贵妃与唐明皇在温泉沐浴,见第七章。

对于我这部面向广大读者的著作来说,这本画册中只有以上两幅画可以作为本书的插图。这一点令人遗憾,不过这两幅画也足以使读者对画册的艺术质量有所了解了。

第三本画册代表着彩色春宫版画发展的顶点。它的名称是《鸳鸯秘谱》,出版于1624年。其中有不下三十幅的画,都用五种颜色印刷,每幅画都配有一首书法绝妙的诗词。遗憾的是所有的版画和诗

词都未能获准出版,这里我只引证它的序言,我们可以从中了解一些情况:

《易》曰:"男女构精,万物化生。"至哉斯言也。奈何世人不能惩欲,竟以此为欢娱之地,而使生我之门,为死我之户。噫!

赵翰林为《十二钗》、暨六如《六奇》、十洲《十荣》等图。其亦欲挽末流之溺耶?空空子为《陈欲集》,溺者其几于振乎?

好事者大搜诸集,得当意者次列如左,命之曰《锦春图》,仅三十局,庶几乎不滥竽自耻也。至若态度之精研,毫发之工致,又已饶之矣。

且也悟真者披图而阅之,导欲以惩欲,生生不息,化化无穷,岂徒愉心志、悦耳目而已哉!故曰:满怀都是春,舍兹其奚辞。

天启四年岁次甲子牡丹轩主人题

关于"空空子"的作品,我无法得知详细情况。看来出版者起初把画册定名为《锦春图》,后来才改名为《鸳鸯秘谱》。重要的是,这里提到了三种春宫手卷及其名称,作者分别是赵孟頫、唐寅和仇英。"而使生我之门,为死我之户"的比喻在当时似乎十分流行。

在这三本画册里,任何一本的文字都与古代的性经或道教性炼丹术经典没有直接的关系。不过我们现在要介绍一本画册,它实际上只是一本有插图的道教经典,并加上了纯属幻想的诗词。

这本道教的春宫画册名为《繁华丽锦》,分为四个部分,约出版于1630年。第一部分的总标题是《修术养身》,这是本章开头讨论过的《修真演义》的另一种版本。第二部分名为《风花雪月》,共有十四幅性交画像,每幅画配有一首曲和一首四句七言诗。第三部分为《云情雨意》,介绍了三十六种不同的姿势,并像第二部分一样,每种姿势都配有两首解释性的诗词。最后是第四部分《异风夷俗》,包括十二种配有诗词的姿势。

正如我们在研究一般的色情艺术时所指出的那样,这本画册里的裸体画比其他画册里的要小得多,画得也拙劣。这有可能是很久以后明人对一本道教性炼丹术经典的仿作,这部经典出版于唐代,后来曾被多次模仿,当然诗词例外,那显然是明代出版者加上去的。这本画册从艺术角度来看无足轻重,然而以历史观点来看却颇为重要。画册里的曲也写得很美,由于语言通俗,便具有因直言不讳而产生的特殊魅力,例如下面这一首:

想起娇娃,宽褪春衫病转加。
想着你腰肢似柳,气味如兰,颜色如花。
并无半点一毫差,教人日夜心牵挂,几时同得醉流霞。
醉流霞,春宵一刻,千金价。

(《秘戏图考》,卷一,第二〇〇页)

第五本,也是最后一本画册,只有画而没有文字,名为《江南销夏》,是褐红色的单色画册。这是已知的明代彩色春宫版画中的最后一种,约出版于1640年至1650年。

裸体画的质量极高,构画细腻,无可挑剔,艺术家对背景非常注意,尤其值得关注的是雕刻精美的乌木家具。然而其中一些版画却含有某种不光明正大的、见不得人的东西，其实它们就是颓废艺术。其他画册除了完全写实主义之外，还有一种使它们不致陷于猥亵的坦率。《江南销夏》则是一种迅速堕落的艺术的例子，它代表着彩色春宫版画的最后阶段。这种艺术或许消失得正是时候。因为画面上充斥着猥亵奸诈的意图，这是无论多么完美的构图都无法掩饰的。

现在我谈几点总的看法。

应该看到画册里完全没有鞭挞和其他性虐狂或受虐狂行为的画面，值得注意的是对男子同性恋也从未提及。此外，这些画册的作者，也就是前面考察过的诲淫小说的作者，这些人在小说里对最下流的猥亵故事津津乐道，但在画册里却毫无此意，对绘画美的追求使他们不至于用难看的细节来损害画面。

男性和女性裸体画的构图都是写实主义的，也符合解剖学的标准。例如，日本古今的春宫绘画和版画中特有的画得过大的男性生殖器，在这些画册里并未出现。男性裸体粗壮有力，宽肩厚颈，身体丰腴。男性生殖器的包皮总是向后翻卷，使整个龟头充分暴露；阴毛稀疏，只盖住阴茎的一小部分。女性裸体的特点是有结实的腰部和大腿，手臂和小腿则较为纤细，乳房很大但是并不过分；某些妇女具有西方古典主义艺术所喜爱的坚实丰满的乳房，也有些妇女的乳房尖挺或下垂。更为典型的是充分发育的、与隆起的腹部截然分开的阴阜。只有一小块地方长着稀疏的阴毛，大都在外阴上部形成一簇。阴蒂不大，但画得很分明。无论男女几乎都没有腋毛。

谈到艺术技巧，值得注意的是面部表情极为生动，例如性欲高潮时的神态都以令人震惊的写实主义表现出来。但是尽管对裸体画的处理在方式上略有区别，我们还是可以从许多细节中看出当时存在着一种艺术俗套。例如头、手的画法都来自长期的传统，嘴画成下部带一点的V字形（参阅图版二十和二十一），或者是横写的V字形，肚脐的形状类似字母A，等等。在多色版画里，裸体用黑色勾勒，生殖器则例外地印成红色。

为了便于供性学家们参考，我对这些版画中所显示的性习惯进行了统计。我对我所能得到的十二本明代春宫画册，即约三百幅彩色版画进行了仔细的观察，得出了如下的统计结果。百分比是表示该种姿势出现次数的比例。

百分之二十五	正常姿势：女腿分开或勾住男腰，或双脚抬起放在男的肩上。男伏在女的身上，有时也跪在女腿之间。
百分之二十	女骑坐或蹲坐在男的身上，面向男的头或脚。
百分之十五	女仰卧，双腿举起搭在一张椅子、凳子或桌子上，男面对女站立。
百分之十	女跪伏，男从其后导入阴茎。
百分之十	鸡奸：男站立，女俯身于一张高桌。其中只有一次是男坐凳上，女背朝男坐其双膝上。
百分之五	男女面对面并排侧卧。
百分之五	在浴缸内或一张圆垫子上，男女皆取蹲势，或男腿交叉，女坐其上。
百分之五	口淫（男口淫女阴）。
百分之三	口淫（女口淫阴茎）。
百分之一	奇特的姿势：一男两女或数女；通常称为"69"的姿势，女在秋千上晃动等。
百分之一	女子同性爱。

图二十一　床（清代初期《临河内外素影》片段，本书作者藏）

还可以补充一点：这些版画中约有一半只描绘一对男女，另有一半则描绘除一对男女外，还有一个或几个女人在旁边注视或助兴。

我认为性学家们会同意我的看法：上面这张统计表是表现了一些

健康的性习惯。这些明代末年的春宫版画尽管数量很少，发行量也有限，但却由于其质量高超而对中国和国外的色情艺术产生了异乎寻常的影响。在清代，整个中国都把这些版画当成描绘色情题材的楷模。我们在将近1700年时中国南方书籍的插图中（见图二十一），以及在天津附近的彩色印刷中心，即最北部的杨柳青从1700年至1800年出版的版画里，都可以看出明代春宫版画的影响。[20] 甚至在19和20世纪，中国港口城市里出售的庸俗不堪的诲淫画片中，我们也能辨认出这些版画的风格。在清代的头几十年里，明代画册肯定在秘密地流传，后来则产生了第二手或第三手的仿作。今天真正的明代画册已极为罕见，仅有二十来册原本，一部分在中国，一部分在日本。

明代在江南有宁波和其他与日本做生意的贸易中心，色情画册一出版便能传入这个岛屿帝国，元禄时代（1688—1703年）的日本雕刻家热切地研究和仿制这些明代的版画。杰出的木刻大师菱川师宣甚至将单色印刷的《风流绝畅》出了一种完整的日文版。后来在浮世绘的版画中，也同样可以感到中国画册的影响。这种影响体现在技巧的细节上：手和脸的构图，尤其是画成横V形的嘴。

所以这些画册起初属于一群百无聊赖的文人，用来使他们回忆在"风花雪月"中度过的一些短暂的快乐时光，但是在满族人南侵并在江南清除这个昙花一现的"世纪末"团体之后，这些画册仍然存在了相当长的时间。这些彩色版画虽然看起来颇为淫荡，但却表现出一种柔情、一种魅力、一种精致，因而属于最为动人的色情艺术品之列。

我们之所以要对江南的色情文学和彩色版画进行研究，是因为

第十章 明 朝 327

以后的时代再也不能提供这种关于性生活的坦率而完整的形象了。

这些作品又一次把我们引向古代中国人对性事物的基本观念和一贯的看法：对人类生育的各个方面，从肉体结合的生物学细节，到最高尚的精神之爱，都愉快地、毫无保留地接受。因为人类的生育和宇宙的进程相类似，所以人们崇尚性关系，从不把它与道德上的犯罪感联系起来，也不把它看作哪怕是最微小的过失。神圣的肉体是宇宙创造的，所以毫无不洁之处。人们认为灌溉田野的雨水和使母腹受孕的精液之间没有任何区别，富饶湿润、等待播种的土壤和湿润的、准备性交的阴道之间也同样如此。在阴阳两极中，妇女理所当然地有她的位置：如果说她位于男人之后的话，那也正如地之于天、月之继日一样。她的生物功能毫无罪恶，恰恰相反，是它铸成了生命之门。

至于江南那些要使这种功能成为死亡之户的人，他们毫不犹豫地违反宇宙的节奏，按自己的放荡本性行事。然而在他们肆意的放荡之中，难道就没有一种渺茫的希望吗？他们不是流露出要在"肉蒲团"上觉悟皈依，以便最终拯救灵魂的思想吗？他们在色欲方面最粗俗的奇情异想，都令人感到他们渴望保住在这种轻率的放荡之中所丧失的东西，渴望忠实于人们因拒不接受才使之堕落的东西。极而言之，无厌的肉欲和最微妙的神秘性结合在一起了：若要加以区别，也只有"一层隔离生死的薄纱"。

我们刚才指出，有关江南的资料为现代的考察者提供了最后一次机会，来研究中国的未受禁止的性生活。当明帝国四分五裂的时候，这些快活的风流才子便顿时失去了他们的欢乐和热情。性生活对于他们曾经是快乐和轻率的，以后则要成为一种重负了。当满族人于1644

年入主中原之后，中国人便把自己的思想隐藏起来。他们把自己关在家里，在思想上筑起了战壕，他们既然失去了政治上的独立，便致力于挽救自己在文化和精神上的独立性了。他们向满人彻底关闭了自己私生活的大门，这样封锁自己是否孕育着更为可怕的危险呢？那就让研究清朝性生活的人去回答吧。

明朝的衰亡证明了中国人的一句古老格言："佳人倾国。"明代两位杰出的军事家为了争夺一个女子而决裂，如果他们团结一致的话，或许就能解除来自满人的威胁。

北京宫廷腐化成风。贪污舞弊、敲诈勒索、不负责任的习气使国家陷于贫困。人民怨声载道，尤其是在西北地区。1640年，李自成（1606—1645年）率众在陕西省举起了义旗，这位干练的军事家很快就集结起一支强大的军队。当他向北京进军时，许多将领也出于对朝廷的不满而归附于他。明军的精锐驻扎在北部边境，由著名将领吴三桂（1612—1678年）指挥，准备抵抗随时可能南下的清兵军队，所以朝廷没有足够的兵力来对付李自成。他于1644年占领北京，明朝最后一个皇帝自杀。李自成自立为皇帝。

李自成占领北京时，吴三桂的父亲被杀，李还夺走了吴三桂的宠妾陈圆圆。吴三桂要求索回陈圆圆，新皇帝拒不交还，吴便联合清兵入关，李自成逃出北京，后来死去了。

满族人进京不久，便迫使四分五裂的汉族人接受了他们的统治。他们不费多大力气便占领了中国北方，把都城从盛京迁往北京，并为粉碎南方的顽强抵抗做准备。当清兵还在与忠于明朝的将领们作战时，摄政王多尔衮（1612—1650年）即和吴三桂以及洪承畴（1593—

1665年）、陈名夏（1603—1654年）等汉族谋士制定占领区内的满汉关系法规。法规禁止满汉通婚，清朝自始至终都实行这一法令，直到1905年才由慈禧太后废除。此外，汉人的服装也改变了：男人要穿满式服装，剃光头顶并拖上一条辫子，不过汉族妇女的服装和习惯却没有什么变化。另外，满族妇女禁止穿汉服和缠足。满族贵妇们对无权享有这种美而深感痛心，因而穿上了木底鞋来作为弥补：木底鞋的下部状如莲足。

汉族人又一次面临着外族人的长期占领：他们又严格地实行了儒家男女有别的原则。为了尽可能不让满族人闯入他们的私生活，他们把涉及性关系和妇女闺室的一切都列为严格的禁忌。满族人一开始在性方面并未严加禁止，但是汉族官员促使他们把明代以往的色情著作都列为禁书。后来，满族统治者在这方面比起汉族人自己来都有过之而无不及了。于是就形成了一种恐怖症，谈性色变，这种恐怖症在后来的四个世纪里形成了中国人特有的行为。

满族将领们逐渐统治了中国南方，此后便开始了清朝的统治，直到1912年的国民革命爆发为止。

本书的研究也就以1644年作为结束。

当我们从历史范畴来研究中国的问题时，总会对两个不同的特点留下极为深刻的印象，即中华民族令人难以置信的活力和中国文化深厚的凝聚力。两千多年以来，中国曾多次部分地或全部地被少数民族统治，或者内部四分五裂，但是没有多久它又统一了，获得了民族的独立，并且立刻恢复了统一的文化。

这种现象使外国观察家大为惊讶，然而中国人却从不以此为怪，他们认为这是自然而然、不言而喻的。他们从来不认为皇帝或王朝会地久天长地存在下去,相反,他们对自己种族和文化的永世长存却坚信不疑。"万岁"这种千百年来对皇帝表示致敬的用语,并非是对某个圣人的,倒不如说是对primus inter pares[1],即在特定时期象征中国种族和文明的人发出的。在向皇帝致敬的同时,中国人意识到这也是在向他们自己,向他们的种族和文化致敬:他们感到只有自己才配得上这个称呼,只有中国的文明才会万世永存。

认为中华文明是一种静态文明的人,他们若是把静态这个词用来形容这种文明的基本原则便是正确的。中国人是以一个想和大自然的原动力和谐生活的人的目光来看待生活的。的确,这种态度世世代代都经久不变。然而,正因为有了这种稳定的基础,中国人才能在必要时在上层建筑里进行有力而彻底的变革,才能经得起外族力量所引起的种种改变。所以这种非常静态的文明,实际上却充满了活力。

从古至今,中国人对外部影响总是做出让步。他们——应该说经常是违心地——承认外国文明有值得适应的特色;而且表明他们只要心甘情愿便完全有能力适应这些特色。因为中国人相信只要真正由他们自己来创造,中国的文明就会复兴,哪怕需要嫁接或剪枝,但只要大树本身不受损害,中国人是愿意让树木茁壮成长的。他们屈从于外来的影响,甚至屈从于异族的暂时统治,是因为他们对自己的力量、血统和众多的人口具有无比的信心。他们毫不怀疑在精神和物质方面,最终一定会取胜。

---

1 拉丁文:各部分中的第一部分。

看来历史证明了这种极为坚定的自信。其他的文明消失了,中国的文明依然存在。其他的种族灭绝了,离散了,丧失了在政治上的地位,中国人还存在着,人口倍增,在种族的政治方面都保持着自己的地位。

历史学家应该努力分析这类现象,研究其在政治、经济、社会和道德方面的深刻因素。不过他必须时时注意,我们并非都可能深入了解各种文明发展和衰落的原因,正如我们不一定能了解每个人生与死的原因一样。

关于中国,我们可以思考这个种族和这种文化为什么能持久存在。对性关系这个生活的主要原则所做的历史回顾,使我们认为这种持久性有一个基本的原因:中国人谨慎地保持了男性和女性的平衡,公元初期的研究就证明了这一点。看来正是从这种平衡中产生出来的强大生命力,使中华民族从古至今得以延续和更新。

附录一

印度和中国的性神秘主义

　　我在第六章里考察了道家的基本修行方法"还精"，并在第七章里引证了唐代医学家孙思邈的著作及其他详述这种技巧的唐代文献。孙告诉我们，由"保留性交"激起的精沿脊柱上行，即把腹部的这种"精气"视为赤日和黄月，它们沿脊柱上行直至脑中的"泥丸"。日月在此相合，而按照孙的说法，这种结合便是"精气"的最后形态，也就是变成了不死之药。在引证了这些文献之后，我还注意到，道家的修行方法与后来印度教和印度佛教的性神秘主义所实行的一种身心合一的修行方法，即通常所称的密宗[1]是相似的。

　　这里我想详细探讨一下这种相似性，首先对这种由佛教的金刚乘所提倡的修行方法做简要的说明，然后考察印度性力派的类似的修行。在比较印度和中国的资料的基础上，我们力求形成一种关于印度和中国的性神秘主义之间的历史关系的理论。

　　金刚乘是真言乘晚期的一种表现形式。正如真言乘这个名称所表明的那样，大乘教义是以真言，即巫术的魔法和咒语为中心，吸收印度教和佛教的许多因素,并杂以非雅利安人的本地宗教信仰的成分而形成的。大乘信徒不满足于继承这一大堆混杂的信仰和仪式,因而又增加了新的因素:或者是印度本土的传说,或者是新的和外来的思想。他们主要的哲学观点是,终极真理存在于人体内部,因而"人体乃是拥有真理的最佳工具"(古普塔:《密宗佛教导论》,加尔各答,1958年,第3页)。由于人体内含有"生命的火花",经过一段冥想的修行,火花便会燃烧,成为消灭男女双性差别的火焰,赋予修行者以神性,以至于使他与宇宙的终极能力,即虚空合为一体。

作为这种新教义的最高象征,他们选择了"金刚",即不可摧毁的金刚石般的霹雳,等于不可摧毁的和最终的虚空。在佛像画中,这种神秘的武器[2]被画成一种双头的杵,尾部有一个、两个、三个或更多的叉。在金刚乘产生之前,它的特别之处只不过是因陀罗的武器,所以因陀罗又被称为"金刚手",即"手持金刚"或"手中有霹雳"之意。金刚乘的信徒们则把它抬高到象征其全部教义的地位。它变得类似于印度教的阴茎柱,即"林伽",并吸收了后者的许多联想,包括男性生殖器的明显意义。[3]此后"金刚"这个词便成了佛教密宗使用最广泛的形容词,加在诸神、书名、哲学术语和仪式用品的名称之前,使它们专门属于金刚乘的教义和仪式。

除了这种新的象征之外,金刚乘也吸收了一个至高无上的新神,使之成为庞大神族的首领,即阿提佛陀,是最初的大佛,其余神祇不过是部分地显示了他的形象。这个阿提佛陀最早就是金刚萨埵,在他下面有五个"佛陀家族",其中第一个家族以毗卢遮那为首。毗卢遮那被人当作阿提佛陀,成了金刚乘神族中最著名的神,被称为大日如来,即太阳,是光明普照和创造能力的最高象征。在金刚界曼荼罗和胎藏界曼荼罗，即表示金刚奥义的双重魔圈的中心，他庄严地坐在众神之上。显然，金刚乘信徒们不想让一个吸收来的神，一个苏利耶这样的日神，或毗湿奴、湿婆这样貌似太阳的神来占据神族等级的最高地位，所以他们根据大量表示太阳的梵文词语中的一个创造了一个全新的神，即毗卢遮那（其词根的意义是"突然发光"），在印度教里人们也把它作为毗湿奴和苏利耶的一个儿子的名字。毗卢遮那的意思是"属于太阳"或"发光者"。

金刚乘带来的第三个新特点，就是高度专门化的性神秘主义，其原理是人们在"保留性交"的基础上通过一个冥想的修行过程，可以和神完全合为一体并达到极乐世界。既然每个男人体内都有一种女性的元素，而每个女人体内也有一种男性的元素，修行者便企图激起体内的女性元素，以实现一种神秘的结合而消除男女双性的差别，达到阴阳合一的理想境界。在他们看来，正如其他时代和地区的许多神秘主义者的看法一样，阴阳合一使人与神最为相似。图奇指出："信奉此法的人依靠性交重现创造性的时刻，但是不应使性交自然地进行直至结束，而是应该用止息法（古代瑜伽的控制呼吸的方法——高罗佩注）加以控制，使精不向下而是向上逆行直至头顶，而后消失于万有的本原之中。"（图奇：《西藏画卷》卷一，罗马，1949年，第242页）

这种修行方法的原理中有着金刚乘的理论，即人体内的双性存在于沿脊髓的右面和左面流动的两条经络之中，分别叫作"女脉"和"男脉"。女脉代表女性的创造能力、母亲、卵子（红色）、元音系列，并与月相应，最后升华为虚空和般若。相反，男脉代表男性创造能力、父亲、精子、辅音系列，并与日相对应，最后升华为悲和方便。人的体内只要存在这种双性,他就处于轮回之中,因而与神性截然不同。

为了克服这种双性,修行者在与一位女性进行真实的或想象的性交时,要全神贯注于菩提心,它以萌芽状态处于脐附近的穴位应身轮之中。从女人身上获得的女性能力所激起的男子的菩提心,与他被激起但未射出的精混合在一起,成为一种强有力的新的精华,称为精滴,在这里就是"精气"。和人的胚胎完全一样,精滴由五大元素(地、水、火、风和空)的精华构成,为此有人把它在修行者体内的形成比作子宫里的正常受孕(参阅古普塔:《孟加拉文学背景中模糊的宗教信仰》,加尔各答,1946年,第21页)。精滴开辟了一条通道,突破了女脉和男脉的隔离状态,开启了一条新的、无性的经络,称之为"净脉"。精滴沿着这条经络上行至心区的穴位法身轮,由此再上升至喉部的穴位报身轮,最后到达头顶莲花。精滴在上升过程中把所含的五大元素融合为纯一的光彩。在头顶莲花中,这种光彩使虚空、悲、般若和方便完全融为一体,使修行者与神性和虚空的最终同一尽善尽美:这是一种永恒极乐的境界,称为涅槃,或者也称极乐。

这种修行过程的决定性阶段是:第一步,即依靠从女性身上获得的刺激来形成精滴。某些文献把这种女性描绘成一种由于凝神苦思后浮现的形象,与她性交是一种精神上的结合。然而,大部分文献断定她一定是个真实的女人,坦率地宣称"佛境在女性生殖器中",而子宫其实就是般若。(参阅《密宗佛教导论》,第102页以下)有些资料认为这个女人应该是修行者的妻子,对这种修行方法也比较了解,但另一些资料则说他可以选择他所要的女人,甚至还劝导人们去选一个出身卑贱的女子或一个贱民，即旃陀罗或杜姆比，因为她们特别适宜于这种用途。在这方面，应该指出无性的经络即"净脉"，也叫旃陀罗或杜姆比。

以上所述表明金刚乘完全是以佛教和印度教的一种更为古老的思想为依据的。三轮，即应身轮、法身轮和报身轮，显然来自佛的三身，而菩提心的上升则重复了"十地"的大乘教义，即为了成佛而需要越过的十个阶位，而它本身就是印度瑜伽冥想的另一种说法。但无论如何，"保留性交"为达到大彻大悟提供了一条捷径，这是一种在金刚乘以前的佛教中从未有过的新的因素。

由湿婆教性力派的各个教派实行的印度教的性神秘主义，依据的也是同样的原则。

正如金刚乘信徒一样，性力派的绝大部分哲学观点都取自当时已有的资料。他们的众神之首是一对神，即湿婆和他的妻子雪山神女。湿婆在传说中是毁灭和再生之神，在性力派看来首先是日神，而雪山神女作为月神，则是他光辉的反射。然而她也是他的性力，或女性的创造能力。作为宇宙创造力的象征，她自动地变成了强有力的女神。与其他女神——其中有些似乎并非来源于雅利安的女神——合并之后，她很快就把湿婆贬低至次要的地位。在性力派后来的许多坦陀罗，即密咒中，她显然是回答她丈夫问题的女教师，这方面与中国古代性经里回答黄帝问题的素女颇为相似。最后，作为性力的最终象征，她成了以她名字命名的神系的大天女。

对于人体内的两条保持双性的经络，性力派分别名之为右脉（即男脉）和左脉（即女脉）。前者为红色，代表湿婆、男性能力和太阳。

后者为浅灰色，代表雪山神女、女性能力（性力）和月亮。至于在与一位女性进行的真实的或想象的"保留性交"的刺激下，开辟一条通道以突破两者隔离状态的修行过程，便叫作昆达利尼瑜伽[4]，因为瑜伽信奉者体内潜伏的女性能力的名称就是昆达利尼，即"盘曲者"或蛇。昆达利尼一旦被激起，便创造出一条新的、无性的经络，称为中脉，未射出的精气沿着这条经络上升至脑，而神人在脑中的融合则用湿婆和雪山神女的合欢来表示。

在性力派里，上行的路线分为六个阶段，即比金刚乘体系里多两个阶段。图版二十一是印度北方的一幅六个阶段示意图。最下面的穴位即潜伏的昆达利尼，是一朵深红色的四瓣莲花，位于生殖器和肛门之间，称为脊根轮；处于其中的昆达利尼的形状，是一条盘曲在一根代表男性元素的阴茎柱即林伽上的金蛇。第二个穴位是一朵位于生殖器根部的黄色的六瓣莲花，称为力源轮。第三个穴位是位于脐后的一朵灰色的十瓣莲花，称为脐轮。第四个穴位是位于心区的一朵白色的（或红色的）十二瓣莲花，称为心轮。第五个穴位是位于咽喉后部的一朵紫色的十六瓣莲花，称为喉轮。最后第六个穴位是位于双目间的一朵白色双瓣莲花，称为眉心轮。阴阳两极合一的脑顶处是一朵千瓣莲花，称为梵穴轮，此处即表示极乐的涅槃轮之所在。我们可以补充说明，每个轮位都有各自的守护神、咒语及其冥想方式。阿瓦隆根据孟加拉密宗名师布罗纳难陀于16世纪编撰的一部性力派密咒《六轮形》，写出了《蛇力》（第四版，马德拉斯和伦敦，1950年），对此做了充分的描述。

所以和金刚乘的修行过程一样，在性力派体系的修行过程中，决定性的阶段也是第一步：依靠"保留性交"来唤起女性能力并产生"精气"。而这种神秘的产生过程与生物学上的受孕也完全一致，它被描绘成由湿婆和雪山神女所象征的两种创造力，即白精和红卵的交合（《佛教密宗导论》，第116页）。

正如在更为古老的金刚乘里一样，右道性力派可以在孤独的冥想中唤起昆达利尼，因此有一篇密咒说："我何需另一个女人？我体内自有一个女人。"（《蛇力》，第295页）熟谙这种精神上的"保留性交"方法的人，称为"精液上行的人"，更为古老的梵语文献也用这一术语指完全平息了一切肉欲的男人。"按照印度教的观念，精液以稀薄的形态遍布身体的各个部分，它在意志力的作用下浓缩在性器官里并变得显而易见。要想成为'精液上行的人'，就不仅是简单地阻止已经形成的稠厚的精液射出，而且要阻止精液形成及被机体吸收。"（《蛇力》第199页，注1）正如中国的道教徒一样，性力派的信徒认为精液是最宝贵的财富。《诃陀瑜伽灯明》宣称："知瑜伽者当保其精。耗其精者死，存其精者生。"（《蛇力》，第189页，注2）"精液上行的人"用"选择的女神"作为精神上的女性配偶，他们追忆这个女神的整个形象，包括她的饰物和一切特征。他们如果用一个真实的女人，那么是用他们的对这种仪式的精神意义已相当了解的合法妻子。

然而左道性力派却与和他们毫无亲属关系的女子交合，而且和金刚乘里一样，选择一个地位尽可能低贱的女人。左道瑜伽超越于善恶之上，乱交只是他们可以沉湎于其中的五种传统的"罪恶"之一。酒、肉、鱼、结印和二根交会，这五罪被称为"五事"，或者也可称为"五魔"。

在12世纪，即穆斯林进行征服的时代，金刚乘在印度几乎已完全消失，而是在西藏、尼泊尔、中国和东南亚的部分地区流传。性力派却相反地在印度一直蓬勃发展到现在，因而东方学者得以研究瑜伽信奉者们今天仍在实施的性技巧。在这方面第一位进行深入研究的专家是伍德罗菲爵士。[5]

在他的著作《蛇力》中，他详细地描绘了瑜伽信奉者们具有利用尿道吸入气体和液体并把它们重新排出的能力，并加上了这样的评述："从医学观点来看，这种能力由于能清洗膀胱而甚为可贵，而且除此以外，它还是一种在性方面运用的结印（这里指生理上的技巧——高罗佩注），诃陀瑜伽师以此吸取有利于自己的女性能力，而自己的力或物质则毫不泻漏——但这种修行方式应受谴责，因为它有害女人的健康，使她'衰弱'。"（《蛇力》，第201页，注1）请注意这种技巧与我在本书第六章中所述的中国古代某些道教徒的修行技巧的相似性。此外，今天还有实行"群交"仪式的左道性力派信徒，这使我们想起本书第四章中道教的"合气"仪式。在印度，这种仪式称为"轮座"，即男男女女在深夜相聚，在饮酒吃肉并念咒之后，将一个裸体女人置于圈中，大家向她表示敬意，然后在场的人都进行性交：每个男子或者是选择一个配偶，或者是占有由抽签决定的女子。在喜马拉雅山地区现在仍然存在这种仪式，男人们用女人的胸衣来抽签：这种仪式称为"寻胸衣"。（参阅佩恩：《性力派引论及比较研究》，加尔各答，1933年，第15页以下；G.W.布里格斯：《乔罗迦陀和乾婆陀瑜伽师》，加尔各答，1938年，第172页；阿瓦隆：《女性性力和男性性力》，修订第三版，马德拉斯和伦敦，1929年，第583页）

确实，这类仪式常常堕落成为赤裸裸的淫乱，某些诃陀瑜伽师也只把女性配偶当成单纯的工具和手段来达到自己的目的，但是应该强调指出，从总体上来看，正如中国的道教一样，密宗提高了妇女在印度的地位。与印度教的传统相反，密宗认为女人和男人平等，甚至高于男人，密宗信徒是最早反对萨蒂，即烧死寡妇的仪式的人（参阅《性力派引论及比较研究》，第56页）。所以《考拉瓦利密咒》说："面对任何女人，无论她是妙龄女郎或老态龙钟，无论她是美是丑、是善是恶，每个男人都要鞠躬。绝不要欺骗一个女人，不要说她的坏话，不要做使她痛苦的事情，也绝不要打她，因为这些做法都会妨碍人的功德圆满（即修行成功——高罗佩注）。"（参阅阿瓦隆的《樟颂》，见《密咒文献》，第9卷，伦敦，1922年，第23页）[6]

如果我们现在重新考察一下本附录开头所提及的中国唐代的医生孙思邈和其他著述者的见解，就会清楚地看到印度密宗对道教徒所描述的"还精"方法的影响。

孙思邈把"精气"的两个构成部分描述为赤日和黄月的形状。据我所知，这个细节在更早的描述这种修行方法的道教文献中并未出现，然而却存在于密宗里，正如我们在上文所看到的那样。至于在头顶进行最终融合的穴位，孙称之为"泥丸"。"泥丸"按字面直译没有什么意义。马伯乐认为这个术语是梵文"涅槃"的一种中国写法，此见解毫无疑问是正确的。[7]上文我们已经看到，密宗也把这个穴位称为"涅槃轮"，也只有在这里才能获得涅槃的极乐。

此外，密宗把信徒体内产生的"精气"比作子宫里胚胎的形成，这使我们想起本书第四章末尾所引的中国文献，其中提到在11世纪道教徒们实施的海淫修炼中有"抱真人婴儿"之语。同时代的中国文献没有对"婴儿"做任何解释，我也就不再加以评述。然而根据上文所说的密宗原则，"抱真人婴儿"显然就是靠"保留性交"来产生"精气"，这在中国古代也被看成是正常的生物学上的受孕。在第四章中我们也已看到，3世纪时的炼丹术论著《参同契》把生物学上的受孕视为炼成的丹，即铅和朱砂在鼎中炼成的混合物。[8]

由此我们看到，晚期的印度密宗文献一方面影响了中国唐代的著述者，另一方面似乎也已经受到了2、3世纪时中国文献的影响。这样我们就回到了我想在本附录中进行讨论的主要问题，即印度和中国的性神秘主义之间显然存在的这种联系的历史背景。在中国方面，我们掌握着可靠的历史材料，所有有关的文献都能精确地确定写作时间。在印度方面则相反，还有大量不确定的空白：不同的现代学者所确定的基本文献的写作时间往往相差几个世纪。因此我们的首要任务便是尽可能解决这个关键问题：印度的性神秘主义起源于什么年代？

对印度宗教思想的演变作一番哪怕是简略的考察，也足以证明以"保留性交"为基础的性神秘主义只是在一个较近的时代才出现在印度。古典印度教和小乘佛教所宣扬的教义，认为信教者的最高目标是超脱轮回，然而为了达到这个目标，这两种宗教都告诫信教者要控制肉欲，当然不能性交。印度教的经典则对性行为怀有某种敬意，因为它象征着大千世界的生生不已，因而阴茎和阴户是崇拜的对象，例如《广林奥义书》的第六章第四节便是如此。这篇文献和其他类似的文献解释了性交仪式的意义，还对为获得健康后代而进行性交的方式提供了一些建议。这些文献是为一家之主，而绝不是为努力克服自己体内的双性特征的信徒写作的。此外,梵文的性经,例如表现约于纪元初年存在于印度的性生活观念的《爱经》,也首先是供家长使用的实用指南。它们只强调做爱艺术的生理方面,从未提到性的结合会有神秘的结果,以及人可以以此来获得解脱。[9]相反,梵文文献一再断定为了获得解脱,消除性欲是必不可少的条件:肉欲是使人陷于轮回的最牢固的锁链,是人与尘世联系决裂的最大障碍。印度文学中充满了著名苦行者的故事,他们在经过苦修即将成神的时候,由于对一个漂亮女人看了一眼而使苦行的成果在瞬间付之东流。早期佛教和耆那教也有同样的观念,后者对节欲和极端苦行的强调甚至更为有力。(参阅温特尼茨:《印度文学史》,两卷,加尔各答,1927年,第437页以下、447—448页等)

后来大乘佛教虽然把许多女神纳入自己的神族,但并未发展到把她们表现为与男神合欢的程度。真言乘引入的这类女神更要多得多,其中有些很可能是南方的多子女神,另一些则是北方的女魔和女巫。真言乘的文献表明有些女神教人修行圆满的方法,传授各种巫术,尤其是通灵、呼风唤雨、治疗蛇伤和魔法,但绝不是密宗的性秘诀。这类真言乘文献很早就传入中国,受到热心的研究。然而无论是印度的原本或是中国的译本,都从未提到性交可以使人获得神性。中国的注释者也未提到这一点,尽管我们在本书第五章的《抱朴子》引文中看到,当时这类观念在中国已经广为流传。

中国的朝圣者法显(约317—420年)曾遍游印度及其邻国,却并未说起碰到过一种性神秘主义,而他对中国文化造诣很深,因而自然对性经十分熟悉。如果他在印度发现了类似的信仰,他一定会谈到它与中国思想的联系,并在向他的同胞们传教时加以利用。中国的朝圣者玄奘（612—664年）或义净（635—713年）也未谈起他们在印度发现过类似的修行。他们多次提及在他们所到的各个地区都有有害的或无害的巫术，但未提到性神秘主义。

　　以上所述只是以"沉默"作为证据。玄奘证明，在约640年时他拜访过那烂陀寺，即南比哈尔著名的佛教研究中心，在此学习的僧侣们极为虔诚，他对他们的庄重举止产生了深刻的印象，并且极口称颂寺中教师们精神的高尚。义净在约690年时也到过那烂陀寺，他十分崇敬地谈到师生们严守寺规、生活圣洁。直到一百来年以后，那烂陀寺才在波罗王朝时变成了金刚乘重要的传教中心，热心的传教士正是从这里把性神秘主义传播到了尼泊尔、吐蕃、唐和东南亚的各个地区。因此可以断定，玄奘和义净所见到的是非金刚乘佛教兴盛的最后几十年的景象，而这一时期金刚乘的教义正在成熟，其传播者也已经在跃跃欲试。658年之前曾在印度遇见过义净的另一位朝圣者无行，在一封写自印度的信中所指的显然就是金刚乘信徒们的早期活动："最近出现了一种名叫真言乘的新的修行方法，它受到全国的尊崇。"（参阅《西藏画卷》卷一，第225页）

　　这句话与第一批印度密宗传教士在8世纪上半叶到达中国的事实是一致的。善无畏于716年到达唐朝的都城，金刚智于719年到达广州。随他一起来的不空金刚返回印度后，于750年再次来到中国。这些传教士把一些密宗经典带到中国，而中国文人则进行翻译和研究，本书第七章中所引的道教经典证明了这一点。

　　上述因素使我们可以推断，作为真言乘的一个新变种，金刚乘是在600和700年之间出现于印度的。

　　最初的金刚乘密咒也可以确定是在这一时期出现的。早期最重要的密咒之一《一切如来金刚三业最上秘密大教王经》，与7世纪末和8世纪初乌仗那国的国王因陀罗菩提有关（参阅《西藏画卷》卷一，第212页）。这部文献中的金刚乘是一个相当明确的性神秘主义体系（参阅《印度文学史》卷二，第394页以下），这一点已由西藏的资料加以证实。人们也把因陀罗菩提当成其他密宗文献的作者（巴达切利耶：《成就法鬘》，收入《盖克瓦德东方学丛书》，卷二，巴罗达，1928年，第51页），并把他的姐姐、同样著名的女信徒拉克希米伽拉称为"成就女神"，而她宣扬最力的正是密宗信徒超然于善恶之外（同上，第55页）。查一下《师承记》，即相继传播《如意轮总持经》和《大悲空智金刚王经》所附的佛教密咒的师生名单，便可确定最早的金刚乘文献拟订于650—700年。

关于性力派密咒，尽管它们大多自称源远流长，但在迄今为止学界所研究过的这类密咒中，似乎没有一部是写于10世纪以前的，而大部分最著名的密咒都是在12至16世纪撰写的。所以看起来是性力派重新采用了金刚乘信徒"保留性交"的性神秘主义，以及对万能的日神的崇拜。瑜伽的修行方法和对女神的崇拜则为性力派开辟了道路。[10]考古资料同样表明，性力派的发展要晚于金刚乘。在科纳拉克，饰有春宫画的太阳神庙建于1200年左右（《印度文学史》，卷一，第535页），而位于卡杰拉霍、本德尔汗德的有着同样装饰的庙宇则建于1000年左右。[11]

已知的第一部手稿《成就法鬘》写于1165年，其中提到四处圣地是金刚乘崇拜的传统中心（参阅《成就法鬘》第38页，以及《印度佛教图解，以〈成就法鬘〉及同语族的密宗仪式文献为主》，第二版，加尔各答，1958年，第16页）。这四处圣地是迦摩基耶、室利哈

附录一　345

达、乌仗那和普尔那基里。迦摩基耶就是现在高哈蒂附近的卡姆鲁普，室利哈达是达卡东北部的锡莱特。至于第三处圣地乌仗那，图奇证实它是印度西北部边界上的斯瓦特（图奇：《斯瓦特考古调查简报》，收入《东方和西方》，卷九，罗马，1958年，第324页，注1）。但第四处圣地尚未查明。[12]

所以这些圣地中有两个位于印度东北边界上，而另一个极为重要的中心则在西北边境：在我看来，由此便可以得出一种关于金刚乘起源的言之成理的理论。既然以"保留性交"为基础的性神秘主义从纪元初年就在中国传播，而在印度却不为人知，那么金刚乘的这个特征显然是从中国传入印度，而且很可能是从阿萨姆邦传入的。与此同时，西北边界以外形成了各个源自波斯的日火崇拜中心，令人想到金刚乘的第二个基本原则，即以大日神毗卢遮那为中心的崇拜也是外来的。

图奇在研究宗教问题时常常表现出敏锐的洞察力，他是用这段话来说明性神秘主义在印度迅速发展的总体背景的："实际上，对坦陀罗密咒所能给出的最合适的定义，就是它们是印度的一种神秘学说的表达方式。这种神秘学说，是在由历史兴衰和贸易往来促使印度接近希腊罗马、伊朗和中国的文明的某一个时期里，由于本地各种思潮的自发成熟，并且在偶然的外来影响下逐渐形成的。"（《西藏画卷》，第210页）若是把"在偶然的外来影响下"改成"在外部强烈影响的冲击下"，我认为就我们目前的认识而言，就是一种最接近于历史真实的说明。

至于中国的贡献，迦摩基耶和室利哈达这两个圣地为我们指出了中国的性神秘主义传入印度的可能途径。这两个地方在阿萨姆邦，这个地区的巫术无论好坏都受到尊重，妇女的地位比在印度本土要高，而且与中国保持着密切的关系。7世纪时迦摩缕波的国王巴斯卡拉跋摩是真言乘巫术的信徒，他自夸他的王朝起源于中国，并和唐朝宫廷常有来往（参阅列维教授的《龟兹出土密宗残卷》，载《印度史学季刊》，卷七，1936年）。现在已经证实，8世纪时在蒲甘周围的各个寺庙里都盛行性的仪式。（参阅杜罗塞莱的《缅甸阿里和密宗佛教》，载《印度考古局年鉴》，1915—1916年，第79—93页）看来这个地区显然起着沟通的桥梁作用，尽管我们不应该忽略经过中亚从北面渗入印度，以及或许从南面的海路而来的各种可能性。[13]

应该注意的是，金刚乘在传统上都把自己说成是一种源自中国的教义。《楼陀罗问对》卷十七说，智者梵悉达是梵天之子，他苦修了千百年却从未见过大天女。于是他的父亲劝他学习"中国修行法"，即"纯至那迦罗"，因为这样会使大天女感到高兴。梵悉达在海边从事这类苦修，大天女终于出现了，并命他到中国去，说他会在那里学到真知。所以梵悉达就到了中国，见到佛陀身旁有许许多多信徒，他们赤身裸体地来来去去，饮酒吃肉，与美人们性交。梵悉达见状极为困惑，佛陀便把性仪式和五魔的真义传授给他。另一部权威性的密咒《梵天问对》所讲的故事也大体相同。（参阅《成就法鬘》，第140页；《女性性力与男性性力》，第八章；《龟兹出土密宗残卷》）这个故事显然是对一件历史事实的寓意表现。[14]

西尔万·列维对这些段落和其他类似的，尤其是《多罗密咒》中的段落做了正确的解释，他的结论是中国的影响对密宗教义的产生做出了贡献。（参阅《龟兹出土密宗残卷》）图奇对此提出异议：

附录一　347

"应该记得摩诃至那科罗玛（至那迦罗的另一种说法——高罗佩注）尤其与对具有女性形象的神的崇拜有关，并热衷于性的象征，中国人对此极为反感，所以在翻译密宗著作时，往往按他们的道德观念把应予谴责的段落删掉或加以修改。"（图奇教授：《尼泊尔两次科学考察的简报》，收入《罗马东方学丛书》，卷十，罗马，1956年，第103页，注3）现代中国学者周一良在谈到删改密宗文献的问题时断言："在儒家禁止男女之间有任何密切关系的中国，性力崇拜从来都没有流行过。"（《中国密宗》，第327页）我倒认为本书所列举的事实已经证明了图奇和周一良的谬误：他们把13世纪中叶以前在中国尚无立足之地的社会压抑和习俗错误地加到了唐代中国人的身上。最后，学界认为术语"至那"和"摩诃至那"是指阿萨姆邦及其邻近地区而不是指本义上的中国，这对于我们的论点当然也毫无影响。因为这种理论的含义，只是说在这种意义上使用这两个术语的作者，是在它们传入印度的第二阶段，即传入阿萨姆邦之后才得以了解的。

中国的思想观念会传入印度，本来是意料之中的事情。不过我们习惯于把中印的历史关系视为印度思想浸入中国的单向运行，因而看不到有一股强大的反向回流的可能性。

既然中国的性神秘主义在纪元初年就已经存在，人们便不禁要问这些教诲为什么将近7世纪时才在印度站稳脚跟。我认为答案是在此以前，印度并不具备接受和吸收这种新教义的条件。在7世纪，尤其是在647年曲女城的戒日王死后，印度开始了一个内战的时期，接着便是阿拉伯人的入侵。印度的宗教和哲学思想发展到了顶点，无数学派相互指责、争论诡辩，令人难以忍受，仪式的苛刻要求也使人们失去了耐心。另一方面，社会地位的差别日益扩大，许多人起来反抗种姓制度及其造成的社会歧视。图奇正确地指出："正如各个大动荡的时代经常发生的那样，对旧秩序的不满是与对一切怪异事物的强烈渴望同时产生的。"(《西藏画卷》，第211页）以道教的反传统、反专制为背景的中国的性神秘主义，在印度促进了反对现有秩序的密宗教义的飞跃发展。密宗蔑视一切宗教的和社会的传统，故意践踏被奉为神明和成为禁忌的一切。它拒不承认等级制度，并宣称女人和男人平等。

如果说"保留性交"的神秘主义由中国传入印度是无可置疑的话，我以为金刚乘的第二个特征，即由大日如来所体现的对日神的崇拜则是来自相反的方向，也就是次大陆西北部的边境，特别是克什米尔地区的斯瓦特河流域。边境以外则是吐火罗斯坦，在穆斯林压迫下向东方逃跑的摩尼教徒们在那里建立了一个坚固的要塞。还有一些像巴尔赫和撒马尔罕这样繁荣的城市，它们是沟通东方和西方的桥梁。中国的朝圣者慧超曾有记载，说7世纪时撒马尔罕是拜火传授教义的一个中心，而金刚乘的著名传教士不空金刚也可能常来此地（参阅《中国密宗》，第321页）。图奇指出："斯瓦特地区的条件有利于各种思想观念的汇合，因为这个地区处于沟通西方和东方、中亚和印度的交通要道旁边，所以当时最活跃的宗教，即佛教、摩尼教、景教都汇集于此，不是为了相互排斥，而是为了相互接近，每一种宗教都负有它的起源国和接受国的精神和智慧的传统。"(《斯瓦特考古调查简报》，第282页）由于上述这些外来的宗教信仰本质上都是对日、火的崇拜，我推测这是一种来自波斯的影响，它从西北部进入印度，或多或少促使金刚乘信徒们接受了一个新神，即至高无上的日神，并使之居于他们的神族之首和秘传教义的中心。

至于中国和波斯的这两股外来思潮汇合的方式，以及它们在吸收已有的大乘佛教的因素后产生的一种新教义的背景，我们只能做些猜测。不过我要指出，当时在印度的东北和西北的边境地区，存在着更为古老然而根深蒂固的对巫术、术士和魔法的信仰，因而为这些地区新思想的萌芽、成熟并获得地方色彩提供了合适的土壤。同样需要指出的是，这两个地区的对外贸易非常活跃，而一些商人往往就是僧侣，因而大大有利于宗教思想的交流。

在这方面还要补充一点：在本附录中我固然总是使用金刚乘这个名称，但佛教的各种密咒却是用不少其他名称来表示它们的教义的。人们通常认为这些不同的名称显示了一种年代的先后顺序，即标志着金刚乘发展过程的各个阶段。但更为可信的是，这些名称是用于不同的教派，它们差不多同时产生在不同的地方，后来才融合为一个统一的体系。

性神秘主义一旦确立了巩固的地位，便对印度后来各个时期的宗教生活产生了决定性的影响，其中包括莫卧儿帝国和英国人统治时期，这种影响一直延续到现在。

在中世纪的孟加拉，俱生派佛教继承了金刚乘的传统，随后变成了毗湿奴教俱生派，湿婆和雪山神女被代之以黑天和罗妲，因对神的无限虔诚而神圣化的肉欲之爱，启示诗人们写出了一些印度最动人的抒情诗歌。后来产生的神歌手教派是俱生派和苏非派神秘主义相结合的产物，它以慷慨激昂的穆勒师德歌著称。还应该提到佛教性神秘主义的不少晚期变种，不过古普塔对此已做了极为出色的描述（参阅《孟加拉文学背景中模糊的宗教信仰》）。

湿婆教性力派在西北的旁遮普和克什米尔继续盛行。它的某些分支，特别是乔罗迦陀教派，曾把其信徒派往印度各地，布里格斯资料翔实的论著详细地证明了这一点（参阅G.W.布里格斯：《乔罗迦陀和乾婆陀瑜伽师》，载《印度宗教生活》，加尔各答，1938年）。

所有这些晚期的表现都超出了本文的范围。这里我只想指出在中世纪的印度，湿婆的妻子雪山神女具有日益增长的重要性。在性力派的影响下，她吸收了古代可怕的女神，例如用人来祭献的时母和难近母，从而成为大天女，比她的丈夫、传统的毁灭之神湿婆还要可怕。作为"大母"，她成了产生万物的万能的母腹，而万物又要被她重新毁灭。性力派的文献反映了终极能力从湿婆逐步转移到他妻子手中的过程。在早期的密咒里，作为教师形象的时而是湿婆，时而是雪山神女，而在后来的文献里，这种支配地位便只归于雪山神女了。在叙述"保留性交"修行过程的早期版本里，湿婆是日，雪山神女是月，是日的反光，后期的密咒则把位置颠倒了过来：湿婆变成了苍白的月亮，而雪山神女则成了太阳，成了毁灭的赤火。（参阅《孟加拉文学背景中模糊的宗教信仰》，第272页；《密宗佛教导论》，第156—157页）在本书第四章里，我们看到中国也出现过类似的变化。青龙最初是男性生殖力的象征，后来却变成女性生殖力的象征了。

印度出现过一种对大天女的特殊崇拜，她的模样是一个蓝色或红色的可怕女魔，在她丈夫湿婆的身上跳舞，湿婆是一具苍白尸体，除了勃起的阴茎之外已丧失了生命力（见图版二十二）。[15]

正如我们已经说过的那样，金刚乘实际上在12世纪的印度便消失了，但是它的教义传入了西藏，和当地的宗教信仰融合而产生了喇嘛教及其男女合欢的神祇，表现合欢的塑像"欢喜佛"已人所共知。喇嘛教从西藏扩展到蒙古，成了忽必烈汗和他的继承者，即在一个短暂的时期里的中国皇帝们的宗教。

简而言之，可以说中国古代道教的性神秘主义在印度促进了金刚乘的飞跃发展之后，又以印度化了的形式至少两次重返中国。

首先是金刚乘在印度出现之后不久，印度密宗的传教士们在唐代把它带到了中国。当时中国性神秘主义的讲授非常活跃，文人们承认这两种思想的共同特征，并把传入的某些印度化的因素纳入自己的体系，正如本书第七章所引证的唐代文献证实的那样。后来是元代（1280—1367年）。当时道教的性神秘主义极其巧妙地以喇嘛教作为自己的伪装，以至于中国人对它的基本原则毫无察觉，还把它当成了一种外来的宗教信仰。我们在第九章末看到在12世纪，描述蒙古人宫中喇嘛教的欢喜佛塑像及性仪式的文人郑思肖，做梦也没有想到他所看到的只不过是古代道教修炼法的一种外来翻版。

最后，在第九章末我们已经说过，明代故宫里保存的喇嘛教的欢喜佛塑像，是用来教育皇家子女尽夫妇之道的。让这些塑像来起这种作用，皇帝便在无意之中恢复了这些塑像的古代先驱者的——纯属中国的——原有功能，即各种性交姿势的图像是古老性经中的插图并用来指导已婚夫妇。这样在经过多次外传和变形之后，中国古代的性神秘主义便完成了自己奇特的回环。

据我们目前所知，本附录中许多论断仍然是纯粹的理论。为了更清楚地了解金刚乘飞跃发展的背景及其与性力派的确切关系，我们还有待于掌握其他密宗的、佛教的和印度教的文献，并且对它们进行比较研究。对文献的考证如果能与考古研究（尤其是在印度的还残存着密宗的地方）同时进行，就会更有利于我们去解决上述的历史难题。[16]

然而由于本书所收集的中国资料可以使我们从一个新的角度去研究印度的密宗，所以我想在这里补充几点意见也许是有益的，当然这些意见只是提出一个初步的假设而已。

如果想从中国的资料中发现更多关于印度的材料的话，那么必须承认，我们所拥有的中国佛经只能提供有限的可能性。我们看到在14世纪明朝恢复了以儒家原则为基础的专制制度，从此以后，中国的密宗便几乎不再有幸存的可能。我们也看到朝廷习惯于对一切"秘密的"、被认为是图谋政治颠覆的崇拜采取严厉的措施，理学伪善的规章制度被正式采纳，使"不道德的崇拜"，即"淫祠"成了弥天大罪。为了保护自己，中国的一切佛教教派无论是否愿意，都竭力使自己的教义适应朝廷的偏见，像道教徒删改道藏一样删改佛经。要想完整地介绍中国密宗所实施的性神秘主义的仪式，就必须求助于日本的资料。

在11世纪，任观法师（1057—1123年）创立了立川派，这是真言乘（日本译为真言宗）在日本的新分支，也是建立日本左道金刚乘的尝试。任观宣称：性交是"以肉身直接成佛"的一种手段，同时要沉湎于"五魔"，等等。他的信徒们聚众实行性仪式，因而该教派被日本当局禁止。不过它似乎仍在秘密活动，因为直到1689年，一位正统的日本佛教僧侣还认为有必要反对立川派的修行。

可供研究的立川派文献很少，但已足以证明它们是从印度的金刚乘密咒直接翻译过来的。中国唐代时性神秘主义的书籍尚能自由流传，所以这些译本在中国译完后，便由前来中国朝圣的日本僧人带回本国。立川派的这些文献半是中文，半是日文，全面地描述了密宗的仪式，并有一些插图。我要提一下名为"性曼荼罗"，也称为"大曼荼罗"的彩画，它可以被看成是上文所说的"胎藏两界曼荼罗"的精华。画上有一男一女，除了仪式规定的头饰之外全身赤裸，他们在一朵八瓣莲花上交欢。女人仰卧，男伏其上，但与正常位置正好方向相反，所以他的头部在女人的两脚之间，而女人的头部则在男人的两脚之间。他们伸开臂腿，使各条臂或腿与莲花的八个花瓣相一致。男的身体为白色（有时是黄色），女的则为深红色。他们生殖器交合的部位标有咒语a，它在密宗里被视为万物的始终。[17]他们身体的其他部分也标有真言。（参阅《秘戏图考》卷一图版3b的这种曼荼罗）

有一幅立川派的极有启示性的画，可以称之为"生命的火花"（见图二十二）。这是一个环绕着火焰的圆圈，圈内有黄色的日月形象，有两个相对的梵文字母a（ヲT），一个是白色，另一个是红色。毫无疑问，白色的a是精，而红色的a则是卵。日月代表男女两性在修行者头脑中的精神结合，两个字母则代表这种结合在生物学上的表现。因此这幅画恰如其分地概括了密宗以"保留性交"为基础的身心修炼的理论。

图二十二　"生命的火花"（日本立川派的一份资料上的画）

某些日本作家断言，立川派的文献只是任观及其信徒们伪造的。不过我们既然研究了印度的密咒，知道立川派的文献在细节上都与梵文资料完全一致，因此可以说任观是利用了他在真言宗寺院里发现的中国古代的可靠译本。

日本佛学家对出版与立川派有关的资料很是反感。真言宗的大百科全书《密宗大辞典》（三卷，京都，1933年）对于"立川派"一词用几句话一带而过，加了一幅简单的大曼荼罗画。对此进行专门研究的罕见著作之一是水原尧荣的《邪教立川派研究》（东京，1931年），该书第13页的背面有一幅细致表现性曼荼罗的画。水原尧荣还补充了一张列有立川派几百种手稿书名的单子，部分为中文，部分为日文。这些手稿中有些被重新印入日本的佛经，但是大部分都一直被闲置在日本各个寺院的书架上，上面牢牢地贴着封条，还有古老的批语："不得开封。"考虑到知识的进步必将战胜虔诚的禁令，我们应该寄希望于日本现代的佛学家，希望他们能开禁这些资料，并将其内容公诸学术界。毫无疑问，这些文献会大大有助于弄清印度和中国密宗的历史，为一些争论不休的难题提供答案。

附录二

收藏《秘戏图考》的机构名单

（远东除外）

澳大利亚　乔治五世国王纪念医院（悉尼大学）。

比 利 时　鲁汶大学图书馆。

法　　国　吉美博物馆、国家图书馆、巴黎大学。

德　　国　波恩大学、汉堡大学和慕尼黑大学。

英　　国　大英博物馆、剑桥大学图书馆、牛津大学图书馆、东方和非洲研究院图书馆、伦敦大学。

荷　　兰　皇家图书馆（海牙）、民族学博物馆图书馆（莱顿）、阿姆斯特丹大学图书馆、莱顿大学图书馆、乌得勒支大学图书馆。

印　　度　印度国际文化学院（新德里）、中央考古图书馆（新德里）、巴罗达国家博物馆（巴罗达）。

意 大 利　意大利中远东研究院（罗马）。

瑞　　典　远东古物博物馆（斯德哥尔摩）。

瑞　　士　人类学研究所（弗里堡）。

美　　国	国会图书馆、弗利尔美术馆（华盛顿）、大都会艺术博物馆（纽约）、波士顿博物美术馆、精神分析学院（芝加哥）、性研究所（印第安纳大学）、芝加哥大学图书馆、哥伦比亚大学图书馆（纽约）、加利福尼亚大学图书馆、密歇根大学图书馆、哈佛大学图书馆、华盛顿大学图书馆（西雅图）、斯坦福大学图书馆。

附录三

作者主要参考书目

（中文部分）

一、小说、故事

《神女传》　　　　　《美人赋》

《汉武帝内传》　　　《玉娇梨》

《痴婆子传》　　　　《十二楼》

《儿女英雄全传》　　《高唐赋》

《聊斋志异》　　　　《志许生奇遇》

《株林野史》　　　　《肉蒲团》

《金瓶梅》　　　　　《赵飞燕外传》

《僧尼孽海》　　　　《昭阳趣史》

《隔帘花影》　　　　《卖油郎独占花魁》

《乡榻野史》　　　　《游仙窟》

《红楼梦》

二、剧本

《怜香伴》　　　　《琵琶记》
《西厢记》　　　　《长生殿》

三、回忆录

《青楼集》　　　　《秋镫琐忆》
《金石录后序》　　《影梅庵忆语》
《浮生六记》

四、画卷、书册

《女史箴》　　　　《鸳鸯秘谱》
《春宵秘戏图》　　《花营锦阵》
《繁华丽锦》　　　《十竹斋笺谱》
《江南销夏》　　　《风流绝畅》
《十竹斋画谱》　　《胜蓬莱》

五、论著、评论、文集

《断袖篇》　　　　《入药镜》
《洞玄子》　　　　《春秋》
《列仙传》　　　　《温柔乡记》
《仪礼》　　　　　《白虎通》
《世说新语》　　　《笑道论》
《史记》　　　　　《二教论》

《黄帝针灸经》　《听心斋客问》

《产经》　《素女妙论》

《论语》　《房内补益》

《章华赋》　《书经》

《大乐赋》　《素女经》

《闲情偶记》　《玄女经》

《参同契》　《黄书》

《抱朴子》　《易经》

《辨正论》　《诗经》

《女诫》　《礼记》

《饮膳正要》　《道德经》

《千金要方》　《明道杂志》

《周礼》　《梦粱录》

《霉疮秘录》　《妆楼记》

《武林旧事》　《房内记》

《修真演义》　《赵后遗事》

《性命圭旨》　《素女方》

《道枢·容成篇》　《搜神记》

《辍耕录》　《既济真经》

《春秋左氏传》　《医心方》

《全唐诗》

附录四

译者主要参考书目

（以书名汉语拼音为序）

《百子全书》，浙江人民出版社，1984年。

《抱朴子》，上海涵芬楼影印正统道藏本。

《抱朴子内篇校释》，王明校释，中华书局，1980年。

《备急千金要方》，（唐）孙思邈著。

《参同契》，（东汉）魏伯阳著，清代版本。

《春秋左传诂》，洪亮吉撰，李解民点校，中华书局，1987年。

《池北偶谈》，（清）王士禛撰，中华书局，1982年。

《大狱记》，（清）虞山黄人辑，见《说库》第60册。

《道藏辑要》，（清）彭定求编。

《道枢》，（宋）曾慥编，见《正统道藏》，新文丰出版公司。

《都城纪胜》，（宋）耐得翁撰，见《武林掌故丛编》，光绪戊寅夏泉唐丁氏镌。

《高坡异纂》，（明）杨仪撰，嘉靖间刊本。

《广弘明集》，（唐）道宣编，见《四部丛刊》缩本，上海商务印书馆。

《汉书》,(汉)班固撰,中华书局,1962年。

《后汉书》,(宋)范晔撰,中华书局,1965年。

《家庭、私有制和国家的起源》,恩格斯,见《马克思恩格斯选集》第四卷,人民出版社,1972年。

《金瓶梅词话》,兰陵笑笑生撰,香港太平书局,1982年。

《晋书》,(唐)房玄龄等,中华书局,1974年。

《警世功过格》,见《道藏辑要》张集。

《李清照集校注》,王学初校注,人民文学出版社,1979年。

《怜香伴》,(清)李渔著,见《笠翁十种曲》。

《列仙传》,(西汉)刘向撰,见《琳琅秘室丛书》,汲古阁刊本。

《鲁迅全集》,鲁迅全集出版社,1946年。

《论衡》,(东汉)王充著,上海人民出版社,1974年。

《明道杂志》,(宋)张耒撰,见《学海类编》。

《南村辍耕录》,(元末明初)陶宗仪著,中华书局,1959年。

《南唐二主词校订》,人民文学出版社,1957年。

《女学》,(清)蓝鼎元编。

《敝帚斋余谈》,(明)沈德符撰,见《檇李遗书》。

《全上古三代秦汉三国六朝文》,严可均校辑,中华书局,1958年。

《全宋词》,唐圭璋编,中华书局,1965年。

《全唐诗》,中华书局,1960年。

《山海经校注》,袁珂校注,上海古籍出版社,1980年。

《双梅景闇丛书》,叶德辉编,光绪癸卯嘉平午月刊行。

《神女传》,见《唐代丛书》。

《诗经今注》，高亨注，上海古籍出版社，1980年。

《十戒功过格》，见《道藏辑要》张集。

《十三经注疏》，中华书局，1980年。

《世说新语笺疏》，余嘉锡撰，中华书局，1983年。

《隋书》，（唐）魏徵、令狐德棻撰，中华书局，1973年。

《隋唐演义》，褚人获著，中华书局，1963年。

《宋词鉴赏辞典》，贺新辉主编，北京燕山出版社，1987年。

《宋书》，（梁）沈约撰，中华书局，1974年。

《武林旧事》，（南宋）周密撰，见《宝颜堂秘笈》。

《潇湘录》，（唐）李隐编，见《说郛》第三十三卷，上海涵芬楼版。

《闲情偶记》，（清）李渔撰，浙江古籍出版社，1985年。

《徐孝穆集》，上海涵芬楼影印明屠隆合刻评点本。

《野客丛书》，（宋）王楙撰，见《陈眉公重订野客丛书》。

《檐曝杂记》，（清）赵翼撰。

《医心方》，据日本丹波康赖抄本。

《饮膳正要》，（元）忽思慧撰，上海涵芬楼影印中华学艺社借照日本岩崎氏静嘉堂文库藏明刊本。

《影梅庵忆语》，（明）冒襄撰，见《如皋冒氏丛书》。

《酉阳杂俎》，（唐）段成式撰，见《说郛》第36卷，上海涵芬楼版。

《玉蒲团》，（清）李渔撰，香港天大出版社。

《玉台新咏》，（南陈）徐陵编，吴兆宜注，成都古籍书店。

《元史》，（明）宋濂撰，中华书局，1976年。

《枣林杂俎》，（清）谈迁撰，见《张氏适园丛书》上海国学扶轮

附录四　363

社印行，1911年。

《战国策》，上海古籍出版社，1985年。

《赵后遗事》，（宋）秦醇撰，见《龙威秘书》第8册。

《周易大传新注》，徐志锐注，齐鲁书社，1986年。

《褚氏遗书》，（南齐）褚澄撰，见《说郛》第74卷，上海涵芬楼版。

注　释

序　言

〔1〕要查阅这部著作的读者可参看本书"附录二"中所列的收藏机构名单。

〔2〕我在本书中纠正了《秘戏图考》一书中的谬误，吸取了大部分批评意见，我对道教的采补术也做了重新估评，请读者不要再考虑我在《秘戏图考》里提出的"道教的吸血鬼"和"黑色巫术"等看法。

〔3〕除了由穆勒和佩里奥出版的关于马可·波罗游记的经典版本之外，我要提一下R.E.拉塔姆的英文版本《马可·波罗》(伦敦，企鹅经典出版社，1958年)。其中描绘了：西藏边缘地区的性习惯，以女性招待客人的四川土著，看似是穆斯林团体中使用的检查童贞的方法；妓院制度，南宋宫中的裸浴，以及外国人对杭州妓女的看法——这些妓女都妩媚动人，善于词令，使去过杭州的外国人感到像上了天堂。

第一章　起源和西周

〔1〕关于中国古代史，概论性的著作有J.G.安德森的《黄土地的儿女》，伦敦，1934年；H.G.克雷尔的《中国的诞生》，伦敦，1958年第2版。关于这两部著作出版以后的大量新发现，目前都刊登在专门的汉学出版物上。

下列著作虽然相当专业化，却值得非汉学家的读者关心。马伯乐：

《古代中国》，巴黎，1927年，1958年再版。葛兰言：《中国的文明》，巴黎，1929年；英文版，伦敦，1930年。本书内容主要是社会学方面，不过应该指出，涉及中国古代历史和社会的题目总是引起争论，所以这两部著作中也包括某些有争议的资料。

对于中国通史的概述，有L.卡林顿·戈德里克的《中国人简史》（杂志出版社，伦敦，1957年）。它也着重叙述物质文化的演变。还有K.S.拉图莱特的《中国的历史和文化》（纽约，1946年；新版，纽约，1958年）。本书简要地叙述中国历史和文化的关系，不带偏见，参考书目齐全。

〔2〕想详细了解中国文字的历史及其问题的读者，可参阅B.卡尔格林的《汉语的声音和象征》，斯特哥尔摩，1930年。

〔3〕不过在汉代，人们似乎认为殷朝偏爱白色，而周的君主们喜爱红色。参看《礼记·檀弓》第一，13页："殷人尚白"，"周人尚赤"。哲学家王充（27—约97年，汉代）在他的《论衡》中讲述了这个传说：周文王的谋士太公想了一个办法来对付殷人，即养了一个带朱砂痣的男孩，等他长大，身体成了红色，让他到街上去宣布殷朝死亡。于是殷人大恐，因为他们想到"红色的"周人是力量和光明的化身，而"白色的"殷人衰弱不振，即将失败。不过这一传说很可能是汉代儒家的创造，因为他们把周的开国君主视为典范而加以颂扬。参阅第三章开头部分。

〔4〕参阅B.卡尔格林《中国古代的某些象征》，见《东方古代博物馆期刊》，第2期，斯德哥尔摩，1930年。这部著作中只有一部分理论得到一致赞同。

〔5〕我冒昧地在争论中加入一种源自中国的看法：在远古时代，

孩子只知有母而不知有父（J.J.L.迪文达克：《商君之书》，见《东方文集》，第17卷，伦敦，1928年，第225页）。这种特征与其说是真正的对母权制的记忆，不如说是后世中国学者的托言。

〔6〕中国人把这种习惯看成是自己与"蛮族"的主要区别之一，这种看法在中国和日本都流传至今。19世纪时在中国和日本出现了一股反西方的民族主义思潮，当时人们不断举出西方人"扣衣服时把左襟叠在右襟上"（应为把右襟叠在左襟上。——编注）的例子，用来证明西方人的无知。

〔7〕没有任何迹象表明中国人有过其他许多种族都有的信仰，即破坏童贞的时刻充满不可思议的危险。公元1300年左右，当中国的旅行者在柬埔寨看到姑娘在结婚之前都要由一个佛教徒来使她失去童贞，而且看到他们的伊斯兰教同胞也有这种风俗或类似的风俗时，他们都大为吃惊。

〔8〕J.内德哈姆在《中国的科学和文明》（剑桥大学出版社，1956年）的第2卷第132页中深刻探讨了巫的问题。关于通常的萨满教，参阅米尔塞亚·埃利亚德的《萨满教和古代的出神术》（巴黎，1951年），该书第393—404页论述了中国的问题，并提到了女人的魔力。

〔9〕《诗经》是儒家五部经典之一，其他四部是《易经》、《书经》、《礼经》(《周礼》《礼记》《仪礼》)和《春秋》。(《周礼》《礼记》《仪礼》为儒家礼乐文化的元典，合称"三礼"，但只有《礼记》被归入儒家"五经"。此误。——编注) 中国的古老传说都把这五部著作归于周代或周代以前，不过后来的研究证明，除了《诗经》和《春秋》之外，其他三部在公元初年都曾被大量增删和篡改。

《诗经》是封建王国的颂歌和民歌集，所受的改动最少，但由于它是"口头文学",故原文问题很多。它之所以能保持原貌,主要是由于它的内容可以用于政治范畴的解释,人们可以出于教育和道德目的,以及在进行政治讽刺时加以引证。

〔10〕中国后来的评论不承认这一点。而是断定皇后象征月亮,君主象征太阳,即二者分别象征宇宙的女性和男性,因而君主只能在满月时,也就是这两种象征完全和谐时才和皇后性交。葛兰言在他的书里详述了这一理论,见《中国封建时代的姐妹同嫁和续弦娶小姨的风俗》(巴黎,1920年,第39—40页)。尽管月亮在君主的性交礼仪中通常可以起象征的作用,我们也不会怀疑本文所述的理由,即君主只应该在先和其他妃嫔性交,使自己的元气达到顶点时才和皇后性交。

〔11〕这里只是粗略地讨论中国古代婚礼这个极其复杂的问题,因为有关这方面的大量文献对性生活的研究没有提供什么重要材料。对此感兴趣的读者可参阅《仪礼》的有关章节,该书对仪礼的起源和各个阶段都做了详细的叙述。婚礼问题与亲缘问题密切相关,例如男人在娶妻的同时娶她的姐妹或亲人;这些问题的深入探讨,见上文提及的葛兰言的《姐妹易嫁等》,及《中国古代的婚姻种类和近亲关系》(巴黎,1939年)。

第二章 东 周

〔1〕我在下文将大量引证《春秋》中所附的《左传》,这是一部记录公元前722—450年的编年史。这部文献虽然后来也受到某种程度的改动,却并未影响它的具体内容,总的来看是真实的。引文见S.库弗勒尔的三卷法译本《春秋和左传》,巴黎,1951年再版。

〔2〕参阅艾伯华的《中国古代的地方文化》,第228页,莱顿,

1942年。

〔3〕公元前3世纪的《吕氏春秋》对此做了详细的规定。

〔4〕"未亡人"一词后来在中国口语中不再使用，但在日本却始终存在。

〔5〕在《中国的文明》和《夫妻类别》中，葛兰言对这一段落和其他关于妻子保持沉默的段落做出了这样的解释：它们表明在中国古代存在着"丈夫的竞争"，这种竞争一向发生在结婚的头三个月。这只是一个例子，证明葛兰言对中国文献望文生义，把一些偶然的现象当成了一种普遍规则。葛兰言是法国杰出的汉学家之一，也是一位独特的思想家，但是他的作品——尽管总是学识渊博并令人振奋——却常常由于上述两种倾向而受到批评。

在本段的具体例子中，齐桓公发怒显然是因为他在其他妃嫔面前显得有些害怕，损害了他的威望；还因为他的妻子竟敢不服从他，使他"丢了面子"。

〔6〕这种八卦形状，我最早是在朝鲜出土的公元1世纪的风水先生用的一个量规上见到的。

〔7〕1923年，R. 威廉姆发表过《易经》全文的德译本，他在译本中还叙述了后来人们占卜时使用蓍草茎的方式。1950年威廉姆的英译本再版，并有C.G. 荣格写的导言。现代对这个问题的研究还处于开始阶段。最重要的问题是：六十四卦源于何处，它的基本意义是什么？这一问题尚未有确定的答案。我在此处引证关于完整的茎和断裂的茎的理论，是因为在拿出新的证据之前，这还是最可信的假设。

〔8〕哲学解释产生于11世纪，但是图形本身来自中国一种古老的装饰图案，即殷代铜器上常有的螺纹图。螺纹图在远古时代或许已经

表现了某种宇宙概念，因而宋代的理学哲学家无意识地恢复了它久被遗忘的意义。

〔9〕没有一本中国的书像这本书这样被常常译成西方语言。1942年，我在加尔各答的荷兰东方学者范马南的书房里看到有87种不同的版本。

〔10〕17世纪西方炼金术士恰恰也有同样的观念，他们也把卵视为"血"。

〔11〕关于女人可以通过性交助益于男人元气的观念绝不仅限于中国，可参阅《圣经》中大卫王和年轻女子亚比萨的故事。17和18世纪的欧洲某些炼金术士更讲究这一观念。

〔12〕从纯粹生理学的观点来看，被抑制的精液会流入膀胱。这种信仰是错误的，然而这样做可能会使神经系统产生一些症状，即神经系统有可能以文中所说的方式做出反应。这里涉及心理—生理学的范畴，还有待于人们进一步探索。

〔13〕中国民间传说认为狐狸会变成美女来迷惑男子。

〔14〕尽管本书并未研究清朝（1644—1912年）及以后的时期，但是许多外国观察者都认为在19世纪和20世纪初，中国出现了过多的同性恋和鸡奸者，我却很难同意他们的断言。我倾向于认为他们的印象是错误的，外国观察者之所以过分看重同性恋关系，是因为这一时期的社会礼仪乐于把它公之于众。正因为如此，男人可以手拉着手逛街，让娈童陪着去看戏，等等，而异性关系却严格地限制在私生活范围内。此外，许多外国人有这种看法是由于研究了在中国的移民团体。在这些团体里中国妇女极少，造成了同性恋这种反常倾向。

〔15〕由于中国人把任何形式的接吻都视作性行为的一部分，

所以接吻不能在卧房以外进行。正因为18和19世纪的游客从未见过中国人接吻,便得出了中国人从不接吻的错误结论。而中国人在看到西方妇女公然和男人亲吻,便也错误地认为西方妇女全是最下等的娼妓,因为有自尊的中国妓女也只是私下和男人接吻。

第三章 秦朝和西汉

〔1〕法家的哲学家们主张独裁的政府制度,建立由一个掌握绝对权力的君主以及一些严格实用的法律控制的国家,人民的道德价值和利益都服从于无情的国家理性。

〔2〕参阅《周礼》第十三卷。(见《十三经注疏》,第732—733页。——译注)这部经典著作的内容极为丰富,不过使用时要注意,因为汉代的儒家对文献的版本做了随意的改动。法译本共三卷,1815年在巴黎出版,1939年在北京重印。

〔3〕王莽的统治只有十几年。

〔4〕(此诗名《落叶哀蝉曲》,见王嘉《拾遗记》。——译注)西方大部分中国诗歌翻译者都把这首诗歌收进了他们的集子。它给人的印象是武帝唯一所爱的乃是李夫人。毋庸置疑,上文所说的一些情况表明,武帝是一个比较复杂的人物。在翻译东方诗歌时,必须要叙述每个诗人、每首诗篇的背景,遗憾的是,西方的中国诗歌翻译者这样做还为时不久。人们曾发表了一些中国诗选,收集一些取悦西方人的诗歌,更糟的是还把译者不喜欢或不懂的诗句,甚至整段诗歌删去,这样就可悲地曲解了中国古代伟大诗人的艺术,使非专业的读者对中国诗歌形成完全错误的观念。正因为如此,西方的读者们才产生了各种错误观念,例如,荒谬地认为中国很少有人喜欢情诗;其实人们可以

毫不费力地在书架上摆满中国的情诗选，它们描绘了爱情的各个方面，从最高尚的精神恋爱到最下流的色情诗都有。中西诗人的区别在于他们描绘爱情的方式，尤其是强调的程度。在西方，一位杰出诗人的作品几乎总是集中于爱情题材，而对于中国人来说，爱情只是值得诗人歌颂的许多主题之一。介绍中国诗歌的最好方法，是把译作插在叙述诗人的生涯和环境的传记之中。

〔5〕17世纪出现了一部概述关于男子同性恋的文献资料的匿名著作，名为《断袖篇》。就我所知，这是唯一叙述这种内容的作品，它收集了历史上约50个著名例子，并附有注释和评论。

〔6〕一般的痣称为"花痣"，是用黑纸剪成的小圆片；不过也有用五彩纸剪成的，敦煌壁画的仕女脸上有这种痣。

〔7〕后来的一种传说断定商业化的妓院在公元前7世纪就已产生，人们把它归因于著名的政治家和哲学家管夷吾（卒于公元前645年），即管仲。他是齐桓公（？—前643年）的一位谋臣。据说他创办了大量声名狼藉的妓院，以便补充国家的财政收入。不管怎么说，我所掌握的周代文献却无法证实这种传说。

相反，《战国策》（公元前3世纪）上说是桓公自己在宫里设"七市，女闾七百"。"市"在这里的意思大约是一种皇宫博览会，是供君主消遣的，这些妇女当然无疑是只属于他。确实，文献后面说到桓公的忠实谋臣管仲自己娶了三名妇女，以转移公众对君主的性放纵的注意。此外，哲学家韩非子宣称，桓公虽在宫中设二市和女闾二百，但在管仲协助下仍然成为五霸之首，而一旦失去管仲他也就失败了。这种说法也见于公元前300年左右的《抱朴子》。因此，最古老的文献所提到的桓公宫里的"女市"，只是把它作为桓公性放纵的证据，而不是作为由管仲创建的声名狼藉的妓院来提及的。

〔8〕伪满洲国政府也出现了类似的问题。政府想开展外交来实现现代化,中国人知道他们在国外的大使和公使应该由妻子陪伴,但是这些地位显赫、以旧式教育培养的中国妻子不懂外语,对西方生活方式一窍不通,其他姬妾也是如此。所以当时不止一个中国外交官万不得已,只好到港口大城市去选择一个对外国略懂一二的歌女,作为一个特殊的妾带到外国首都,把她介绍成自己唯一的妻子。随后而来的纠葛是不难想象的,不过政府很快改变了政策,让外交官带自己的妻子出去,因为她们即使不懂外语,也具有一切有身份的中国女性所特有的自然风度,显得尊贵泰然,从而给外交界留下极好的印象。

〔9〕这首诗影射了杨恽的失宠,他因受奸臣诬陷而处境艰难。田里长满杂草是指皇宫(南山)里奸臣(芜秽)当道。正人君子(豆)如果对循私枉法提出抗议,便会被恶毒的阴谋诡计(萁)所害。

〔10〕他是从公元前3世纪诗人宋玉写的一篇著名的赋中借用了这个故事。登徒子曾在君王面前揭露宋玉好色,宋玉则说他和一位极美的姑娘门对门住了三年,对她的挑逗从不理会,他还把自己的行为和登徒子的行为做了比较,后者的妻子丑陋不堪,登徒子却和她生了五个孩子。

〔11〕传说司马相如患有消渴疾,后来的编纂者认为这是色欲过度所致,不过他患的显然是一种糖尿病。

〔12〕该书文字已经删过。在今天看到的版本里,涉及肉体关系的段落已被删去。

〔13〕参看前文关于女德的解释。

第四章　后　汉

〔1〕马伯乐把"素女"译成"纯朴的姑娘","纯朴"似乎含有"天真无知"的意思,所以不妥。"素女"的意思是表现一种自发的自由,一种不受束缚的单纯。用弗洛伊德以后的话来说就是"没有情绪",是"本性"。

〔2〕这是明代1573年出版的,不同于公元4世纪干宝的《搜神记》。

〔3〕马伯乐的解释是:"汉代皇宫里没有名分的女子分为三等,美人、宫人,最低的是采女。"见《亚洲新闻》,巴黎1937年,第382页。

〔4〕朱熹编订的版本名为《周易参同契考异》。

〔5〕见马伯乐:《古代道教中维持根本原则的方法》,载《亚洲新闻》,巴黎,1937年。此文收入《中国的道教和其他宗教》,载《新法兰西评论》,1971年。

第五章　三国和六朝

〔1〕唐朝时有位郑氏写了一本《女孝经》,明朝仁孝皇后写了《内训》(1405年),章圣太后写了《女训》(1406年),后一本书的第九卷讲了产前护理的规则。在日本,人们对《内训》和《女训》进行了许多研究,德川科学院在1832年重印了这两本书。清朝时这类书极为普遍。著名的有《女学》,由正统儒家蓝鼎元(1680—1733年)所作。后来出版了一些《新妇谱》,都受到了《女诫》的启示。还有一种类似的著作,以《列女传》为代表,最初为汉代文人刘向(约公元前77—前6年)所作,后人又增补了几次。书里的故事全是女子为夫殉葬,寡妇不肯再嫁,妇女当丈夫的贤内助,等等。大部分故事在《左

传》中已有梗概，这本书的第11卷提到了《左传》，但对故事都做了改动，以适应汉代的儒家思想。

〔2〕妾的孩子和主妇的孩子在法律上被一视同仁，他们在主妇死后同样服丧，并且有权获得父亲财产中规定的一份。

第六章　隋　朝

〔1〕参阅唐代匿名著作《迷楼记》。

〔2〕关于《素女经》和《素女方》，现在有一个删得一干二净的版本，内容只是一些疾病及其药方的名称。这个版本于1810年由著名的文献注释家孙星衍（1753—1818年）出版，并于1885年收入《平津馆丛书》。孙星衍还出版了《玄女经》（1884），是一本供选择结婚良辰用的日历，并以《太医经》为名收入陶宗仪的《说郛》。《说郛》中还有一卷《玄女房中经》，内容是适于性交的日期，是根据唐代医生孙思邈的医著《千金方》抄写的。在孙星衍的《素女经》里尚有一些原本的痕迹，但关于玄女的论著则与古老的性经、《玄女经》原本毫无共同之处了。

〔3〕金赛：《妇女的性行为》，费城和伦敦，1953年。参阅《性反应和性欲高潮的生理学》一节。

〔4〕日本也有这种信仰。

〔5〕后来的印度色情文学里充满了性虐狂的特色。在15世纪诗人、毗湿奴教徒维德亚伯迪的作品中，有关于黑天和罗陀的爱情的一段："我的情人，这个邪恶的家伙，吸干了我的嘴唇。一天夜里，罗猴吞吃了月亮，他用指甲撕碎了我的双乳，就像狮子撕碎一头象。"

〔6〕《隔帘花影》是《金瓶梅》的续集。

〔7〕人们常把外阴称为鸡冠,我以为很能说明问题。似乎可以由此认为,带鸡冠样皱褶的胀大的小阴唇,在中国是司空见惯的,人们认为正常的阴唇就该如此。这种现象是否可以成为一个补充的证据,证明在妇女中手淫极为普遍,这要由性解剖学的专家们来决定。

〔8〕在唐朝,已婚妇女享有很大的自由。戴密微根据在敦煌发现的一部唐代手稿写出了《爱吵架的新娘》。这位新娘不爱待在家里,独自到街市上闲逛,辱骂丈夫和公婆,有人劝她便骂不绝口。后来丈夫只好和她离婚了。据戴密微说,在敦煌发现的唐代民间文学里,这类作品为数极多。

〔9〕日本男士穿的和服也是由中国服装演变而来的。两种民族服装的根本区别是内衣,中国的男女穿贴身的长裤,而日本男士穿兜裆或有细带子的短裤,日本女士穿围腰齐脚的衬裙,令人想起印度尼西亚妇女的沙笼,一些专家认为这些内衣证明他们的祖先是波利尼西亚人。

〔10〕1906年,奥莱尔·斯坦因爵士在甘肃省边界的绿洲敦煌发现了一系列古庙,约公元1000年时这些庙墙里藏了大量珍贵的手稿和绘画。他获得了其中的一部分,目前收藏在大英博物馆。第二年,法国汉学家保罗·伯希和参观该地,为法国的研究所购买了大批手稿绘画。奥莱尔·斯坦因爵士在1916年重返敦煌,又购买了一批,其余的被中国政府运走了,但是有一些散落在中国和日本的收藏家手里。这些物品大都出自唐代,是无比珍贵的研究资料。例如由图版七复制的周昉绘画的局部,即使不是原件,至少也是惟妙惟肖的复制品,因为图上夫人的长袍与敦煌保存的一张画上的宫女的长袍完全一致。

〔11〕参阅段成式(卒于863年)的《酉阳杂俎》第八卷。

〔12〕清代学者俞正燮(1775—1840年)是当时最著名的女权主

义者之一，他在《癸巳存稿》中深入地探讨了这种黄痣的历史。

〔13〕置于眉心上方的"帽花"具有神秘的含义，值得注意的是，嵌在七弦琴的"凤额"中的玉块名为琴宝，被认为是琴的心脏部位，而琴的各部分的名称表明琴身是与一个人身上的各部分对应的。在进行试验时，我发现了一个有趣的特点：要想用技术手段来放大琴的声音，放麦克风的最佳位置就是琴宝，因此它无疑是重要的震动中心。

〔14〕参看《清朝野史大观》，上海1921年，第1卷，第112页。

第八章　五代和宋朝

〔1〕清代文人俞正燮在他的笔记《癸巳类稿》（1879年出版）曾查证了这方面的全部文献资料。

〔2〕姚灵犀的《采菲录》，前三卷于1936年在天津出版，第四卷出版于1938年，第五卷（续篇）出版于1941年。该书集古今资料之大成，并有大量的照片和插图。书中也描写了清朝末年和民国初年反缠足运动详细情况，以及各类女鞋的制作和装饰。第三卷里有一幅明代艺术家仇英的色情画：丈夫与妻子调情，不肯把鞋交给她，她则坐在床上，正在缠足。两个人物衣冠整齐，色情就在于这个场面会引起人的联想。

〔3〕很早以前就有关于这个问题的说明。参阅《中国妇女的小脚，论缠足的起源和影响》，见《中国报导》，第3卷，广州，1935年4月。中国考古学著作《金石索》的出版者认为，人们在李渔的时代之前的铜镜或铜浮雕上可以看到缠足的妇女，然而E.夏瓦内斯认为这些证据不能令人信服，这些雕刻只是表现女人的脚比男人的脚小，而不是真正的缠足。真正的缠足状如动物的蹄，是可以辨认出来的。也

可参阅J.J.马蒂尼翁的《封闭的中国：迷信，罪恶和贫困》，（巴黎，1936年），其中有一篇《关于中国女人的脚》。作者是医生，在北平行医多年。此书虽然笔调不雅，但却是实际观察的结果，包含着关于1900年左右中国性生活的有用资料。医学方面或许有更新的文献。

〔4〕上一个注释中提到的《中国报导》第1页。

第十章 明 朝

〔1〕杨朱和墨翟是儒家杰出的代表人物孟子（约公元前371—前289年）的对手。

〔2〕参阅C.R.波克塞：《十六世纪的中国南方》，第149—150页，伦敦，1953年。

〔3〕同上书，第282—283页。

〔4〕《十六世纪时的中国，利玛窦的日记》，第95页，1953年，由路易·J.国拉盖尔从拉丁文译成英文，纽约。

〔5〕明代末年的春宫画册《花营锦阵》的序言也采用这种集句诗的形式，即全部由引自儒家经典的句子所组成。色情文献的出版者们似乎特别乐于运用这种方式，即用儒家和佛教的神圣词句来描绘色情场面。日本也有这种倾向，明代末年的一本薄薄的色情小说《痴婆子传》，于1891年在京都被人用保存在圆光寺里的，专门用来印制佛教经典的古字体再版了。

〔6〕参阅R.T.狄更森：《人类的性解部学》，巴尔的摩，1933年，第42页："人们通常认为，妇女外生殖器的位置相差很大，阴唇靠前或靠后，从而自然使性交也有难易之别。人们常常断定这些变化因种族而异，靠后的位置见于最落后的原始种族，也见于东方人。"这里

引证的中国资料证明,位置先后乃是个人的而非种族的特征。我可以补充一点:日本人对阴唇位置的区分,和这篇中国文献的三种区分法是一样的。

〔7〕《香艳丛书》在第九套第一卷里,曾再版了梁国正的《温柔乡记》中关于"三峰"的大段描述。"温柔乡"是清代时普遍使用的文学表达方式,指男女之爱。这份资料把女体比作一个由作者游览的地区,详细描述了它的乐趣和危险。所用的与女体各个部分相应的术语,都借自道教的性炼丹术的经书,其中自然包括"三峰"。

〔8〕更古的文献把男精看作白铅,参阅本书第四章。

〔9〕这篇文献被收入一部出色的现代丛书《美化文学名著丛丛刊》,朱剑芒编。

〔10〕这种动物即使交合后也不放雌的离开。人们把它活活地扔在酒缸里,泡上一两年,然后把这种酒作为春药出售。

〔11〕想了解文学阶层中的爱情的人,可以参阅另外三部作品,虽然它们创作于清代,环境已稍有不同:首先是著名的风俗小说《红楼梦》;其次是清代一位画家和诗人沈复的自传体故事《浮生六记》,由林语堂在1935年译成英文;最后一部是清代文人蒋坦的《秋灯琐忆》,林语堂于1938年将其中一些片段译成了英文。

〔12〕雷慕沙在1826年就把《玉娇梨》译成了法文,译著标题是《两个表姐妹》。这部小说由于其人物"矫揉造作",以及主人公最后同时娶了两个他所爱的人,因而在19世纪下半叶的西方文学界颇负盛名。1864年,儒莲又出了一个更接近原作的法译本,以后又有了英文、荷兰文和德文的译本。《玉娇梨》不是一部伟大的小说,但却是这类作品中的一个典型。此外,第十四回里有极为出色的心理描写:

主人公苏友白爱上了化装成男子的美女卢梦梨，他内心的激动流露出他的同性恋倾向。

〔13〕广州和汕头的水上流动妓院也同样闻名。广州在唐朝时就已经是海外贸易的重要中心，来自亚洲其他国家的侨民为数众多，尤其是有许多阿拉伯人在此定居。在明代，广州成了南亚著名的贸易港口，夜生活也丰富多彩。广州的妓女属于一个与众不同的种族，称为疍家（亦称疍户），是中国南方土著的后裔，他们被驱向海边，以捕鱼和采珠为生。他们被剥夺了各种权利，不准与汉人结婚，不准在陆地上定居。他们说的是与众不同的土语。妇女们也不缠足。正是这些妇女在广州珠江的千百艘流动妓院里充当妓女。G.施莱格尔发表过一部关于中国卖淫问题的著作（《中国的卖淫史》，法国鲁昂，1880年），就是主要以广州的材料为基础的。尽管该书对这一问题的黑暗方面有些夸张，但至少是以亲眼所见的事实为根据的。同样著名的还有汕头的"花船"，称为六棚船或绿棚船。清代官员和诗人俞蛟编撰了一部关于广州和汕头妓院的著作，名为《潮嘉风月记》，并附有引证的古代著作的目录。他记下了妓院中的行话和与使女子失去童贞相应的习俗。在他看来，广州的妓女不如汕头妓女漂亮聪慧，为此他还引证了杰出诗人袁枚的看法，俞蛟也引证了清代文人赵翼所说的趣事：汕头的船除了卖淫之外也用于贸易，运送货物和旅客。有一天，一位状元乘这样一条船游览，却不知它是个流动妓院。一阵暴风把棚顶刮掉了，只见一位只戴着红缎乳罩的美人进来修理。他就把她留在自己房间里，直到旅行结束互相道别。这位妓女从此自称"状元夫人"，而且收费加倍。叙述者的看法很有道理：这件事情的整个过程都是为了获得"状元夫人"的称号以提高收费才精心安排的。

〔14〕李渔在他的小说《十二楼》中说，最初人们由于同音而把"梅"等同于"妹"。按照他的看法，梅字是暗指妹。这一解释也适用于梅毒（妹毒）。

〔15〕清代小说《红楼梦》中的主人公宝玉，也是在梦中被授以性秘诀的。明代末年的诲淫小说对清代的小说影响很大。

〔16〕近代一本收集神奇故事的书，名为《聊斋志异》，其中有大量关于狐狸的传说。

〔17〕明代文人沈德符在他的《敝帚斋余谈》中称，当时的玉石雕刻者雕的色情人像极为精致，在福建省还有用象牙雕刻的正在交合的男女，艺术质量很高。我从未看过这些明代的样品。至于清代的小雕像，至少就我看到的而言，大都手法平庸。

〔18〕《僧尼孽海》现在似乎只有日本的手抄本。我的藏本有两卷，每卷42页。字迹马虎，但用的宣纸很精美。第一个故事是《沙门昙献》，最后一个故事是《王和尚》。

〔19〕以出版彩色画闻名的北京荣宝斋，在1952年再版了这本画册，按极为罕见的明代原版重新刻印，十分精美。中国学识渊博的木版印刷史家郑振铎为这本画册写了序言。

〔20〕春宫画，不仅用于性教育或娱乐，而且也用作护身符。直到最近几年，中国特别是北方还有这种习俗：在小孩子兜肚的里子上描绘一幅性交的画。书店常在店里放一张或几张春宫版画，以防止火灾或其他灾祸，由此产生的术语"避火图"，就是色情绘画的婉转说法。在中国和日本，这类版画还被放在衣箱里以防虫蛀。为了完整起见，我要谈一谈带春宫画的"双层折扇"。这种折扇粗看起来和普通折扇一样，正面画风景或花卉，反面有一首诗词。其实它在每根扇骨

上还贴有第二层扇面，它在通常从左向右开启时被掩盖着，但在从右向左开启时便可看见上面的春宫画。这种扇子以乾隆年间制作的最为精美，它们显然受到了明末春宫版画的影响。

附录一　印度和中国的性神秘主义

〔1〕大部分东方学者都赋予"密宗"一词以更广泛的含义，用它来表示印度教和佛教的一切魔法和巫术。如果这样理解的话，《阿闼婆吠陀》也可以称为"密宗的"了。另一些人想把本义上的"密宗"限于被称为"坦陀罗"即密咒的文献中所包含的教诲，然而这样就要把许多非宗教的，例如语法和天文学的题材也包括在内了。还有一些作者任意使用这个词，用它来表示印度教及其修行中的一切冒犯他们自身的道德观念和礼仪观念的东西。不加区别地使用这一术语有可能造成全面的混乱：对我来说，我宁愿把"密宗"和"密宗的"这两个词专门用来指印度教和佛教思想中把性交视为主要解脱手段的派别。正是在这种严格限定的意义上，我才在下文使用这个术语。

〔2〕许多印度学者认为"金刚"是从希腊化时代传入的，不过也可以认为它是受了印度教僧侣的"婆罗门杖"的影响。另一种值得考虑的可能性是它与霹雳和肉苁蓉的密切关系，后者是一种人所共知的阴茎的象征。像许多国家一样，印度人也认为是雷鸣电闪促进了肉苁蓉的生长。

〔3〕所以金刚也称"（不可摧毁的）实物"，它进入象征外阴的莲花，人们争论很多的喇嘛教徒的祈祷词"宝物莲花"，看来是无可置疑的。性神秘主义是金刚乘的精华，因此藏传佛教赋予既神秘又肉欲的性交形式以如此优先的地位就没有什么奇怪的了。

〔4〕有趣的是今天在印度街头还到处都能看到这一过程中最秘密的阶段的一种象征：这就是弄蛇者的表演。真正的弄蛇者最初是些乾婆陀瑜伽师，是性神秘主义的信徒，他们浪迹全国，靠耍把戏、看手相等来挣一些钱。海外侨胞奏葫芦笛使眼镜蛇竖起身来，这有助于研究昆达利尼的激发。当瑜伽师们发现街头行人被他们的把戏所吸引并愿意花钱观看时，便把它列为他们挣钱的许多手段之一。各种江湖艺人都开始弄蛇，但对弄蛇的真正起源却一无所知。

〔5〕他以阿瓦隆为笔名发表了不少关于性力派的著作和论文，包括这里引用的《蛇力》和《女性性力与男性性力》。他选编了"密咒文献"丛书，最早提供了重要密咒的梵文本，通常都附有带注释的译文。伍德罗菲爵士对此进行了深入的研究，收集了大量珍贵的资料。不过在此用这些资料时，必须记住这位注释者受到各方面的激烈批评，因而不得不充当密宗的辩护士，所以他在对该体系中的可疑之处进行详细解释的同时，过分强调了它上升为哲学的方面。需要补充的是，他采取了古代学派的印度文人的态度，即认为主要应该研究观念本身，而观念的起源和历史演变则并不重要。佩恩正确地认为这是阿瓦隆著作的主要弱点之一（参阅佩恩：《性力派引论及比较研究》，第61页）。还应指出的是他的任何一本书都没有一个好的索引，因而不便于应用。

〔6〕阅读这段佛教和性力派的性神秘主义的概述，读者会发现这种教义和现代精神分析学的理论有着惊人的相似，因而有必要从心理分析的角度来考察印度、中国和（中国）西藏的性神秘主义，例如首先在"里比多"和在宇宙创造能力意义上的"性力"之间便有明显的相似之处。至于性力派信徒唤起的"蛇力"，也可以把它解释为一

种越过个体意识与集体意识的界线的企图。这就或多或少可以说明这一点：每个被穿过的穴位都是一个曼荼罗，都是一个有着自己的守护神和咒语的魔团。因为性力派信徒在无意识的范围内开始这种冒险的行程时，需要得到坚强有力的支持，才能不屈服于能摧毁他精神的离心倾向。性神秘主义的信徒们由于自身的经验而朦胧地回忆起无意识的恐怖，看来并非是完全不可能的，而由这种恐惧所产生的密宗的神祇，都是面目狰狞、令人恐惧的。不能只把面目狰狞的神祇解释为使修行者抵御外来邪魅影响的守护神。如果把它们象征性地看成未经探索的无意识领域中不确实的形状，也许就可以解释它们在介于死和再生之间的中间状态里的作用，对于这一点西藏的文献有详细的叙述（参阅W.Y.伊文思-温茨：《论死者的藏书》，新版，伦敦，1960年）。据我所知，在这方面只有C.G.荣格在他对由德国汉学家理查德·威廉出版的中国文献《太乙金华宗旨》的注释中进行过尝试（伦敦，第一版，1931年）。尤其要注意的是荣格的一种见解：临床经验证明，曼荼罗形状的绘画有助于精神病患者克服神经的紧张。可惜的是这部中国文献根本不适用于这种细致的分析，它只是别人对《性命圭旨》的一种转述。《性命圭旨》是1622年编成的诸说混合的哲学论著，附有大尺寸的版图说明（参阅本书图二和三）。它最初作为把道教炼丹术、佛教教义和理学学说相结合的尝试而引人注目，但尽管如此，它却没有为从心理分析的角度研究中国的性神秘主义提供所需的原始资料。为此必须研究基本的文献，即古老的性经和魏伯阳的《参同契》这类著作。

〔7〕参阅马伯乐：《道教》，巴黎吉美博物馆出版，1950年，第93页。

〔8〕上文提到的《性命圭旨》确实把"精气"描述成处于修行者腹中的一个婴儿,而把"元真"描绘成同样的婴儿,不过飘浮在头顶上方。

〔9〕在《秘戏图考》卷一,第101页中,我提出了为什么这些印度性经没有提及性神秘主义的问题。本附录概括了我后来所做的研究,而得出的答案很简单:当时印度还不存在性神秘主义。

〔10〕参阅《成就法鬘》,第167页。《印度文学史》的第401页反对这种看法,主要是由于佛教密咒中有大量湿婆教的神、名称和术语,但是这个证据难以服人,因为佛教密宗和性力派密宗都起源于前性力派湿婆教。

〔11〕这些庙宇里的春宫画可以使人进行种种推测。参阅赫尔曼·格茨的出色论文《卡杰拉霍重要庙宇的历史背景》,载《亚洲艺术》,第5卷,1958年。

〔12〕有人认为是浦那,不过我和《成就法鬘》第37页的看法一样,认为这是根本不可能的,倒不如设想它是在克什米尔的某个地方。

〔13〕P.德米埃维尔教授热心地请我注意丁·费里奥扎特的论文《道教和瑜伽》(《越南通报》,1949年6月,西贡)。该文作者指出,泰米尔文献提到南印度有一种关于印度一些哲人去中国旅行的古老传说,而且在马德拉斯和本地治里的泰米尔地区也流传着关于这些哲人的传说,说他们回到印度后传授他们在中国学到的东西。费里奥扎特也使我注意到这一事实:某些关于炼金术的泰米尔文献所叙述的理论与其说是印度的经典,倒不如说十分类似于中国道家的思辨。正如他们把矿物分为男矿和女矿,会令人想起中国关于"阴、阳"的分类。我们也应该重视关于龙树的传说:龙树曾在"铁塔"和南印度从

大日如来受金刚乘教义(《孟加拉文学背景中模糊的宗教信仰》,第17页)。当然,日本有些资料认为"铁塔"在这里是指人的身体而不是一个地理位置(参阅周一良《中国密宗》,载《哈佛东亚学报》,卷八,1944—1945,第181页,注47),然而有这么多特征与南印度有关,看来有必要对包括锡兰在内的这个地区的密宗做专门的研究。

〔14〕在这方面,关于文殊师利菩萨从印度传入中国、又从中国传入尼泊尔的传说(《印度文学史》,卷二,第401页)值得深入研究,对于下文所说的中国思想向印度"回流"的观点也同样如此。

〔15〕也可参阅H.齐梅的《印度艺术和文明中的神话和象征》(华盛顿,1946年)第五章,图66—69。

〔16〕图奇教授的《西藏画卷》和近年的《斯瓦特考古调查简报》中令人信服的研究,表明与考古相结合的研究可以取得出色的成果。

〔17〕详细的解释可参阅奥波吉林:《据中国和日本的资料编订的佛教百科词典》,第一分册,巴黎,1934年,"A"条。

图书在版编目（CIP）数据

中国古代的性与社会 /（荷）高罗佩（Robert Hans van Gulik）著；吴岳添译 . -- 太原：书海出版社，2023.12
　　ISBN 978-7-5571-0126-8

Ⅰ.①中… Ⅱ.①高… ②吴… Ⅲ.①性社会学 – 研究 – 中国 – 古代　Ⅳ.① D691.91

中国国家版本馆 CIP 数据核字（2023）第 192918 号

中国古代的性与社会

著　　　者	（荷）高罗佩（Robert Hans van Gulik）
译　　　者	吴岳添
责任编辑	李　鑫
复　　审	贾　娟
终　　审	梁晋华
装帧设计	汐和 at compus studio
出　版　者	山西出版传媒集团·书海出版社
地　　址	太原市建设南路 21 号
邮　　编	030012
发行营销	0351-4922220　4955996　4956039　0351-4922127（传真）
天猫官网	http://sxrmcbs.tmall.com　电话:0351-4922159
E-mail	sxskcb@163.com（发行部）
	sxskcb@163.com（总编室）
网　　址	www.sxskcb.com
经 销 者	山西出版传媒集团·书海出版社
承 印 厂	鸿博昊天科技有限公司
开　　本	880mm×1230mm　1/32
印　　张	14.25
字　　数	330 千字
版　　次	2023 年 12 月　第 1 版
印　　次	2023 年 12 月　第 1 次印刷
书　　号	ISBN 978-7-5571-0126-8
定　　价	98.00 元

如有印装质量问题请与本社联系调换